대학생을 위한
스크래치 프로그래밍

김종훈 지음

대학생을 위한 스크래치 프로그래밍 : 누구나 할 수 있는 가장 쉬운 프로그래밍 입문서

초판발행 2016년 2월 10일
5쇄발행 2019년 3월 2일

지은이 김종훈 / **펴낸이** 김태헌
펴낸곳 한빛미디어(주) / **주소** 서울시 서대문구 연희로2길 62 한빛미디어(주) 3층 IT출판사업부
전화 02-325-5544 / **팩스** 02-336-7124
등록 1999년 6월 24일 제 25100-2017-000058호 / **ISBN** 978-89-6848-255-7 93000
판매처 한빛아카데미(주) / **전화** 02-336-7195 / **팩스** 02-336-7199

총괄 전태호 / **책임편집** 전정아 / **기획** 조희진 / **편집** 조경숙
디자인 표지&내지 김미현, 조판 이경숙
영업 이윤형, 길진철, 김태진, 주희, 김형진, 김진불, 조유미
마케팅 김호철, 송경석, 김나예 / **제작** 박성우, 김정우

이 책에 대한 의견이나 오탈자 및 잘못된 내용에 대한 수정 정보는 한빛미디어(주)의 홈페이지나 아래 이메일로 알려주십시오. 잘못된 책은 구입하신 서점에서 교환해 드립니다. 책값은 뒤표지에 표시되어 있습니다.

한빛미디어 홈페이지 www.hanbit.co.kr / 이메일 ask@hanbit.co.kr

지금 하지 않으면 할 수 없는 일이 있습니다.
책으로 펴내고 싶은 아이디어나 원고를 메일(writer@hanbit.co.kr)로 보내주세요.
한빛미디어(주)는 여러분의 소중한 경험과 지식을 기다리고 있습니다.

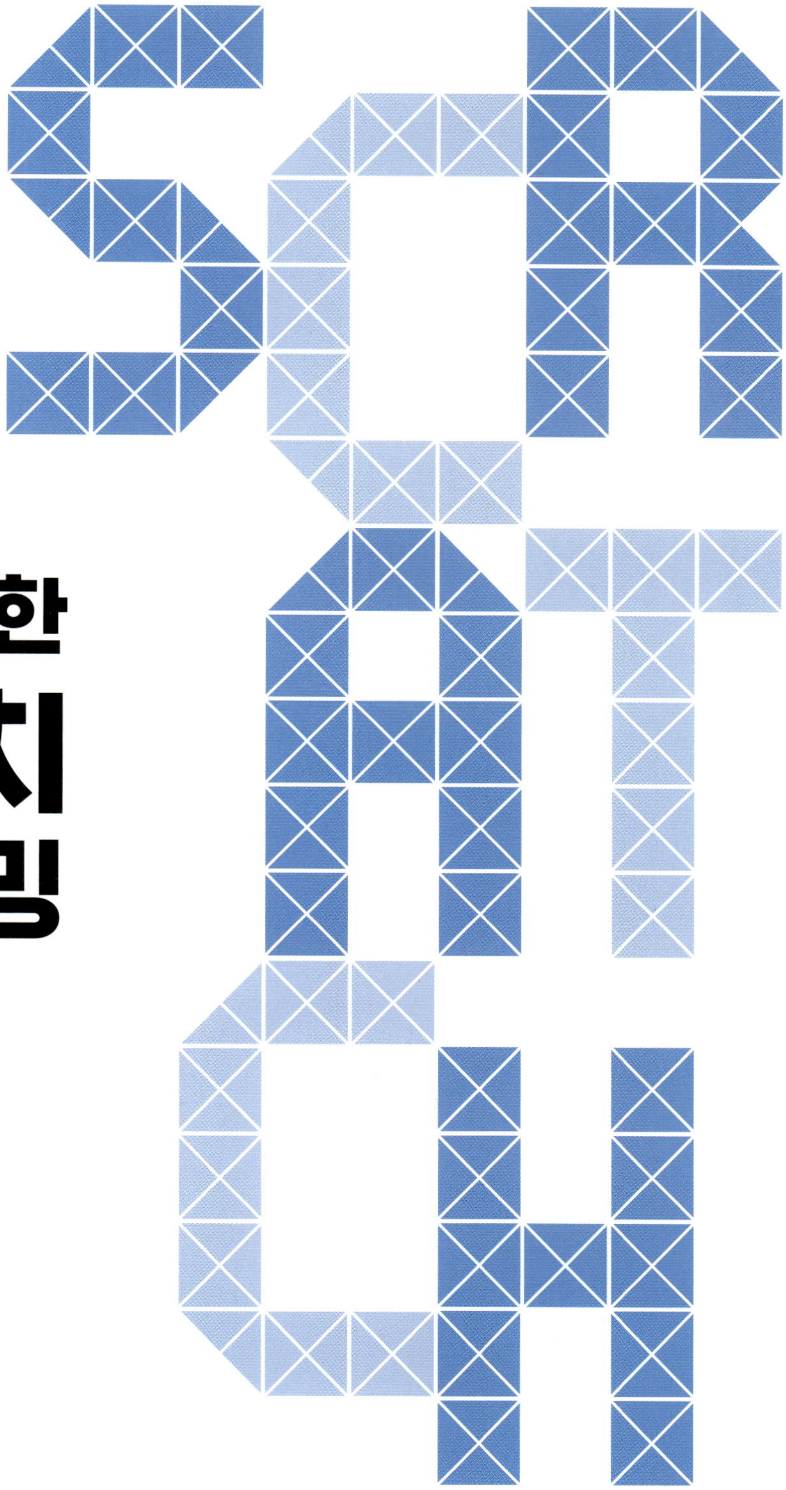

대학생을 위한 스크래치 프로그래밍

김종훈 지음

한빛아카데미
Hanbit Academy, Inc.

저자의 말

전 세계적으로 소프트웨어 경쟁력을 강화하려는 움직임이 일고 있다. 이는 이미 미국과 영국을 시작으로 유럽과 아시아 지역으로 퍼져가는 추세이다. 우리나라는 이런 추세에 발맞춰 소프트웨어 중심 사회를 선도할 인재를 양성하고자 정부에서 많은 예산을 투입해 소프트웨어 중심 대학을 선정하였다.

이런 소프트웨어 중심 대학 사업의 특징은 전공과 상관없이 모든 대학생을 대상으로 소프트웨어 교육을 시행한다는 점이다. 그렇다고 다른 학문을 전공하는 학생을 전부 프로그래머로 양성하자는 게 이 사업의 목적은 아니다. 바로 학생들의 전공 지식과 소프트웨어의 융합적 사고를 증진하는 데 그 목적이 있다.

타 전공 학생을 대상으로 한 소프트웨어 교육에서 가장 많이 사용되는 언어가 바로 '스크래치'이다. 스크래치는 키보드 입력을 최소화한 블록 기반 언어로 초보자가 접하기에도 부담이 없을뿐더러 다른 학문과의 융합에도 적합한 프로그래밍 언어이다.

또한, MIT에서 개발한 스크래치는 누구나 무료로 접근해 프로그램을 만들 수 있는 환경을 웹사이트에서 제공하고 있다(http://scratch.mit.edu/).

이 책은 이런 스크래치를 이용해서 다양한 프로그램을 만드는 내용을 설명하는 책으로, 지난 몇 년간 대학생, 선생님, 일반인 등 다양한 학습자를 대상으로 한 스크래치 교육 경험을 통해 얻은 결과물이기도 하다.

이 책에서는 학습 효과를 극대화하기 위해 다양한 문제를 제시하며 문제에 대한 풀이를 부록에서 제공한다. 하지만 반드시 스스로 해결해보기 바란다.

그리고 저자가 직접 운영하는 국내 최대 스크래치 온라인 커뮤니티인 http://cafe.naver.com/scratchprogramming/을 이용하면 사이버 학습 효과를 누릴 수 있다. 이 책에 나오는 모든 프로그램과 자료를 이용할 수 있고, [질의응답] 게시판을 통해 스크래치 외에도 소프트웨어 교육에 관한 궁금증을 해결할 수 있다.

이 책이 나올 수 있도록 도움을 주신 조희진 과장님을 비롯한 한빛미디어(주) 식구들에게 감사의 말씀을 전한다.

부디 이 책을 통해 올바른 소프트웨어 교육을 준비하기 바란다.

2016년 2월 김종훈

지은이 소개

지은이 **김종훈** jkim0858@jejunu.ac.kr / jkim0858@naver.com

제주대학교 교육대학 초등컴퓨터교육전공 교수로, 한국전자통신연구원 컴퓨터시스템연구부 박사후연구원으로 활동했습니다. 스크래치 관련 최대 온라인 커뮤니티인 〈스크래치 & SW교육〉 카페를 운영하고 있으며, 2012년 5월부터 창의적 미래 인재 양성을 위해 교육기부 프로그램인 〈창의 컴퓨터 교실〉을 무료로 운영하고 있습니다(http://cafe.naver.com/creativecomputer 참고). 집필한 저서로 〈꼬마 해커의 작업실, 수프〉 시리즈인『스크래치』(한빛미디어, 2014),『스크래치 알고리즘』(한빛미디어, 2014, 중국 판권 수출)과 〈10대를 위한 프로그래밍 노트, 수프〉 시리즈인『앱 인벤터』(한빛미디어, 2016),『프로그래밍 비타민』(한빛미디어, 2015), 그리고『컴퓨터 개론』(한빛아카데미, 2013, 네이버 지식백과 등재),『프로그래밍 언어론』(한빛아카데미, 2008),『초보자를 위한 Linux & Unix C 프로그래밍』(한빛미디어, 2003) 등 23권이 있습니다. 세계 3대 인명사전 중 하나인 마르퀴즈 후즈 후(Marquis Who's Who) 2016년 판에 등재되었으며, 수십 편의 소프트웨어 교육 관련 논문을 발표했습니다. 최근에는 아이스크림 원격교육연수원과 티처빌 원격교육연수원의 스크래치, 스크래치 알고리즘 등 소프트웨어 교육 강좌 개발을 총괄하고 있으며, 초 · 중등학생 등 초보자를 위한 소프트웨어 교육 프로그램을 개발하는 데 연구를 집중하고 있습니다.

독자 카페 http://cafe.naver.com/scratchprogramming

〈스크래치 & SW교육〉 카페는 스크래치와 SW교육 관련 국내 온라인 커뮤니티로 이 책의 저자인 제주대학교 초등컴퓨터교육전공 김종훈 교수가 운영하고 있습니다. 이 카페에서는 이 책을 비롯해서 〈10대를 위한 프로그래밍 노트, 수프〉 시리즈와, 〈꼬마해커의 작업실, 수프〉 시리즈에 나오는 모든 프로그램은 물론이고 스크래치 등 다양한 소프트웨어 교육 자료를 제공하고 있습니다. 특히 전문가가 관리하는 [질의응답] 코너를 통해 소프트웨어 교육에 관한 궁금증을 해결할 수 있습니다.

CONTENTS

CHAPTER 00 스크래치 설치하기

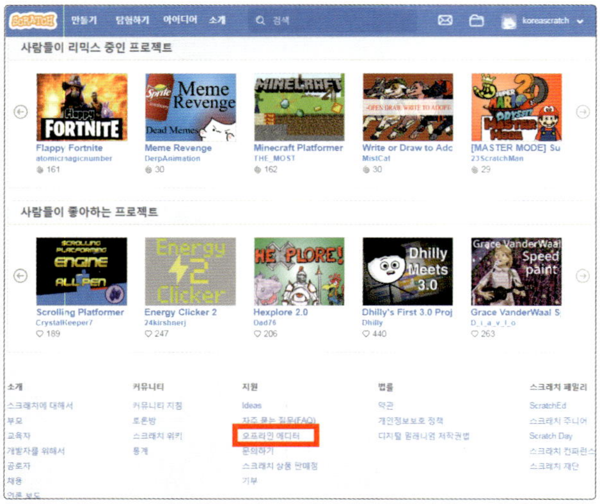

1 웹 브라우저 주소창에 https://scratch.mit.edu/를 입력하여 스크래치 웹사이트를 방문합니다. 화면 아래에 있는 [오프라인 에디터]를 클릭합니다.

2 화면 아래에 있는 [Scratch 2.0 Desktop]을 클릭합니다.

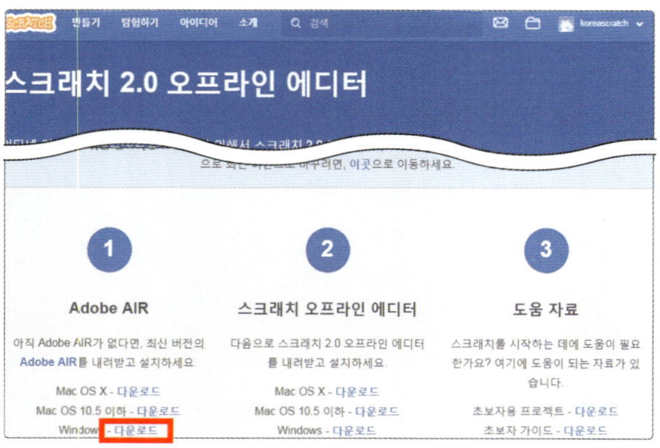

3 윈도용으로 설치해 보겠습니다. 오프라인 에디터를 설치하기에 앞서 ❶ 어도비 에어Adobe AIR를 먼저 설치해야 합니다. Adobe AIR의 Windows 옆에 위치한 [다운로드]를 클릭합니다.

4 설치 화면이 열리면 [지금 다운로드]를 클릭합니다.

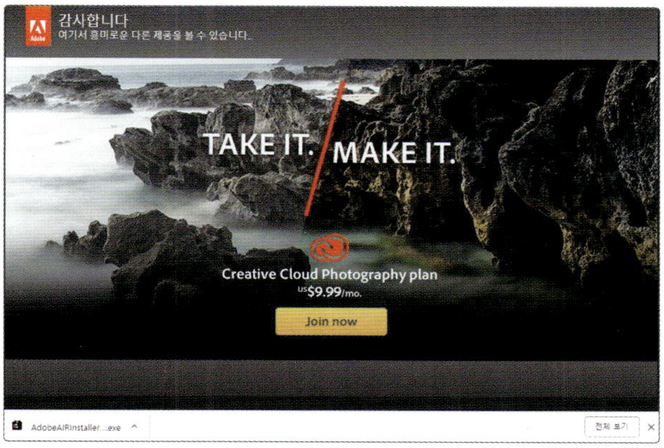

5 단계 2/3에서 [다음]을 클릭하면 단계 3/3 다운로드 완료 화면이 나옵니다. 여기서 하단의 AdobeAIR Installer.exe를 더블클릭해서 실행합니다. (단계 2/3 화면은 생략했습니다.)

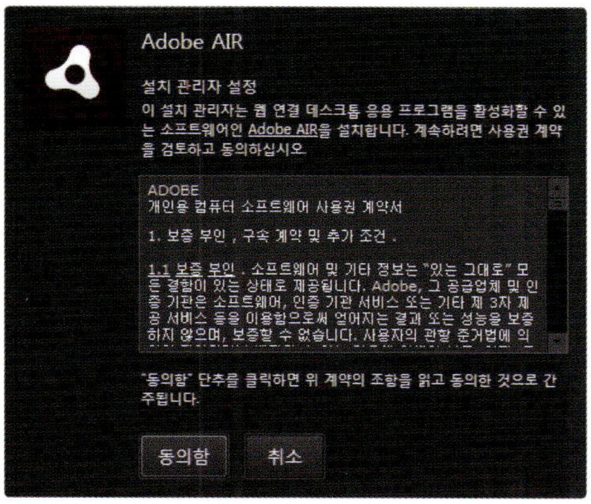

6 '이 파일을 실행하겠습니까?'라는 보안 경고창에서 [실행]을 클릭하면 Adobe AIR 설치 화면이 뜹니다. 이때 약관을 읽고 [동의함]을 클릭합니다.

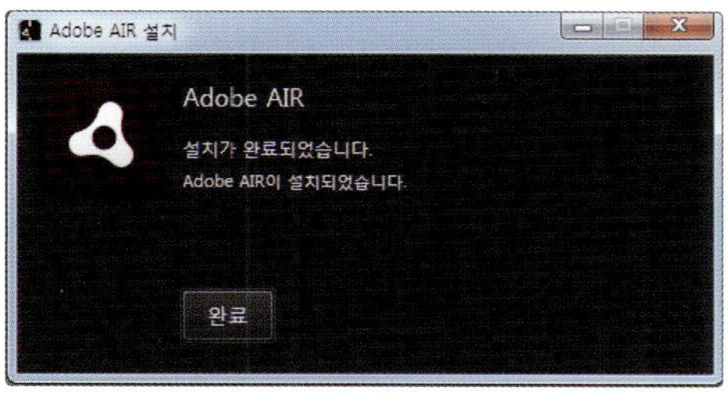

7 Adobe AIR 설치가 완료되었습니다. 1 ~ 2의 단계를 반복해 오프라인 에디터 다운로드 페이지로 갑니다.

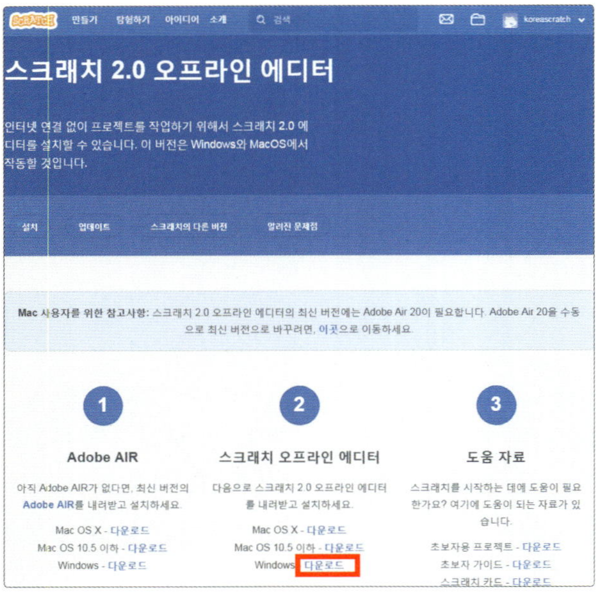

8 다음으로 오프라인 에디터를 설치하기 위해 ❷ 스크래치 오프라인 에디터의 Windows 옆에 위치한 [다운로드]를 클릭합니다.

9 실행할 것인지 묻는 창이 열리면 [실행]을 클릭합니다.

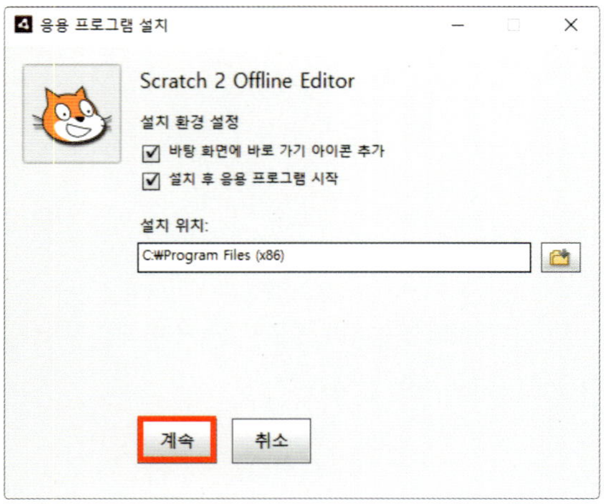

10 응용 프로그램 설치 창이 열리면 [계속]을 클릭합니다.

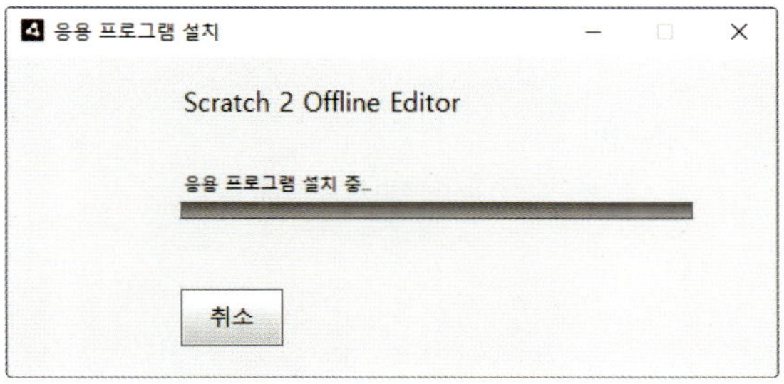

11 Adobe AIR가 컴퓨터 변경을 허용하는지 묻는 창이 뜨면 [예]를 선택하면 왼쪽 화면처럼 설치 화면이 뜹니다.

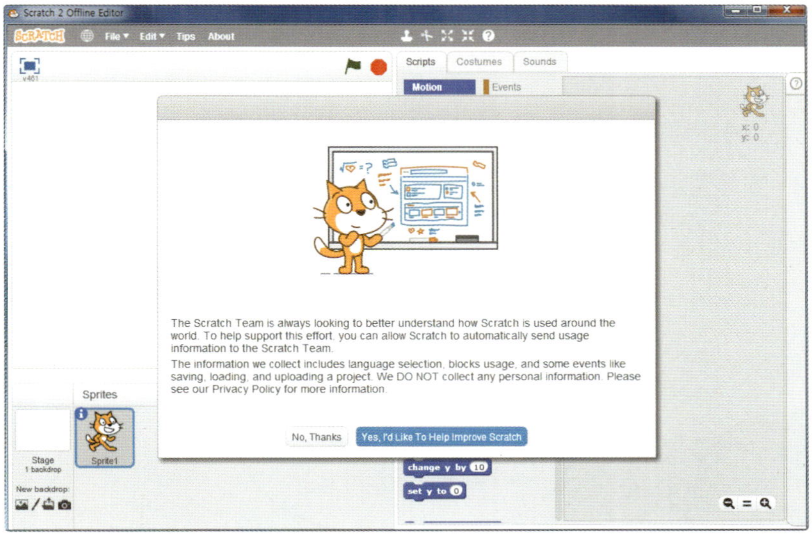

12 설치가 완료되면 스크래치 오프라인 에디터가 열립니다.

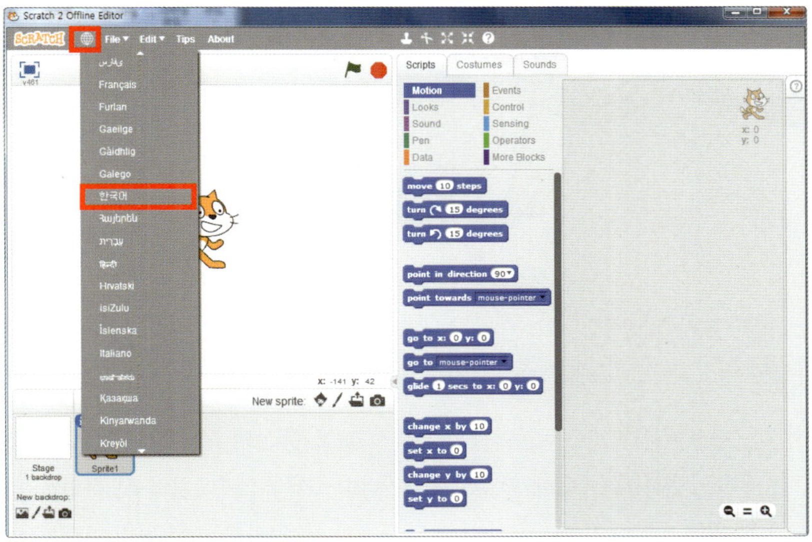

13 화면 위 왼쪽에 위치한 언어 설정 버튼 를 클릭하고 '한국어'를 선택하면 언어가 한국어로 변경됩니다.

CHAPTER 01 스크래치 시작하기

- 스크래치 언어와 스크래치를 이용하는 방법에 대해 이해합니다.
- 고양이가 말을 하면서 움직이는 프로그램을 작성할 수 있습니다.

스크래치란?

스크래치(Scratch)란 미국의 매사추세츠 공과대학(MIT) 미디어 랩에서 2007년 1월에 개발한 교육용 프로그래밍 언어로, 누구나 쉽게 프로그램을 만들 수 있는 데 목적을 두고 탄생한 프로그래밍 언어입니다.

스크래치는 레고처럼 블록을 마우스로 끌어다 연결해 가면서 프로그램을 만들기 때문에 프로그래밍을 처음 접하는 사람도 쉽게 만들 수 있습니다.

스크래치는 누구나 무료로 사용할 수 있는 무료 소프트웨어입니다. 게다가 그림, 애니메이션, 사운드 등 다양한 미디어를 지원하고 있어서 여러분이 원하는 다양한 형식의 프로그램을 스크래치로 만들 수 있습니다.

특히 2013년 5월에 인터넷 기반의 2.0 버전을 발표했는데 소프트웨어를 설치하지 않고 웹 브라우저에서 직접 프로그램을 만들고 저장할 수 있습니다. 현재 최신 버전은 2019년 1월에 발표한 3.0입니다. 그럼 스크래치의 첫 화면을 봅시다. 여러분의 컴퓨터에 웹 브라우저를 띄운 다음 주소창에 http://scratch.mit.edu를 입력한 후에 화면 맨 윗줄의 [만들기] 버튼을 눌러보세요. 다음 화면이 보일 겁니다. 이 화면을 이용해서 스크래치 프로그램을 만들 수 있습니다.

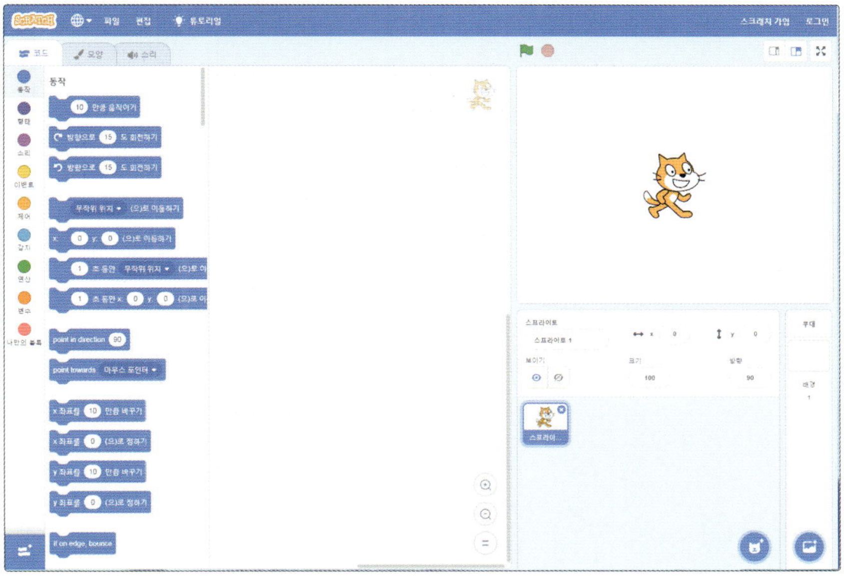

⚠여기서잠깐

우리가 배울 오프라인 에디터는 2.0 버전이며 웹 버전인 3.0과 요소의 위치가 다릅니다.

스크래치로 여러분이 좋아하는 다양한 게임도 만들 수 있는데 이 책에서 만들 게임 몇 가지를 먼저 소개하겠습니다.

먼저 http://scratch.mit.edu/projects/11911507/를 접속하면 왼쪽 그림이 보입니다. 방향키를 이용해 게를 움직이면서 하늘에서 떨어지는 물고기를 잡는 게임으로 물고기를 잡으면 점수가 올라갑니다. 번개에 맞으면 생명이 감소하니 조심하십시오. 4장에서 여러분이 직접 만들 게임입니다.

왼쪽은 스페이스 바를 누르면 고양이가 다트를 던져 보드에 맞으면 점수를 획득하는 게임입니다(http://scratch.mit.edu/projects/ 12037257/). 이 게임은 5장에서 만들 겁니다.

이외에도 이 책을 읽어가면 훨씬 다양한 게임과 프로그램을 직접 만들 수 있습니다. 그리고 스크래치 웹사이트를 방문하면 다른 사람들이 만들어 공유한 다양한 게임을 즐길 수 있습니다. 물론 스크래치로 만든 게임입니다.

이제 스크래치가 무엇인지 조금 궁금해졌을거라 생각합니다. 스크래치를 배워봅시다.

스크래치 화면 살펴보기

0장에서 설치한 스크래치 2.0 오프라인 에디터를 실행하면 스크래치 프로그램을 만들 수 있습니다.

기능이 많아 보이는데 화면의 대표 기능을 간단히 설명하겠습니다. 상세한 설명은 다른 장에서 할 여정이니 지금은 무엇이 있는지 이름만 익혀둡시다.

⚠ 여기서잠깐

스프라이트와 스크립트

오른쪽 그림에는 바닷가 무대를 배경으로 고양이와 앵무새가 있는데 이렇게 무대 위에서 움직이는 개체를 **스프라이트**라 합니다.
스프라이트에 이동, 연산 등을 하도록 명령하면 그에 따라 다양하게 움직이거나 명령을 수행합니다.

그렇다면 어떻게 스프라이트에 명령을 할까요? 그게 바로 스크립트입니다. 스프라이트가 어떤 동작을 하는지를 나타내는 것이 **스크립트**인데 여러분이 직접 만들 부분입니다. 그럼 스크립트의 예를 한번 봅시다. 각자 다음 예를 보고 무엇을 하는 걸까 상상해보세요. 지금은 당연히 몰라도 상관없습니다.

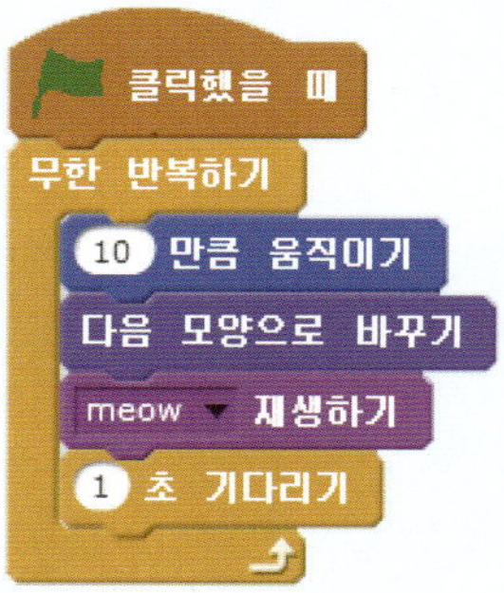

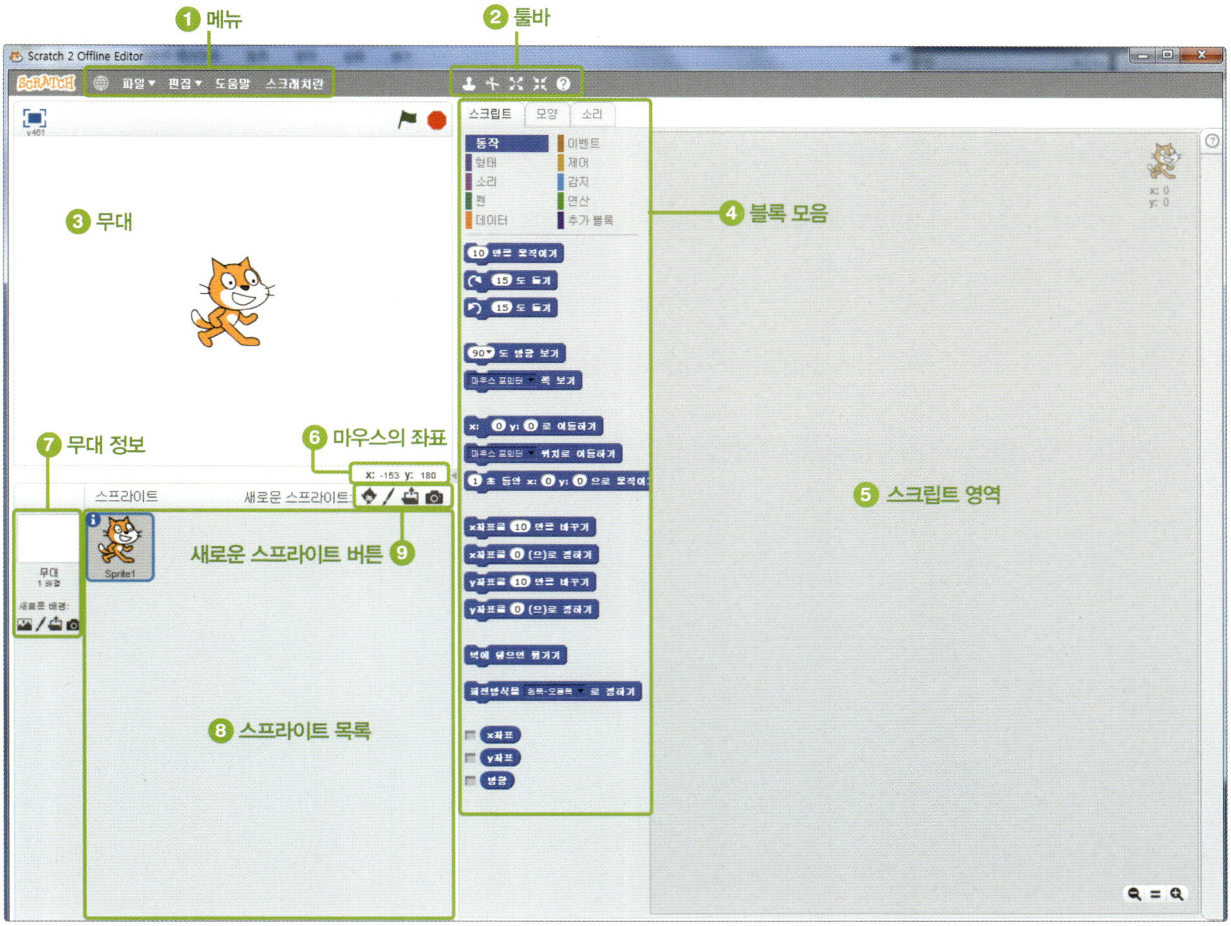

❶ 메뉴 : 언어선택(🌐), 파일, 편집, 도움말 등의 기능을 이용할 수 있습니다.

❷ 툴바 : 복사, 삭제, 확대, 축소와 블록 도움말 기능을 이용할 수 있습니다.

❸ 무대 : 스프라이트가 동작하는 공간입니다.

❹ 블록 모음 : 프로그램을 작성하기 위한 블록들을 모아놓은 곳입니다.

❺ 스크립트 영역 : 블록을 이용해서 스크립트를 작성하는 영역입니다.

❻ 마우스의 좌표 : 마우스의 현재 (x, y) 좌표를 나타냅니다.

❼ 무대 정보 : 현재 무대 배경을 보여주고 새로운 배경을 선택할 수 있습니다.

❽ 스프라이트 목록 : 프로젝트에 포함된 스프라이트들의 목록을 보여줍니다.

❾ 새로운 스프라이트 버튼 : 새로운 스프라이트를 만들 수 있습니다.

⚠여기서잠깐

공유하기 버튼은 어디 있나요?

스크래치 오프라인 에디터에서 작성한 파일은 상단 ❶ 메뉴의 [파일]-[웹 사이트에 공유하기]를 눌러 웹사이트에 공유할 수 있습니다. 이때 스크래치 웹사이트에 가입한 계정과 패스워드가 필요합니다.

간단히 스크래치 화면을 살펴봤으니 이제 스크래치로 뭔가를 만들어 봅시다.

처음 만들어 보는 프로그램

지금부터 고양이가 인사하면서 앞뒤로 움직이는 간단한 프로그램을 만들겠습니다. 절대 눈으로만 책을 보지 말고 꼭 따라서 만들도록 합시다.

1 스크래치 2.0 오프라인 에디터를 실행합니다. 다음부터 이 과정은 생략하겠습니다.

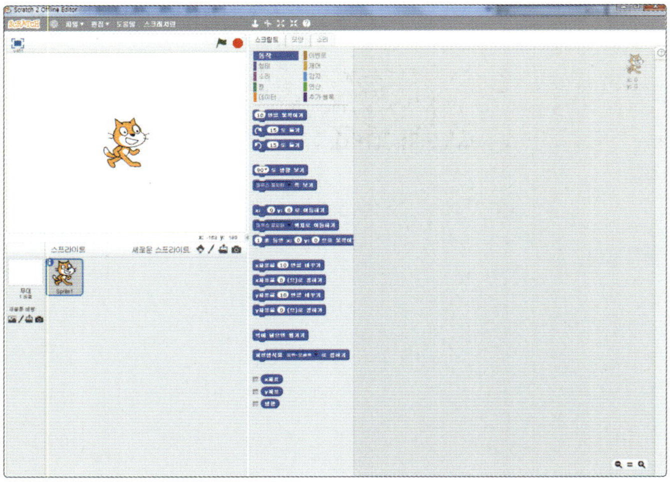

2 스크래치 프로그램을 만들 수 있는 화면이 열립니다.

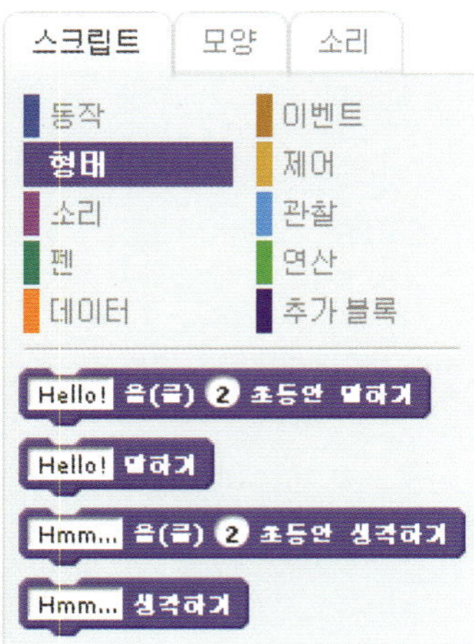

3 [스크립트] 탭의 형태 버튼을 누릅니다. 그러면 형태 카테고리에 속하는 블록들이 나타납니다. 블록들의 용도가 궁금하겠지만, 우선은 끝까지 따라 와주세요.

4 **형태** 카테고리의 **Hello! 말하기** 블록을 끌어와서 오른쪽에 위치한 스크립트 영역에 놓습니다. 이제부터 스크립트의 동작, 형태, 소리 등을 카테고리라 칭할 겁니다.

처음 만나는 블록

형태 / **Hello! 말하기**

입력한 내용이 말풍선으로 나타납니다. '말하기'지만 소리가 나진 않습니다.

5 'Hello!' 대신에 '안녕! 반가워'로 변경해봅시다. 다른 말을 넣어도 좋습니다.

6 스크립트 영역으로 가져온 블록을 클릭해봅시다. 블록을 클릭하면 실행을 하게 됩니다. (블록을 클릭하는 것은 실행시킨다는 뜻입니다.) 여러분이 조금 전에 말하기 블록에 넣었던 내용이 고양이 옆에 말풍선으로 뜰 겁니다.

7 움직이는 기능을 추가해봅시다. 동작 카테고리의 10 만큼 움직이기 블록을 끌어와서 스크립트 영역의 안녕! 반가워 말하기 아래에 둡시다. 자동으로 두 블록이 붙는 걸 볼 수 있을 겁니다. 이제 10 만큼 움직이기 를 실행하면 고양이가 오른쪽으로 10만큼 움직일 겁니다. 실행은 블록을 클릭하면 됩니다.

처음 만나는 블록

동작 / 10 만큼 움직이기

동작 카테고리의 움직이기 블록을 사용하면 스프라이트가 설정한 값만큼 움직입니다. 설정 값이 양수면 앞으로 움직입니다. 그렇다면 음수로 넣으면 어떻게 되는지 생각해봅시다. 설정 값이 음수면 뒤로 움직입니다. 마치 앞뒤로 움직이는 듯 보입니다.

8 지금까지 만든 스크립트를 클릭하면 고양이가 말하면서 조금 앞으로 움직이는 것을 확인할 수 있습니다.

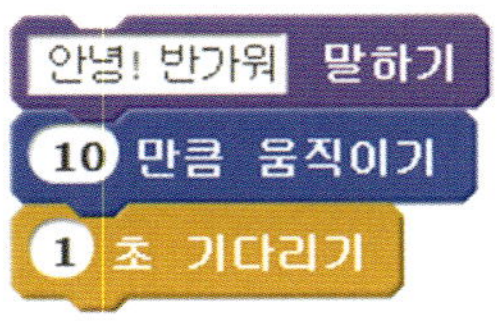

9 이번에는 제어 카테고리의 1 초 기다리기 블록을 연결해봅시다. 특별한 설명없이 블록을 연결하자고 할 때는 꼭 마지막 블록 다음에 연결합시다.

1 초 기다리기 는 1초 동안 기다리는 명령 블록입니다.

처음 만나는 블록

제어 / 1 초 기다리기

설정한 시간 동안 기다립니다.

10 스크립트 영역의 10 만큼 움직이기 블록을 마우스 오른쪽 버튼을 눌러 '복사'를 선택하면 10 만큼 움직이기 블록과 아래에 위치한 블록들이 복사되어 마우스 끝에 붙어 있습니다. 이 복사된 블록들을 연결합시다.

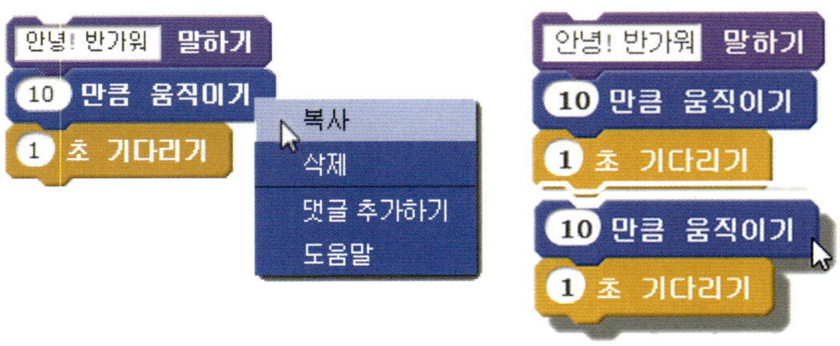

11 이번에는 다시 [스크립트] 탭의 10 만큼 움직이기 블록을 끌어 연결합시다.

12 스크립트를 클릭해봅시다. 제대로 따라 했다면 고양이가 말을 하고 1초 간격으로 앞으로 이동하는 것을 확인할 수 있습니다. 간단하지만 드디어 여러분의 첫 번째 프로그램을 만들어 보았습니다. 스크래치에서는 프로그램을 프로젝트라고 합니다.

실전 1-1

도전해보기

고양이가 말을 하며 앞으로 20만큼 3번 움직였다가 뒤로 20만큼 3번 움직여 원래 위치로 이동하는 스크립트를 만들려고 합니다. 그렇다면 (?) 에 어떤 값이 들어가야 고양이가 뒤로 20만큼 움직일지 생각해봅시다.

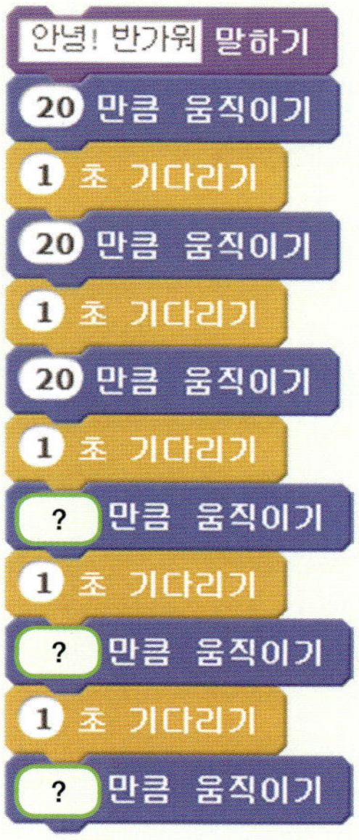

요점정리

- 스크래치는 2007년 1월에 매사추세츠 공과대학(MIT) 미디어 랩에서 개발한 교육용 프로그래밍 언어로, 누구나 쉽게 프로그램을 만들 수 있게 하려고 탄생했습니다.
- 이 책에서 실습할 스크래치 오프라인 에디터는 2.0 버전 기반입니다. 최신 버전의 스크래치 3.0 버전은 https://scratch.mit.edu에서 볼 수 있습니다.
- [형태] 카테고리의 ['Hello!' 말하기] 블록은 텍스트를 출력합니다.
- [동작] 카테고리의 ['10'만큼 움직이기] 블록은 스프라이트를 움직입니다.
- [제어] 카테고리의 ['1'초 기다리기] 블록은 설정한 시간 동안 기다립니다.

연습문제

1 스크래치 오프라인 에디터 외에도 추가로 스크래치 웹사이트(https://scratch.mit.edu)에 회원으로 가입하고 웹사이트에서 제공하는 다양한 프로젝트를 경험해봅시다.

2 스크래치 오프라인 에디터에서 고양이가 '안녕! 반가워'라는 말을 하며 앞으로 20만큼 움직였다가 뒤로 20만큼 움직이는 동작을 3번 반복하는 프로젝트를 만들어 봅시다.

CHAPTER 02

움직이는 강아지와 앵무새

- 반복해서 실행하는 반복 구조를 이해합니다.
- 강아지가 좌우로 걸어 다니고 앵무새가 좌우로 날아다니는 프로젝트를 작성할 수 있습니다.

프로젝트 실행하기

움직이는 강아지와 앵무새 프로젝트를 실행해보겠습니다.

여기서잠깐

프로젝트 파일 이용하기

http://cafe.naver.com/scratchprogramming의 책 소개와 자료 메뉴 중 '스크래치 책' 게시판에서 완성된 프로젝트, 학습용 프로젝트, 문제에 대한 프로젝트를 제공하고 있습니다. 2장부터 프로젝트를 작성하기 전에 이 웹사이트의 게시판을 실행해보는 순서가 있습니다. 장별 게시물을 클릭한 다음 프로젝트를 실행해서, 작성 전 어떤 프로젝트를 만들지 미리 살펴보고 즐겨보세요.

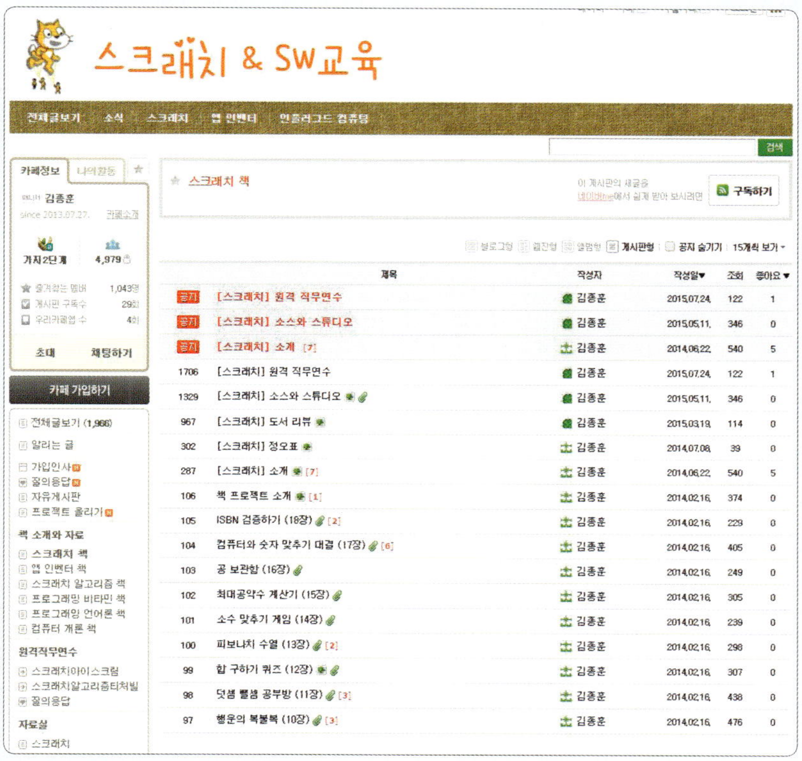

1 게시판의 '움직이는 강아지와 앵무새 (2장)' 게시물에 있는 프로젝트를 엽니다.

2 화면 오른쪽 위의 버튼을 누르면 프로젝트가 실행됩니다.

3 앵무새 2마리가 좌우로 날아다니고 강아지 1마리가 좌우로 걸어 다니는 것을 확인할 수 있습니다.

4 화면 오른쪽 위의 버튼을 누르면 프로젝트가 종료됩니다.

프로젝트가 어떻게 동작하는지 이해할 수 있을 거라 생각합니다.

강아지와 앵무새는 버튼을 누를 때까지 계속해서 움직입니다. 그런데 자세히 보면 강아지와 앵무새는 같은 동작을 규칙적으로 반복하면서 움직이고 있습니다. 이번 장에서는 강아지와 앵무새가 이렇게 계속 같은 동작을 규칙적으로 반복하면서 움직일 수 있는 반복 구조를 배우겠습니다. 그럼 프로젝트를 작성하기에 앞서 반복 구조를 살펴보겠습니다.

반복 실행하기

왼쪽 스크립트를 실행하면 처음에 20만큼 움직였다가 1초를 기다렸다 다시 20만큼 반대로 움직입니다. 자세히 보면 이렇게 같은 동작을 3번 합니다.

반복하는 동작이 무엇인지 알 수 있습니까? 왼쪽과 같은 스크립트가 3번 반복되고 있습니다. 이것을 '오락가락'이라고 임의로 이름을 붙이겠습니다.

그런데 이 '오락가락'을 3번이 아니라 100번 반복하려면 계속 블록을 붙여야 할까요? 엄청나게 많은 블록을 연결하면 블록이 너무 길어 화면에서 보기 힘들겁니다.

이럴 때 사용하는 것이 바로 반복 블록입니다. 스크래치에서는 세 종류의 반복 블록을 제어 카테고리에서 제공하고 있습니다.

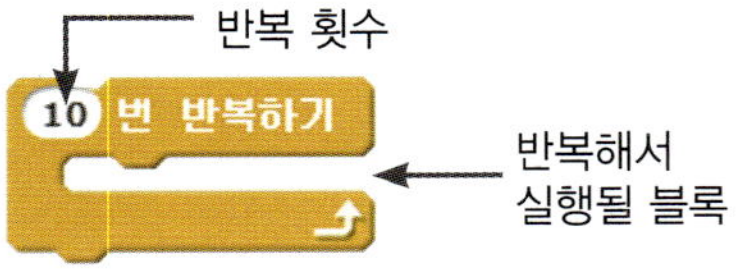

첫 번째 10 번 반복하기 블록은 설정한 반복 횟수만큼 안에 있는 블록들이 반복해서 실행됩니다.

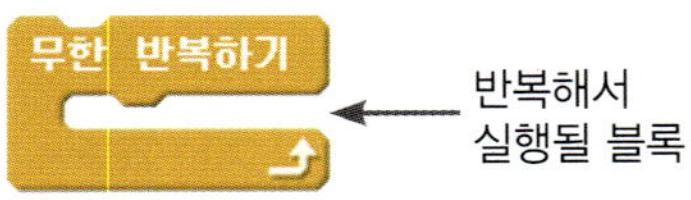

다음으로 무한 반복하기 블록은 안에 위치한 블록들이 계속해서 반복적으로 실행됩니다.

그리고 마지막 까지 반복하기 블록은 육각형 모양의 에 위치한 조건이 참이 될 때까지 안에 위치한 블록이 반복해서 실행됩니다.

그렇다면 앞에서 '오락가락'을 3번 반복하게 하려면 이 중 어떤 반복 블록을 사용하면 될지 생각해봅시다.

맞습니다. 10 번 반복하기 블록을 사용하면 됩니다. 물론 다른 블록으로도 할 수 있지만 10 번 반복하기 를 사용하는 것이 훨씬 간편한데 이유는 바로 횟수를 제한할 수 있기 때문입니다. 이제 10 번 반복하기 를 이용해서 '오락가락' 3번을 쉽게 표현해보겠습니다.

실전 2-1

도전해보기

횟수 제한 없이 '오락가락'을 계속해서 반복하는 스크립트를 만들려면 어떤 반복 블록을 사용해야 하는지 생각해보고 만들어 봅시다.

이렇게 특정 실행을 여러 차례 반복하는 것을 반복 구조라 합니다. 반복 구조는 앞으로 프로젝트에서 자주 사용할 중요한 개념이니 꼭 기억하시기 바랍니다. 그러면 본격적으로 프로젝트를 작성해보겠습니다.

프로젝트 작성하기

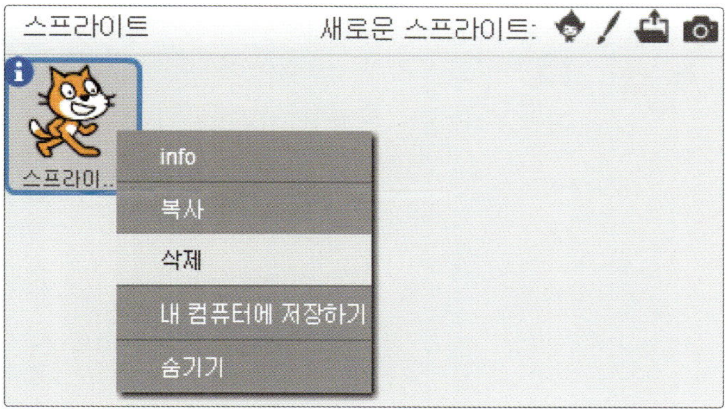

1 스크래치 2.0 오프라인 에디터를 실행하면 고양이 모양의 '스프라이트 1' 스프라이트가 기본적으로 나옵니다. 이번 프로젝트에서는 필요 없으니 스프라이트 목록의 '스프라이트 1'을 마우스 오른쪽 버튼을 눌러 [삭제]를 선택하여 삭제합니다.

2 이제 앵무새 스프라이트를 만들어 봅시다. '저장소에서 스프라이트 선택' 버튼인 을 누릅니다.

▲여기서잠깐

새로운 스프라이트 만들기

새로운 스프라이트를 만드는 방식은 다음과 같이 4가지가 있습니다.

- 저장소에서 스프라이트 선택: 스프라이트 저장소에서 기본적으로 제공하는 스프라이트를 가져옵니다.
- 새 스프라이트 색칠: 사용자가 그림판으로 직접 스프라이트를 만듭니다.
- 스프라이트 파일 업로드하기: 이미지 파일을 가져와 스프라이트로 사용합니다.
- 카메라로부터 새 스프라이트 만들기: 웹캠으로 사진을 찍은 다음 스프라이트로 사용합니다.

3 다양한 종류의 스프라이트 모양이 있는데, 이 중 'Parrot'을 선택하고 [확인] 버튼을 누르거나 더블 클릭합니다.

4 앵무새 모양의 스프라이트가 무대에 만들어지고 스프라이트 목록에 'Parrot'이 나타납니다.

5 [모양] 탭을 눌러보면 앵무새 모양이 2개 있습니다. 'parrot-a'와 'parrot-b'를 번갈아 가며 보여주면 앵무새가 날갯짓하는 것처럼 보일 것입니다. 이제 날갯짓하는 효과를 만들어 보겠습니다.

6 [스크립트] 탭을 클릭한 다음  버튼을 누릅니다.

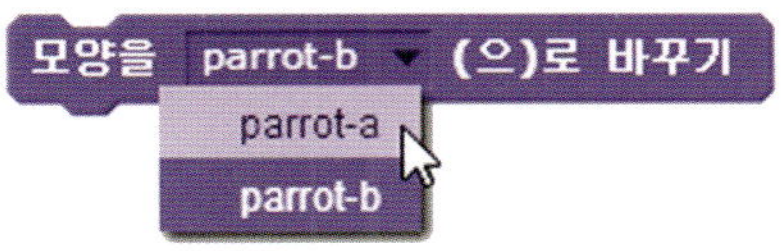

7 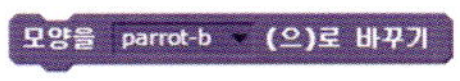 블록을 끌어와서 스크립트 영역에 놓고 풀다운 메뉴를 이용해서 'parrot-a'로 변경합니다.

처음 만나는 블록

 / 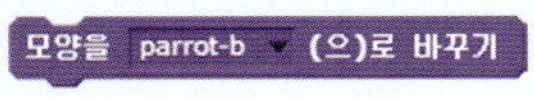

스프라이트의 모양을 설정한 모양으로 변경합니다.

8  블록을 추가해 0.5초 후에 앵무새 모양이 'parrot-b'로 변경되도록 스크립트를 왼쪽처럼 작성합니다. 작성한 다음 스크립트를 클릭해 봅시다. 앵무새가 날갯짓을 한 번 하는 것을 볼 수 있을 겁니다.

실전 2-2

9 앵무새가 계속해서 날갯짓을 하면 진짜 날아다니는 것 같이 보일 겁니다. 그렇다면 어떤 반복 블록을 사용해야 할지 생각해봅시다. 생각났다면 (1) 을 채워봅시다.

처음 만나는 블록

제어 / 

블록 안쪽에 위치한 블록들을 계속해서 반복적으로 실행합니다.

10 뭔가 부자연스럽게 느껴질 겁니다. 'parrot-b' 모양에서 'parrot-a' 모양으로 너무 빠르게 바뀌는군요. 'parrot-b' 모양 다음에도 0.5초 기다리게 해봅시다.

11 작성한 스크립트를 클릭해도 스프라이트가 동작하지만, 보통은 무대 바로 위에 있는 깃발을 눌러 동작하도록 합니다. 눌러봅시다. 제대로 동작하지 않는군요. 깃발을 눌러 실행하려면 이벤트 카테고리의 [깃발 클릭했을 때] 블록을 실행될 스크립트 맨 위에 연결해야 합니다. 연결했으면 이제 깃발을 눌러봅시다.

처음 만나는 블록

이벤트 / 

시작 버튼인 깃발을 클릭하면 아래에 연결된 블록들이 실행됩니다.

12 앞에서 사용한 `모양을 parrot-b (으)로 바꾸기` 블록 대신 `다음 모양으로 바꾸기` 블록으로도 같은 효과를 낼 수 있습니다.

처·음·만·나·는·블·록

형태 / `다음 모양으로 바꾸기`

스프라이트의 모양을 모양 목록의 다음 모양으로 변경합니다. 만약 현재 모양이 목록의 마지막 모양이라면 목록의 첫 번째 모양으로 변경합니다.

13 어떻게 하면 `다음 모양으로 바꾸기` 블록으로 앵무새가 날갯짓하는 모습을 만들 수 있을지 해봅시다. 왼쪽처럼 스크립트를 수정하면 같은 동작을 더 쉽고 짧게 작성할 수 있습니다. 이 블록을 사용하는 것이 훨씬 간단해 보이니 이제 앵무새가 움직이는 동작을 만들어 보겠습니다.

14 새는 날갯짓하며 날아다닙니다. 그러니 이 두 동작을 동시에 할 수 있게 별도로 스크립트를 작성합니다. 🏴을 누르면 계속 반복하도록 왼쪽과 같은 스크립트를 작성합니다.

15 새를 움직이려면 `동작` 카테고리에서 블록을 골라야합니다. `10 만큼 움직이기` 블록을 `무한 반복하기` 블록 안에 넣은 후 값을 5로 설정합시다.

16 앵무새가 벽에 닿으면 방향을 바꿔야 합니다. 동작 카테고리를 보니 벽에 닿으면 튕기기 블록이 있습니다. 이 블록을 연결합시다.

처·음·만·나·는·블·록

동작 / 벽에 닿으면 튕기기

스프라이트가 벽에 닿으면 반대 방향으로 전환합니다.

17 🏁을 눌러 스크립트를 실행시키면 앵무새가 날갯짓하며 움직입니다. 예상과는 다르게 방향을 바꾼 앵무새가 거꾸로 날고 있습니다.

18 앵무새가 거꾸로 날 수는 없으니 앵무새가 제대로 날게 고쳐야합니다. 스프라이트 목록의 'Parrot' 왼쪽 위에 있는 ⓘ를 눌러봅시다.

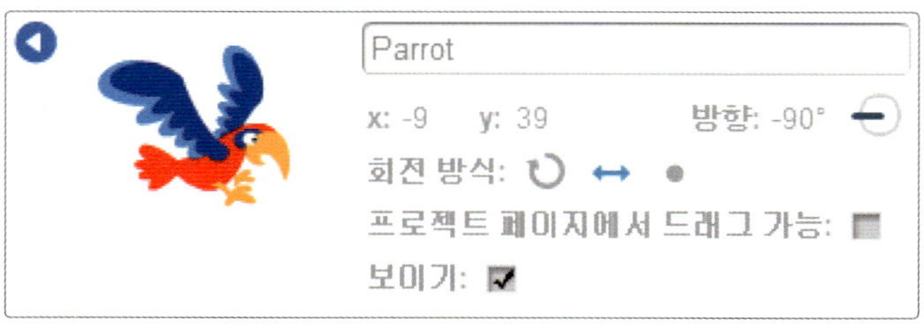

19 스프라이트에 대한 다양한 정보가 나오는데 회전 방식을 ↔으로 설정하면 앵무새가 원래 상태로 돌아옵니다. ◀를 눌러 스프라이트 정보 창을 닫습니다.

여기서잠깐

회전 방식

스프라이트의 방향이 변경될 때 모양이 어떻게 보여질지를 설정하는 것으로 다음과 같은 3가지 방식이 있습니다.

- ↻ 회전 가능: 스프라이트의 방향이 변경될 때마다 모양이 회전합니다. 앵무새가 거꾸로 나는 모습을 보고 싶다면 이 방식을 택하면 됩니다.
- ↔ 왼쪽에서 오른쪽으로만: 스프라이트의 방향이 변경될 때마다 모양이 좌우 방향으로 변경됩니다. 이렇게 하면 앵무새가 정상적으로 날아다닙니다.
- ● 회전할 수 없습니다: 스프라이트의 방향이 변경되더라도 모양은 변하지 않습니다. 이 방식을 택하면 앵무새가 뒤로 날아갑니다.

20 화면 위의 축소 버튼 [축소]를 누른 다음 앵무새 스프라이트를 마우스 왼쪽 버튼으로 누르면 크기가 줄어드는데 적당한 크기로 줄입니다. 드디어 앵무새 스프라이트에 대한 동작이 완성되었으니 실행시켜 봅시다.

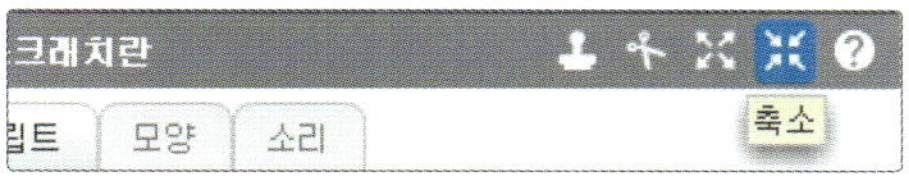

21 앵무새를 한 마리 더 추가하려고 합니다. **3** ~ **20**을 반복해도 되겠지만, 이미 만든 앵무새 스프라이트와 기능이 같으므로 복사합시다. 스프라이트 목록의 앵무새 스프라이트를 마우스 오른쪽 버튼을 눌러 [복사]를 선택합니다. 그러면 또 다른 앵무새 스프라이트가 만들어지는데 스크립트도 똑같이 복사됩니다.

22 앵무새가 겹치지 않게 하나를 적당한 위치로 옮긴 후 실행하면 두 마리의 앵무새가 날아다니는 것을 확인할 수 있습니다.

23 이번에는 움직이는 강아지를 추가하겠습니다. 스프라이트 저장소의 'Dog2'를 이용해서 강아지 스프라이트를 만든 후 적당한 위치로 옮깁니다.

24 강아지 스프라이트의 스크립트를 직접 작성해도 되지만 앵무새 스프라이트의 스크립트와 거의 같으므로 간단히 복사해서 사용합시다. 앵무새 스프라이트의 스크립트 한 개를 복사해서 가져와 스프라이트 목록의 강아지 스프라이트를 클릭하면 복사됩니다. 다른 스크립트도 복사합시다.

25 강아지 스프라이트의 회전 방식을 '왼쪽에서 오른쪽으로만'으로 설정하고, 모양 변경하는 시간, 움직이는 속도 등을 적당하게 수정합니다.

26 무대 배경을 바꿔보겠습니다. 왼쪽 아래에 위치한 무대 정보 공간에서 새로운 배경의 '저장소에서 배경 선택' 버튼을 누릅니다.

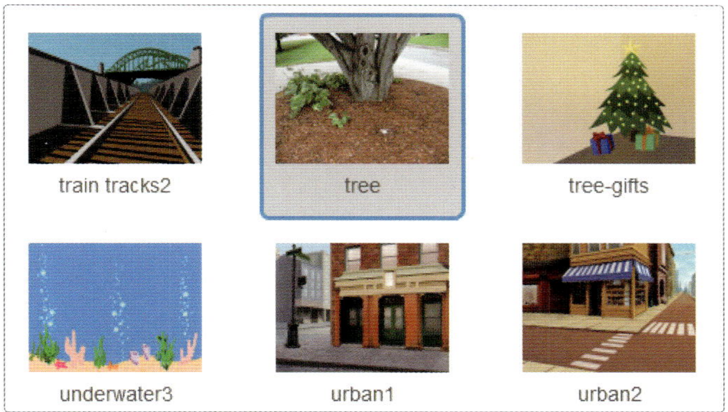

27 [배경 저장소] 창에서 'tree'를 선택하고 [확인] 버튼을 누르면 무대 배경이 변경됩니다.

28 드디어 완성했습니다. 제대로 동작하는지 실행시켜 봅시다.

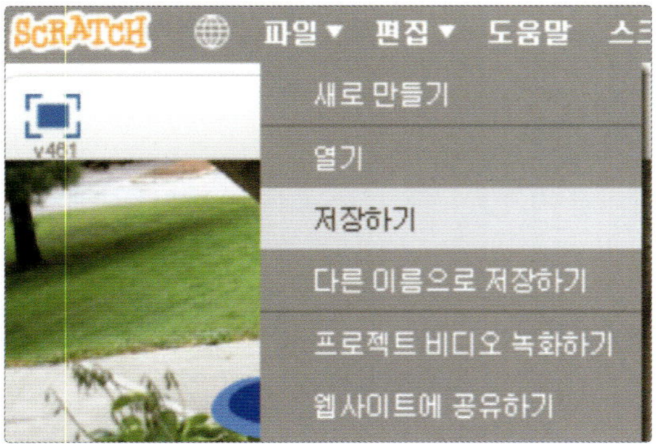

29 프로젝트를 저장하면 나중에 불러와서 다시 사용할 수 있습니다. [파일] 메뉴의 [저장하기]를 누르면 저장됩니다.

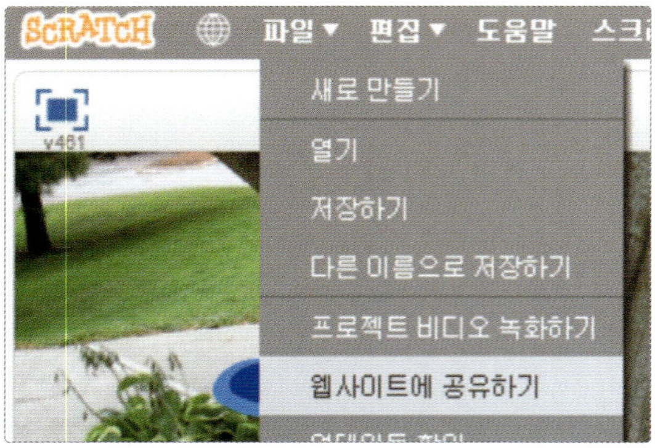

30 [파일] 메뉴의 [웹 사이트에 공유하기]를 누르면 열리는 [스크래치 웹 사이트에서 공유하기] 창에서 정보를 입력합니다.

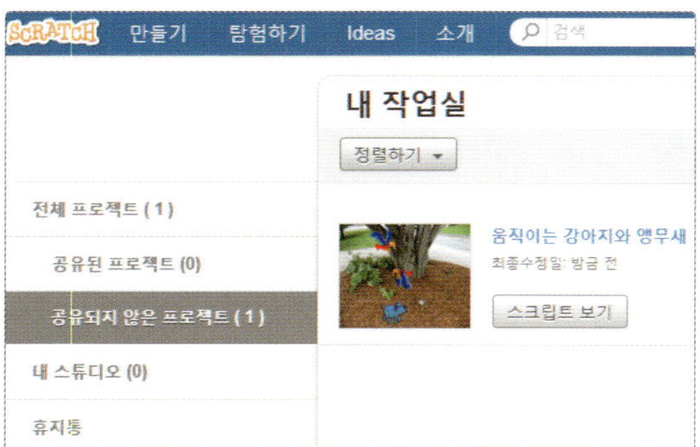

31 스크래치 웹 사이트에 접속해서 [내 작업실]–[전체 프로젝트]–[공유되지 않은 프로젝트]에서 해당 프로젝트의 '스크립트 보기'를 클릭한 뒤 [공유] 버튼을 누르면 공유할 수 있습니다.

실전 2-3

도전해보기

상어 2마리, 물고기 1마리, 게 1마리로 구성된 바닷속 프로젝트를 만들어 봅시다. 라이브러리에서 Shark(상어), Fish1(물고기), Crab(게), underwater2(무대 배경)를 이용하세요.

요점정리

- 반복 구조는 특정 부분을 반복해서 실행합니다.
- 새로운 스프라이트 버튼을 이용해서 새로운 스프라이트를 만듭니다.
- [형태] 카테고리의 [모양을 ' '(으)로 바꾸기], [다음 모양으로 바꾸기] 블록은 스프라이트의 모양을 변경합니다. 이 블록을 이용해서 스프라이트가 움직이는 것처럼 보이게 할 수 있습니다.
- 툴바의 확대, 축소 버튼을 이용해서 스프라이트의 크기를 조절합니다.
- [제어] 카테고리의 [무한 반복하기] 블록은 블록 안쪽에 위치한 블록을 계속해서 반복적으로 실행합니다.

연습문제

1 Cake 스프라이트를 이용해서 1초 간격으로 케이크에 촛불이 켜졌다가 꺼지는 동작을 무한 반복하는 프로젝트를 만들어 봅시다.

2 Breakdancer1 스프라이트를 이용해서 춤을 추는 동작을 반복하는 프로젝트를 만들어 봅시다.

CHAPTER 03

상어 피하는 물고기

- 조건에 따라 실행 내용이 달라지는 조건 구조를 이해합니다.
- 물고기를 움직여 자유롭게 다니는 상어를 피하는 물고기 프로젝트를 작성할 수 있습니다.

프로젝트 실행하기

방향키를 이용해서 상어를 피하는 물고기 프로젝트를 실행해보겠습니다.

1 게시판의 '상어 피하는 물고기 (3장)' 게시물에 있는 프로젝트를 엽니다.

2 🏁 버튼을 누르면 물방울 소리가 나면서 상어와 게는 자유롭게 움직이고 방향키로는 물고기를 조정합니다.

3 물고기가 상어에 닿으면 물고기가 사라지면서 실행이 종료되므로 상어를 잘 피해야 합니다.

이 프로젝트를 작성하기 위해서는 다음 세 가지 기능이 있어야 합니다.

- 상어가 불규칙적으로 움직이는 기능
- 물고기가 방향키에 의해 움직이는 기능
- 물고기가 상어에 닿으면 사라지는 기능

특히 세 번째 기능을 만들려면 조건 구조를 알아야 하므로 조건 구조에 대해 먼저 살펴보겠습니다.

조건 구조

방금 살펴본 프로젝트는 물고기가 상어에 닿으면 물고기가 사라지고 실행이 종료됩니다. 물론 물고기가 상어에 닿지 않으면 물고기가 사라지거나 실행이 종료되는 일은 발생하지 않습니다.

이처럼 조건이 참(조건을 만족함)인지 거짓(조건을 만족하지 못함)인지에 따라 일정 부분의 실행 여부가 결정되는 구조를 조건 구조라고 합니다.

이 프로젝트에서는 '물고기가 상어에 닿으면'이 조건에 해당되고 '물고기가 사라지고 실행이 종료됨'이라는 부분이 조건이 참인 경우에 처리되어야 합니다.

이런 조건 구조를 만들고자 할 때 사용하는 것이 조건 블록인데 

카테고리에서 왼쪽과 같은 두 개의 조건 블록을 제공하고 있습니다.

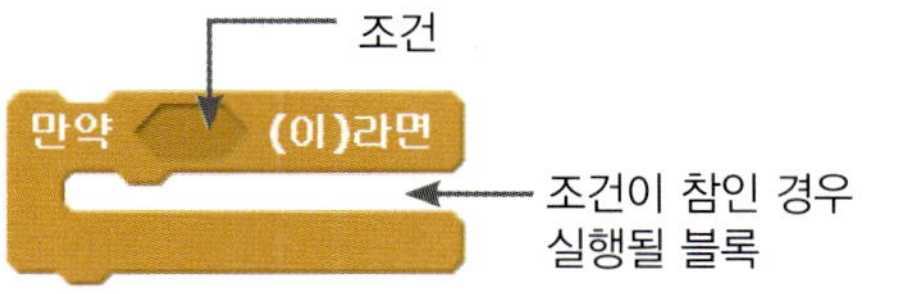

 블록에 대해 살펴보면, 에 조건을 넣어 조건이 참이면  안의 블록이 실행됩니다.

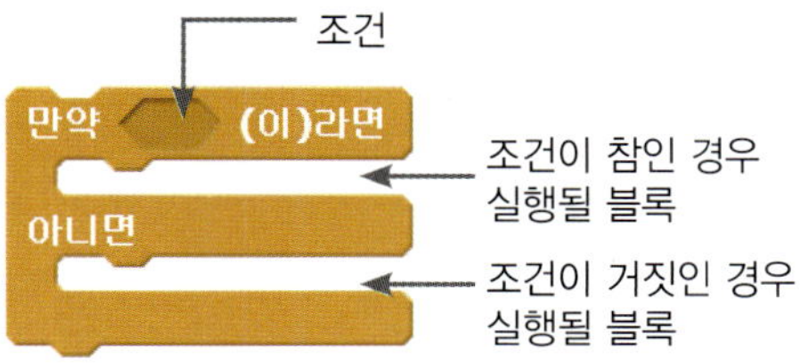

그리고 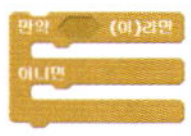 블록은 조건이 참이면 위쪽 안에 위치한 블록이 실행되고, 조건이 거짓이면 아래쪽 안에 위치한 블록이 실행됩니다.

실전 3-1

도전해보기

물고기가 상어에 닿으면 물고기가 사라지고 실행이 종료되는 조건 구조를 만들려면 두 개의 조건 블록 중 어떤 블록을 사용해야 하는지 생각해봅시다.

조건 블록도 반복 블록과 마찬가지로 프로젝트에서 자주 사용하는 중요한 블록이니 꼭 알고 있어야 합니다. 그러면 본격적으로 프로젝트를 작성하겠습니다.

프로젝트 작성하기

1 고양이 모양의 기본 스프라이트를 삭제하고, 스프라이트 저장소의 'Shark'를 선택한 다음 회전 방식을 '왼쪽에서 오른쪽으로만'으로 설정합니다. 그런 다음 1초 간격으로 다음 모양으로 바꾸고 속도 5로 좌우로 움직이는 스크립트를 작성합니다(기억이 나지 않는다면 CHAPTER 02를 참고해주세요).

2 현재 상태의 상어는 좌우로만 움직이는데 실제 상어는 방향을 변경하면서 움직입니다. 그러므로 주기적으로 방향을 변경하는 기능을 추가하겠습니다. 2초 간격으로 시계 방향으로 25도 회전하도록 하기 위해 동작 카테고리의 25 도 돌기 블록을 이용해서 왼쪽과 같은 스크립트를 추가적으로 작성합니다. 실행시켜 보면 2초 간격으로 방향이 변경되는 것을 확인할 수 있습니다.

처음 만나는 블록

스프라이트가 시계 방향으로 설정한 각도만큼 회전합니다.

처음 만나는 블록

연산 / 1 부터 10 사이의 난수

설정한 범위 안의 난수를 생성합니다. 만약 설정 값이 1과 10이라면 1부터 10 사이에서 정수 하나를 생성합니다.

3 훨씬 보기 좋지만, 아직 아쉬운 부분이 있습니다. 진짜 상어의 움직임은 이렇게 규칙적이거나 주기적이지 않습니다. 진짜 상어처럼 불규칙적으로 동작하게 하려면 난수(무작위 수)를 사용하면 됩니다. 난수를 생성하는 블록은 연산 카테고리의 1 부터 10 사이의 난수 인데 난수의 범위를 설정할 수 있습니다. 1 부터 10 사이의 난수 를 25 도 돌기 블록의 25가 적힌 곳에 넣습니다. 1 부터 10 사이의 난수 블록에서 범위를 −60부터 60으로 수정합니다. 같은 방법으로 기다리는 시간은 2부터 5까지의 범위로 만듭시다. 결국, 2~5초 간격으로 시계 방향으로 −60~60도 만큼 회전하게 됩니다. 실행하면 상어의 움직임이 훨씬 자연스럽게 불규칙적인 것을 확인할 수 있습니다.

⚠여기서잠깐

난수

주사위를 던져 나올 수를 정확하게 예측할 수 없습니다. 이처럼 예상할 수 없는 수를 난수라 합니다.

4 스프라이트 저장소의 'Crab'을 선택한 다음 회전 방식을 '왼쪽에서 오른쪽으로만'으로 설정합니다. 게의 움직임은 상어의 움직임을 활용하겠습니다. 왼쪽 두 스크립트를 복사한 후 움직이는 속도를 2로 변경합니다. 실행해봅시다. 게가 1초 간격으로 모양을 바꾸면서 움직이다가 벽에 닿으면 반대 방향으로 전환합니다.

실전 3-2

5 게가 벽에 닿지 않더라도 2~5초 간격으로 반대 방향으로 전환하는 스크립트를 작성하고자 합니다. 그렇다면 1 에 어떤 내용이 들어가야 하는지 생각해봅시다. 반대 방향으로 회전하려면 몇 도를 회전하면 되는지 생각해보면 해결할 수 있습니다.

6 스프라이트 저장소의 'Fish1'을 이용해서 물고기 모양의 스프라이트를 만들어 회전 방식을 '왼쪽에서 오른쪽으로만'으로 설정합니다.

7 물고기 스프라이트는 방향키로 움직이려 합니다. 우선 제어 카테고리의 만약 (이)라면 블록과 감지 카테고리의 스페이스 키를 눌렀는가? 블록을 이용해서 왼쪽과 같은 스크립트를 작성합니다.

처음 만나는 블록

제어 / 만약 (이)라면

육각형 모양의 [ ]에 위치한 조건이 참이면 블록 안쪽에 위치한 블록을 실행합니다.

감지 / 스페이스 키를 눌렀는가?

설정한 키가 눌려졌는지를 확인합니다. 눌렸으면 참이 되고, 눌리지 않았으면 거짓이 됩니다.

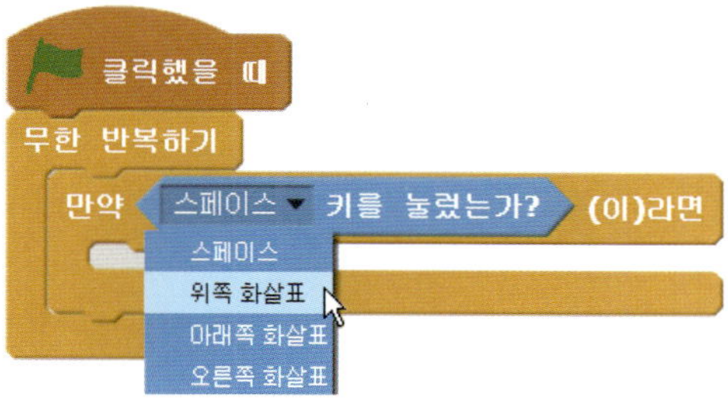

8 위쪽 방향키를 누르면 위쪽으로 10만큼 움직이도록 하기 위해 [스페이스 ▾ 키를 눌렀는가?] 블록의 풀다운 메뉴를 이용해서 '위쪽 화살표'를 선택합니다.

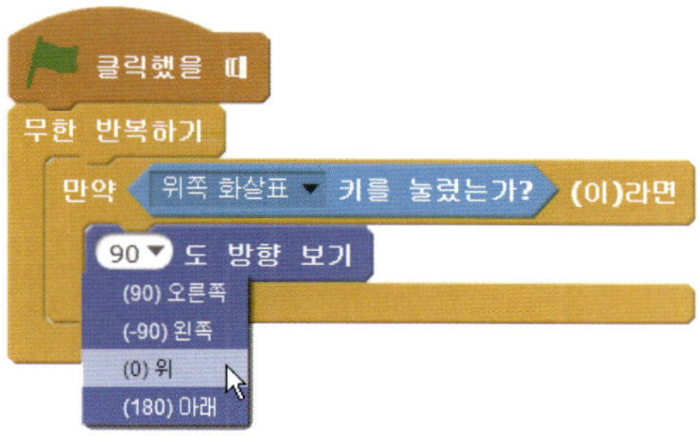

9 위쪽 방향으로 움직이려면 스프라이트가 위쪽 방향을 봐야합니다. 이때 사용하는 블록이 [동작] 카테고리의 [90 ▾ 도 방향 보기] 블록입니다. [90 ▾ 도 방향 보기] 블록을 [만약 (이)라면] 블록 안에 넣고, 풀다운 메뉴를 이용해서 '(0) 위'를 선택합니다.

처음 만나는 블록

[동작] / [90 ▾ 도 방향 보기]

스프라이트가 설정한 방향으로 향합니다. 0은 위쪽, 90은 오른쪽, 180은 아래쪽, −90은 왼쪽을 의미합니다.

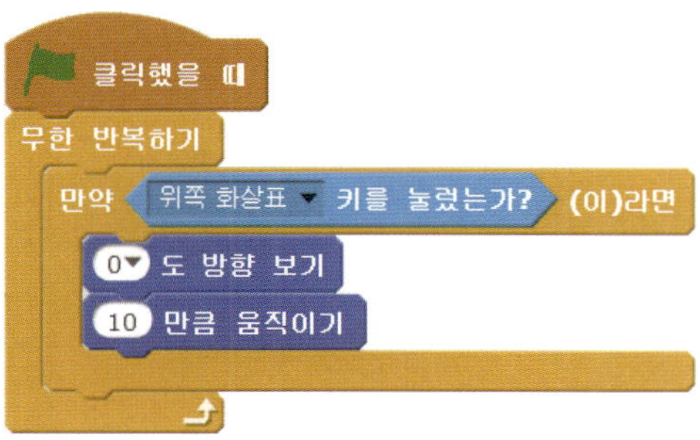

10 이 상태에서 10만큼 움직이도록 하면 위쪽 방향으로 10만큼 움직이게 됩니다.

11 가를 세 번 복사해서 아래에 연결시킨 후 왼쪽과 같이 수정하고 실행해봅시다. 방향키를 누르면 물고기가 누른 방향으로 움직이는지 확인해봅시다.

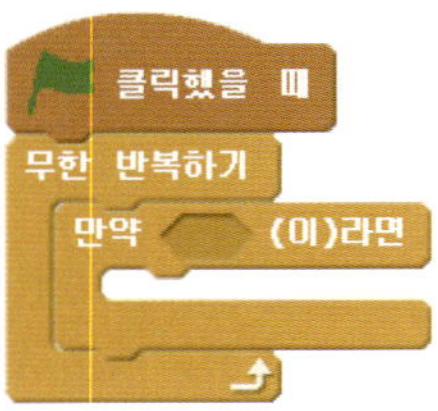

12 이번에는 물고기가 상어에 닿으면 사라지고 실행을 종료하도록 만들어 봅시다. 우선 물고기 스프라이트에 왼쪽과 같은 스크립트를 작성합니다.

13 감지 카테고리의 마우스 포인터 에 닿았는가? 블록을 만약 (이)라면 블록의 조건이 들어갈 부분에 넣고 풀다운 메뉴에서 'Shark'를 선택합니다. 그러면 물고기가 상어에 닿았는지를 구별하는 조건 구조가 완성됩니다.

처음 만나는 블록

감지 / 마우스 포인터 ▾ 에 닿았는가?

스프라이트가 설정한 마우스 포인터, 벽 또는 다른 스프라이트 등에 닿았는지를 확인합니다. 닿았으면 참이 되고, 닿지 않았으면 거짓이 됩니다.

14 이번에는 물고기가 상어에 닿으면 사라지게 해봅시다. 상어가 잡아먹은 듯이 보일 겁니다. 형태 카테고리의 숨기기 블록을 만약 (이)라면 안에 넣습니다.

처음 만나는 블록

형태 / 숨기기

스프라이트가 무대에서 사라집니다.

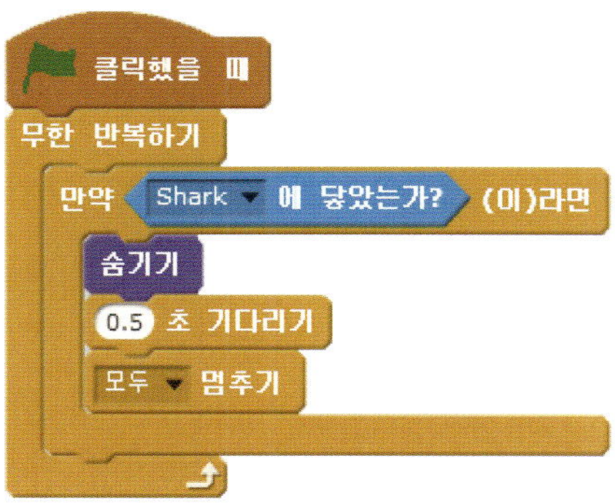

15 이제 0.5초 후에 모든 실행이 종료되도록 합니다. 모든 실행을 종료하는 블록은 제어 카테고리의 모두 ▾ 멈추기 입니다.

처음 만나는 블록

제어 / 모두 ▾ 멈추기

설정한 스크립트의 실행을 중지합니다.

16 실행하면 문제없이 동작하는데 실행이 종료된 후에 다시 실행하면 물고기 스프라이트가 나타나지 않습니다. 14에서 물고기를 숨겼기 때문인데 다시 물고기를 보이게 하려면 형태 카테고리의 보이기 블록을 클릭했을 때 다음에 연결하면 이 문제는 해결됩니다.

처음 만나는 블록

형태 / 보이기

스프라이트가 무대에 보입니다.

17 그럴 듯하게 보이기 위해 무대 배경을 [배경 저장소]의 'underwater2'로 설정합니다.

18 이번에는 소리를 넣어 봅시다. 바다에서 물소리는 들릴 테니 자연스럽게 물소리가 배경에서 나도록 설정하겠습니다. 우선 화면의 왼쪽 아래의 무대를 선택합니다.

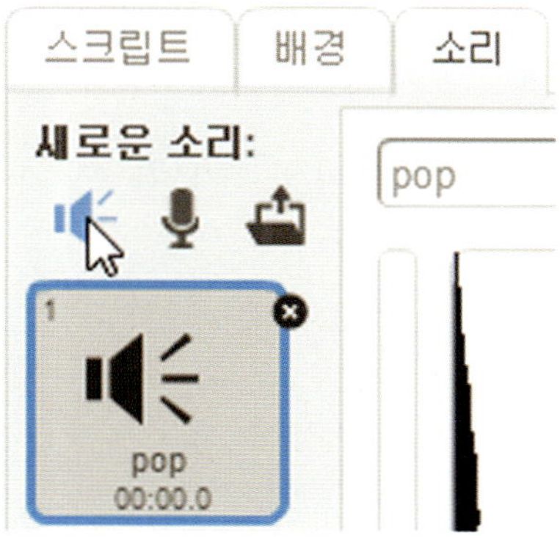

19 [소리] 탭의 새로운 소리에서 첫 번째 버튼인 🔈 를 누릅니다.

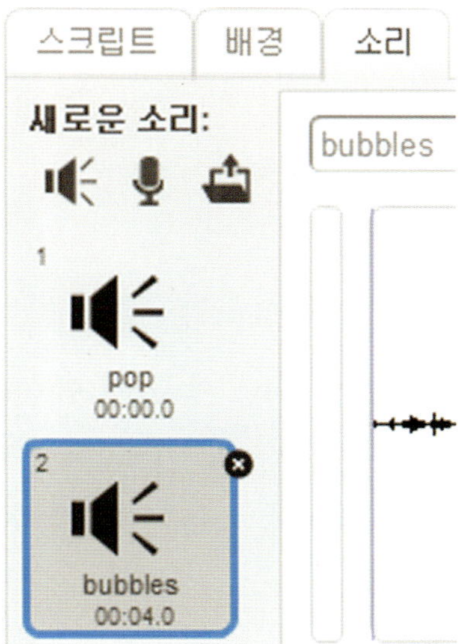

20 [소리 저장소] 창에서 'bubbles' 소리를 선택해서 가져옵니다.

21 무대의 스크립트 영역에 소리 카테고리의 bubbles 끝까지 재생하기 블록을 이용해서 왼쪽과 같은 스크립트를 작성하면 프로젝트가 완성됩니다. 실행시키면 물방울 소리가 나면서 동작합니다.

처음 만나는 블록

소리 / bubbles 끝까지 재생하기

설정한 소리 파일을 재생합니다. 재생이 모두 끝난 후에 다음 블록이 실행됩니다.

실전 3-3

도전해보기

살펴본 프로젝트는 물고기가 상어에게 잡아먹히면 종료되는데 종료되지 않고 사라졌다가 0.5초 후에 다시 나타나서 동작하도록 수정해 봅시다.

요점정리

- 조건 구조는 조건에 따라 문장을 선택적으로 실행합니다.
- [동작] 카테고리의 [' '도 돌기] 블록은 설정한 각도만큼 회전합니다.
- [연산] 카테고리의 ['1'부터 '10'사이의 난수] 블록은 설정한 범위 안의 난수를 생성합니다.
- [감지] 카테고리의 [' '키를 눌렀는가?] 블록은 설정한 키가 눌러졌는지를 확인합니다. 이 블록을 이용해서 키보드를 누를 때 특정 동작을 하게 할 수 있습니다.
- [동작] 카테고리의 [' '도 방향보기] 블록은 설정한 방향으로 향합니다. 이 블록을 이용해서 오른쪽, 왼쪽, 위, 아래 중 특정 방향을 향하게 할 수 있습니다.
- [소리] 카테고리의 [' ' 끝까지 재생하기] 블록은 설정한 소리를 재생합니다.

연습문제

1 앞에서 완성한 프로젝트에 상어 스프라이트 1개를 추가해봅시다.

2 고양이 모양의 Cat2 스프라이트 2개는 자유롭게 움직이고, 쥐 모양의 Mouse1 스프라이트는 방향키로 움직입니다. 쥐 스프라이트가 고양이 스프라이트에 닿으면 쥐는 사라지고 고양이가 고양이 소리를 내고 게임을 종료하는 프로젝트를 만들어 봅시다.

CHAPTER 04

하늘에서 떨어지는 물고기 잡기

- 프로젝트를 실행하는 동안 값을 저장하는 공간인 변수를 이해합니다.
- 스프라이트 간에 상호작용을 하는 기능인 메시지 보내고 받기를 이해합니다.
- 하늘에서 떨어지는 물고기 잡기 게임 프로젝트를 작성할 수 있습니다.

프로젝트 실행하기

방향키로 게를 좌우로 움직여 하늘에서 떨어지는 물고기를 잡는 게임을 해보겠습니다.

1 게시판의 '하늘에서 떨어지는 물고기 잡기 (4장)' 게시물에 있는 프로젝트를 엽니다.

2 ![깃발]을 누르면 게가 게임 요령을 알려줍니다.

3 위에서 떨어지는 물고기와 번개의 위치와 속도는 일정하지 않습니다. 그리고 게는 방향키로 오른쪽이나 왼쪽으로 움직입니다.

4 게임 시작할 때 '점수'는 0, '생명'은 5인데, 게가 물고기를 잡으면 점수가 1 올라가고 번개에 맞으면 생명이 1 감소됩니다. 생명이 0이 되면 게임이 종료됩니다.

이 프로젝트를 작성하려면 변수와 메시지 보내고 받기의 개념을 알아야 하므로 프로젝트 작성에 앞서 먼저 살펴보겠습니다.

변수

변수란 프로젝트가 실행되는 동안 값을 저장하는 공간을 말하는데, 대부분의 프로젝트에서 사용되는 중요한 개념입니다.

방금 살펴본 프로젝트에서 게가 물고기를 잡으면 '점수'가 1씩 커지고 번개에 맞으면 '생명'이 1씩 줄어듭니다. 그러다가 '생명'이 0이 되면 실행이 종료됩니다. 여기서 '점수'와 '생명'을 변수라고 합니다.

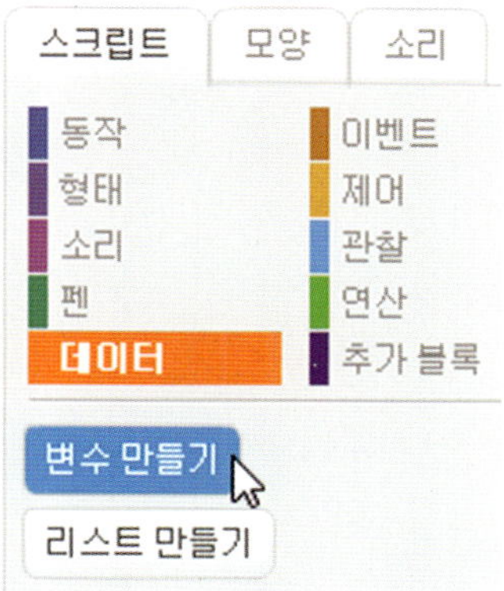

변수를 사용하려면 먼저 변수를 만들어야 합니다. 데이터 카테고리의 변수 만들기 버튼을 클릭합니다.

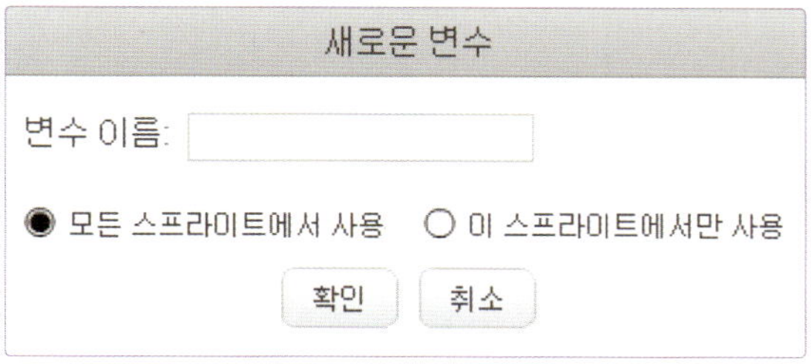

변수 만들기 버튼을 클릭하면 왼쪽과 같은 창이 열리는데 만들고자 하는 변수 이름을 입력합니다. 변수 이름은 사용자 마음대로 정할 수 있습니다.

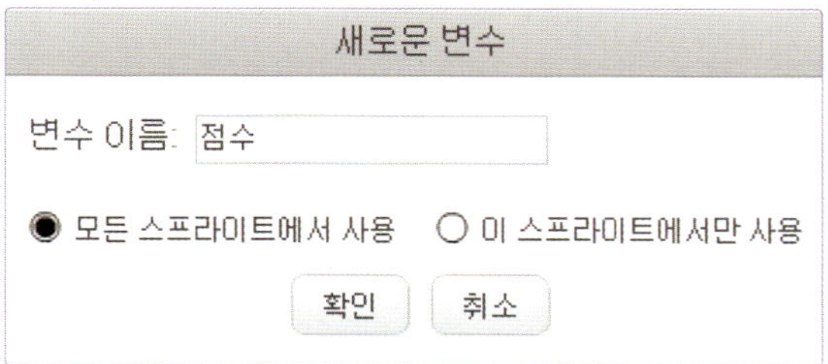

왼쪽과 같이 '점수'를 입력하고 [확인] 버튼을 누르면 '점수'라는 이름의 변수가 만들어집니다.

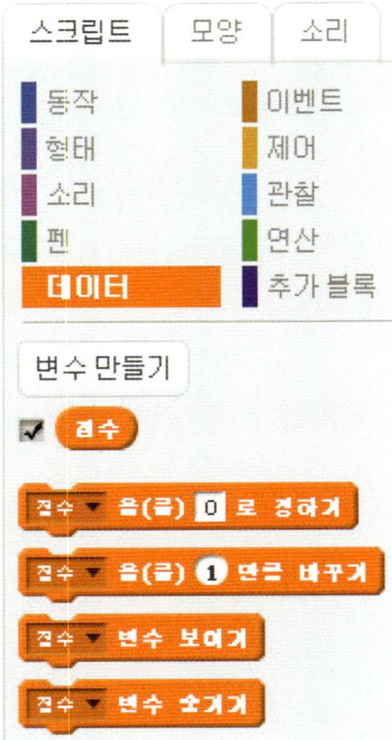

변수를 만들면 데이터 카테고리에 왼쪽과 같이 변수와 관련된 블록이 새롭게 생성됩니다.

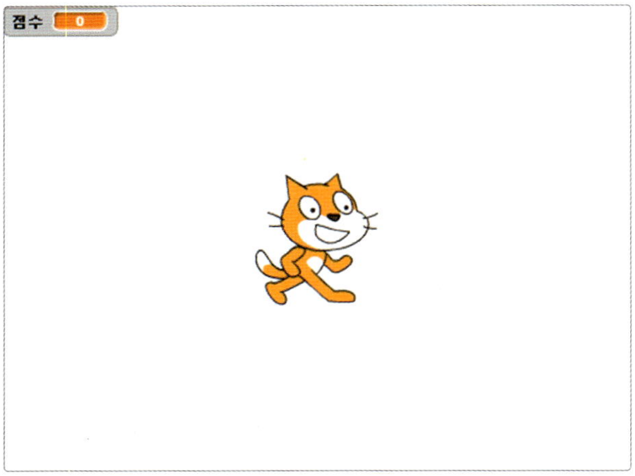

또한 무대의 왼쪽 윗부분에 '점수'가 나타납니다.

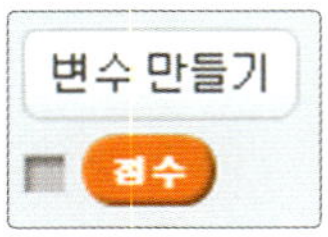

무대에서 '점수'를 사라지게 하려면 데이터 카테고리의 점수 왼쪽에 위치한 체크버튼의 체크를 해제하면 됩니다. 무대에서 사라지기만 할 뿐이지 변수가 삭제되는 것은 아닙니다.

변수 삭제는 데이터 카테고리의 점수를 마우스 오른쪽 버튼을 눌러 '변수 삭제'를 선택하면 됩니다. 그리고 '변수 이름 수정하기'를 선택하면 변수 이름을 변경할 수 있습니다.

변수를 만든 후 새롭게 생성된 블록을 살펴보겠습니다.

[점수 ▼ 을(를) 0 로 정하기]는 값을 변수에 저장하는 블록으로, 왼쪽은 80을 '점수'에 저장하게 됩니다.

[점수 ▼ 을(를) 1 만큼 바꾸기]는 변수의 현재 값을 설정한 값만큼 변경하는 블록으로, 현재 '점수' 값이 80인 상태에서 왼쪽을 실행하면 '점수' 값이 90으로 바뀌게 됩니다.

그리고 [점수 ▼ 변수 보이기]와 [점수 ▼ 변수 숨기기]는 무대에 변수를 보일지 숨길지를 지정하는 블록입니다.

실전 4-1

도전해보기

오른쪽 스크립트를 실행시키면 어떤 값을 말하는지 예상해보고 실행해봅시다.

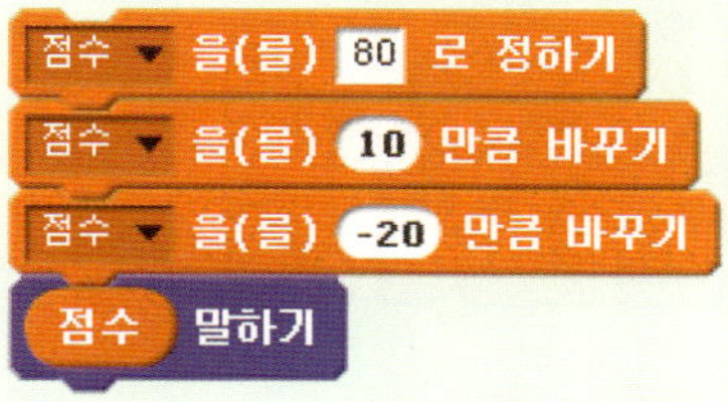

메시지 보내고 받기

주인이 '강아지이리와'라고 말하면 강아지가 주인에게 가도록 하고 싶습니다. 메시지 블록을 사용하면 이 동작을 완성할 수 있습니다. 주인 스프라이트가 강아지 스프라이트에 메시지를 보내는 방식입니다. [이벤트] 카테고리에 메시지와 관련있는 블록이 3가지 있습니다.

[메시지1 ▼ 방송하기]와 [메시지1 ▼ 방송하고 기다리기]는 메시지를 보내는 블록이고, [메시지1 ▼ 을(를) 받았을 때]는 설정된 메시지를 받으면 연결된 블록이 실행되도록 하는 블록입니다.

메시지를 이용해서 강아지가 주인에게 오도록 하는 프로젝트를 만들면서 메시지 블록에 대해 이해해보도록 하겠습니다.

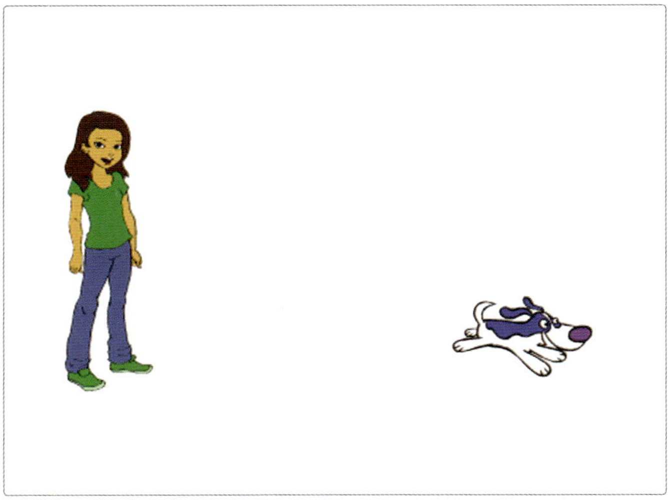

1 'Abby'를 이용해서 주인 스프라이트를 만들고, 'Dog1'을 이용해서 강아지 스프라이트를 만듭니다.

2 이벤트 카테고리의 메시지1 방송하기 를 주인 스프라이트의 스크립트 영역에 놓고 풀다운 메뉴에서 '새 메시지...'를 선택합니다.

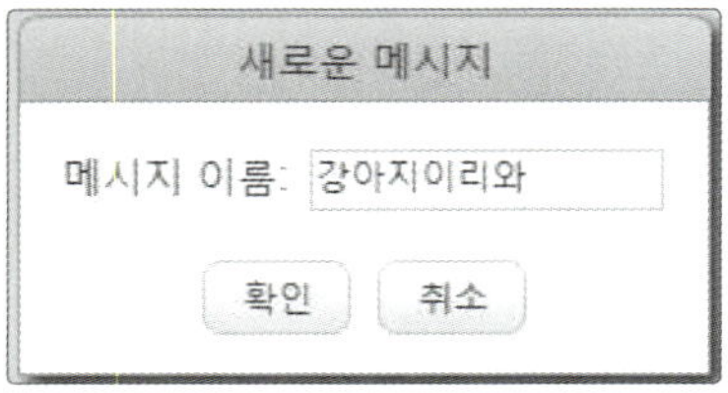

3 [새로운 메시지] 창에서 '강아지이리와'라는 내용을 입력하고 [확인] 버튼을 누릅니다.

4 을 누르면 '강아지이리와' 메시지가 방송됩니다.

5 강아지이리와 을(를) 받았을 때 를 강아지 스프라이트의 스크립트 영역에 끌어다 놓습니다.

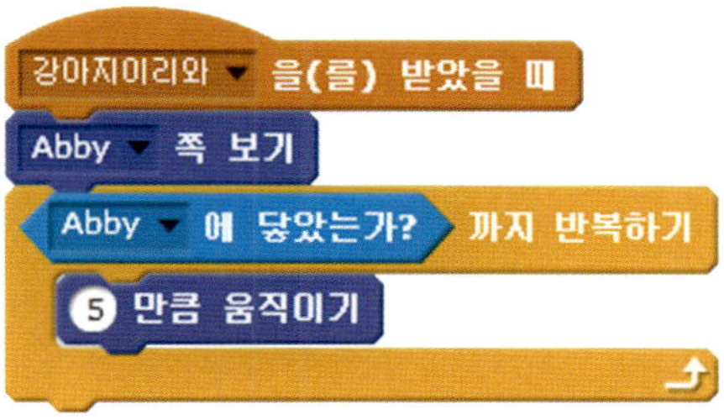

6 '강아지이리와' 메시지를 받으면 실행되어야 할 내용인 'Abby'쪽을 보고 'Abby'에 도착할 때까지 움직이는 스크립트를 [강아지이리와 을(를) 받았을 때] 아래에 작성합니다.

7 [깃발]을 누르면 주인으로부터 '강아지이리와' 메시지를 받은 강아지가 주인에게 가는 것을 확인할 수 있습니다.

[메시지1 방송하기]와 [메시지1 방송하고 기다리기]의 차이점은 [메시지1 방송하기]는 메시지를 보내고 아래에 연결된 블록을 즉시 실행하는 반면 [메시지1 방송하고 기다리기]는 메시지를 보내고 해당 메시지를 받으면 실행되도록 설정된 동작이 모두 실행된 후에 아래에 연결된 블록을 실행하는 차이가 있습니다.

실전 4-2

도전해보기

주인이 '날아라'라는 메시지를 보내면 앵무새가 자유롭게 날기 시작하는 프로젝트를 만들어 봅시다.

변수와 메시지 개념에 대해 살펴보았으니 프로젝트를 작성하겠습니다.

프로젝트 작성하기

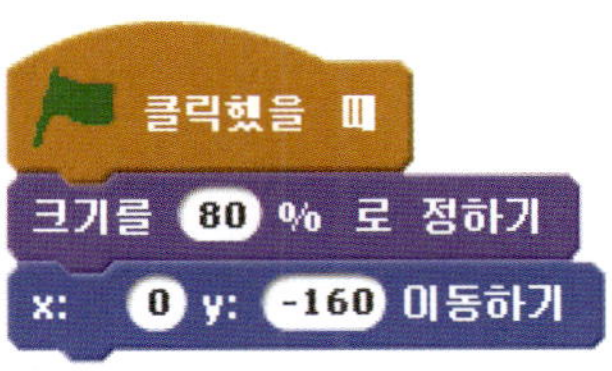

1 기본 스프라이트를 삭제하고, 스프라이트 저장소의 'Crab'을 이용해서 게 모양의 스프라이트를 만든 후 회전 방식을 '왼쪽에서 오른쪽으로만'으로 설정합니다. 그런 다음 크기를 80%로 설정하고 (0, −160) 좌표 위치로 이동하도록 합니다.

처음 만나는 블록

형태 / 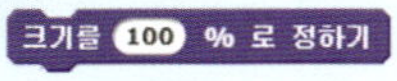

스프라이트의 크기를 설정한 비율로 변경합니다.

동작 / 

스프라이트가 설정한 (x, y) 좌표 위치로 이동합니다.

여기서잠깐

x, y 좌표

무대는 폭이 480이고 높이가 360으로 다음 그림과 같이 x축과 y축으로 이루어진 좌표로 구성되어 있습니다. 무대의 x축은 –240부터 240까지의 좌푯값을 갖고 있으며, y축은 –180부터 180까지의 좌푯값을 갖고 있으며 무대 중앙의 좌표 위치는 (0, 0)입니다.

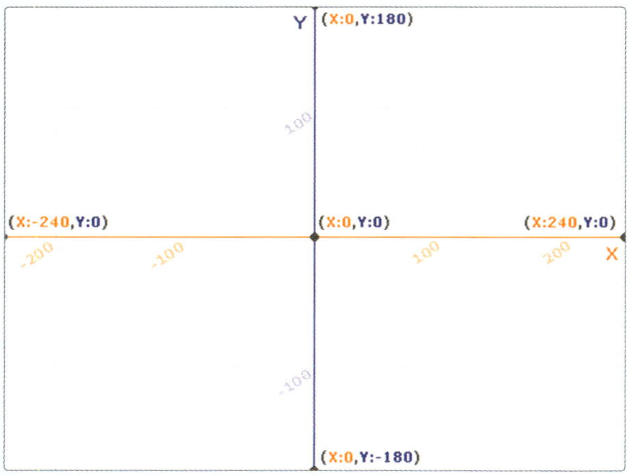

스크립트 영역의 오른쪽 위에 있는 좌푯값은 스프라이트가 위치한 (x, y) 좌표를 의미하는 것으로, 다음은 앵무새 스프라이트가 (80, 51) 좌표 위치에 있음을 나타내는 것입니다.

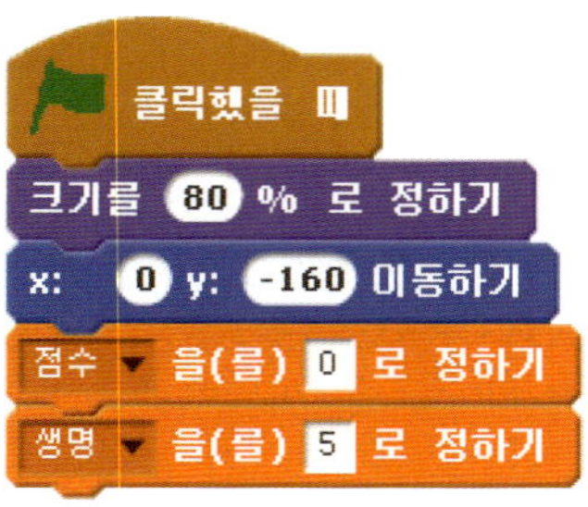

2 '점수'와 '생명' 변수를 만든 후 '점수'에 0을 저장하고 '생명'에 5를 저장합니다.

처 음 만 나 는 블 록

데이터 / var ▾ 을(를) 0 로 정하기

설정한 값을 변수에 저장합니다.

3 이벤트 카테고리의 메시지1 ▾ 방송하기 블록을 이용해서 '게임시작' 메시지를 방송합니다. 〈메시지 보내고 받기〉에서 학습한 내용입니다.

처 음 만 나 는 블 록

이벤트 / 메시지1 ▾ 방송하기

설정한 메시지를 보냅니다. 메시지를 보내고 다음 블록이 즉시 실행됩니다.

4 1초 간격으로 다음 모양으로 바뀌게 합니다.

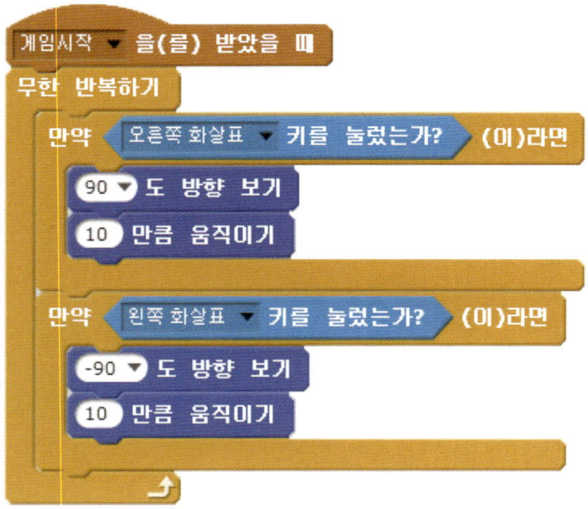

5 '게임시작' 메시지를 받으면 게임이 본격적으로 시작됩니다. '게임시작' 메시지를 받은 후에 오른쪽 방향키를 누르면 게가 오른쪽 방향으로 움직이고 왼쪽 방향키를 누르면 왼쪽 방향으로 움직이도록 합니다.

처음 만나는 블록

이벤트 / 

설정한 메시지를 받으면 아래에 연결된 블록이 실행됩니다.

6 'Fish1'을 이용해서 물고기 모양의 스프라이트를 만든 후 회전 방식을 '왼쪽에서 오른쪽으로만'으로 설정합니다. 그런 다음 크기를 40%로 설정하고 사라지게 합니다.

7 '게임시작' 메시지를 받아 게임이 시작되면 물고기가 위에서 아래로 떨어져야 하므로 아래 방향으로 향하게 합니다.

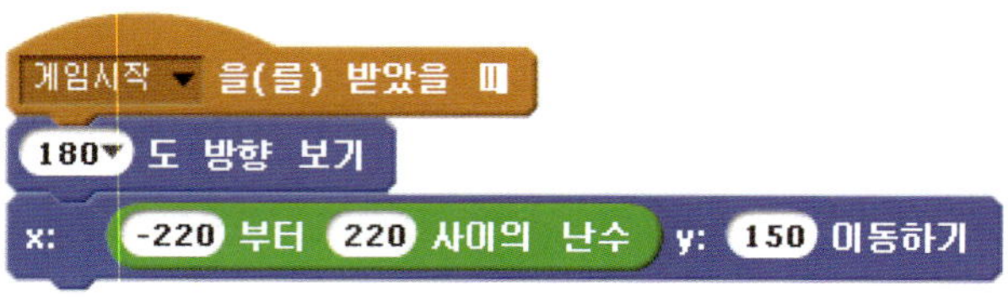

8 물고기를 무대 위쪽으로 이동시킵니다. 이때 이동시킬 위치의 x좌표와 y좌표를 모두 고정시키면 항상 위치가 같으므로 x좌표는 난수를 써서 −220에서 220 사이에서 정수 하나가 무작위로 설정되도록 합니다. 이제 물고기가 떨어지는 위치가 항상 바뀝니다.

9 물고기를 보이게 하고, '물고기1속도' 변수를 만든 후 4부터 9까지의 무작위 수를 저장합니다. 물고기가 떨어지는 속도를 임의로 바꾸기 위해 '물고기1속도'에 무작위 수를 저장했습니다.

실전 4-3

10 물고기가 게에 닿거나 벽에 닿을 때까지 반복하는 구조를 만들고자 합니다. 그렇다면 1 에 '또는'과 '그리고' 중 어떤 내용이 들어가야 하는지 채우기 바랍니다. 그리고 블록과 또는 블록에 대한 설명을 살펴보면 어렵지 않게 해결할 수 있을 겁니다.

처·음·만·나·는·블·록

연산 / 그리고

두 조건 모두 참이면 결과는 참이 되고, 그렇지 않으면 결과는 거짓이 됩니다.

연산 / 또는

두 조건 중 하나라도 참이면 결과는 참이 되고, 두 조건 모두 거짓이면 결과는 거짓이 됩니다.

11 게 또는 벽에 닿을 때까지 '물고기1속도'로 움직이게 합니다.

12 게 또는 벽에 닿아 움직이는 동작을 종료한 후에 만약 물고기가 게에 닿았으면 '점수' 값을 1 증가시킵니다.

처·음·만·나·는·블·록

데이터 / 

변수의 현재 값을 설정한 값만큼 변경합니다. 만약 var의 현재 값이 3인 상태에서 다음 블록을 실행하면 var의 값은 8이 됩니다.

13 물고기를 사라지게 하고 1~2초 후에 위에서 다시 떨어지게 합니다. 이런 동작이 계속해서 반복되도록 합니다.

14 이번에는 번개를 만들 차례입니다. 'Lightning'을 이용해서 번개 모양의 스프라이트를 만든 후 회전 방식을 '왼쪽에서 오른쪽으로만'으로 설정합니다. 그리고 크기를 50%로 설정하고 사라지게 합니다.

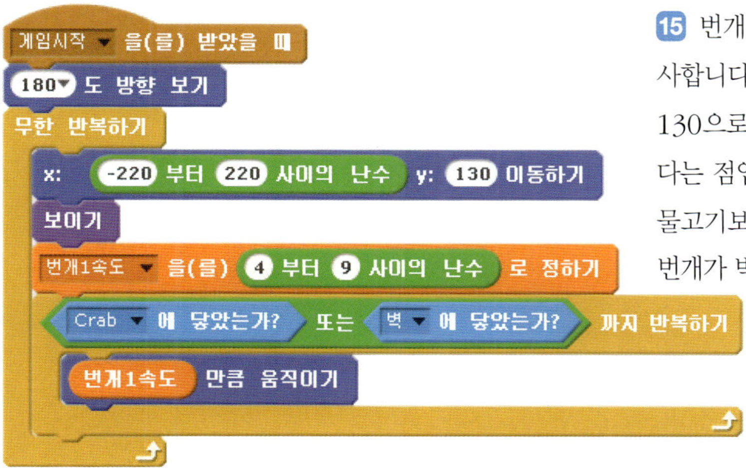

15 번개 스프라이트는 물고기 스프라이트와 거의 유사합니다. 다른 점은 이동할 y좌푯값을 150이 아닌 130으로 하고 '물고기1속도'가 아닌 '번개1속도'로 한다는 점입니다. y좌푯값이 130인 이유는 번개 크기가 물고기보다 커서 y좌푯값을 150으로 하면 시작부터 번개가 벽에 닿아 아래로 떨어지지 않기 때문입니다.

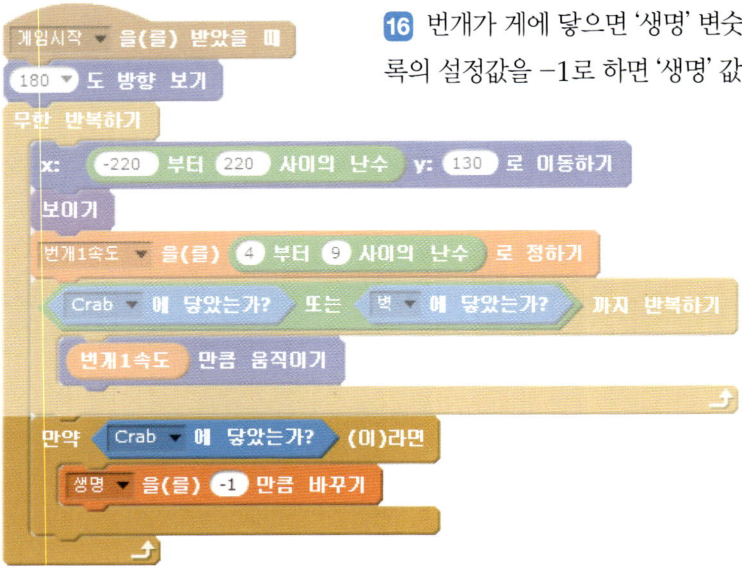

16 번개가 게에 닿으면 '생명' 변숫값을 1 감소시킵니다.  블록의 설정값을 −1로 하면 '생명' 값이 1 감소됩니다.

실전 4-4

17 '생명'이 0이 되면 실행을 종료시키려고 합니다. (2)에 어떤 내용이 들어가야 하는지 생각해보고 채우기 바랍니다.

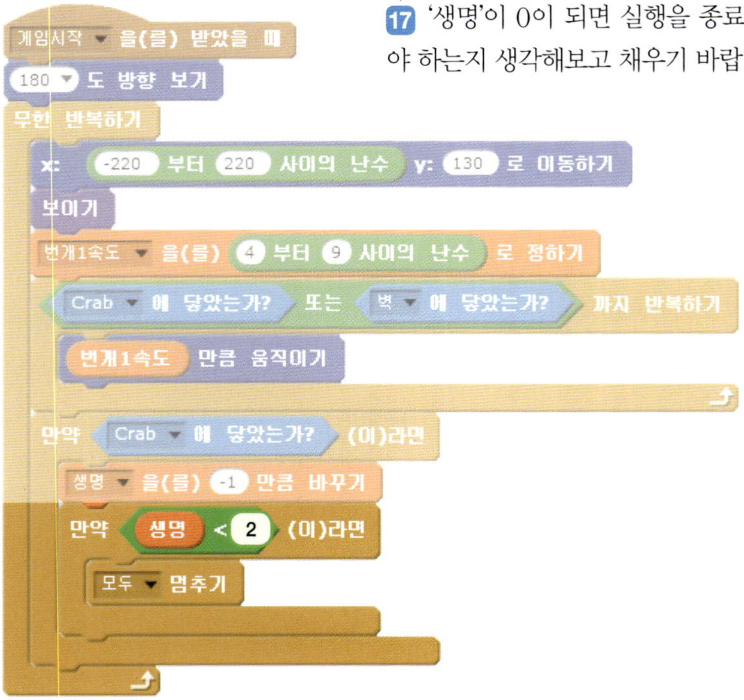

처음 만나는 블록

연산 / 

왼쪽에 위치한 값이 오른쪽에 위치한 값보다 작은지를 확인합니다. 왼쪽에 위치한 값이 오른쪽에 위치한 값보다 작으면 참이 되고, 그렇지 않으면 거짓이 됩니다.

18 번개가 사라지게 하고 1~2초 기다리게 합니다.

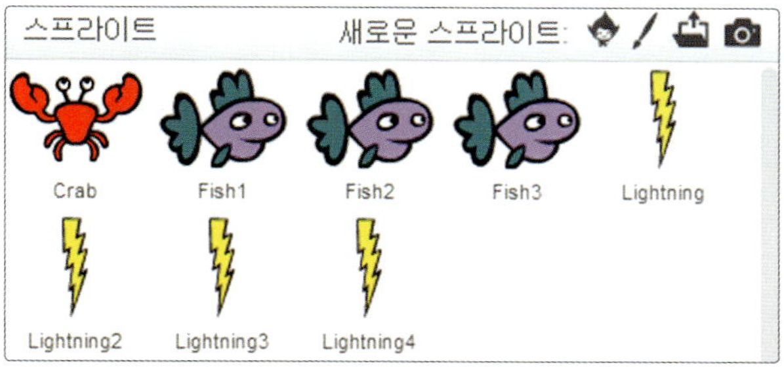

19 복사 기능을 이용해서 물고기 스프라이트를 2개 더 생성하고 번개 스프라이트를 3개 더 생성합니다. 그리고 '물고기2속도', '물고기3속도', '번개2속도', '번개3속도', '번개4속도' 변수를 만든 다음 각 스프라이트에 적합한 속도 변수로 스크립트를 수정합니다.

20 게임을 시작하기 전에 게임 방법을 설명하려 합니다. 게 스프라이트의 크기 설정 다음에 게임 설명을 말하는 내용을 추가합시다.

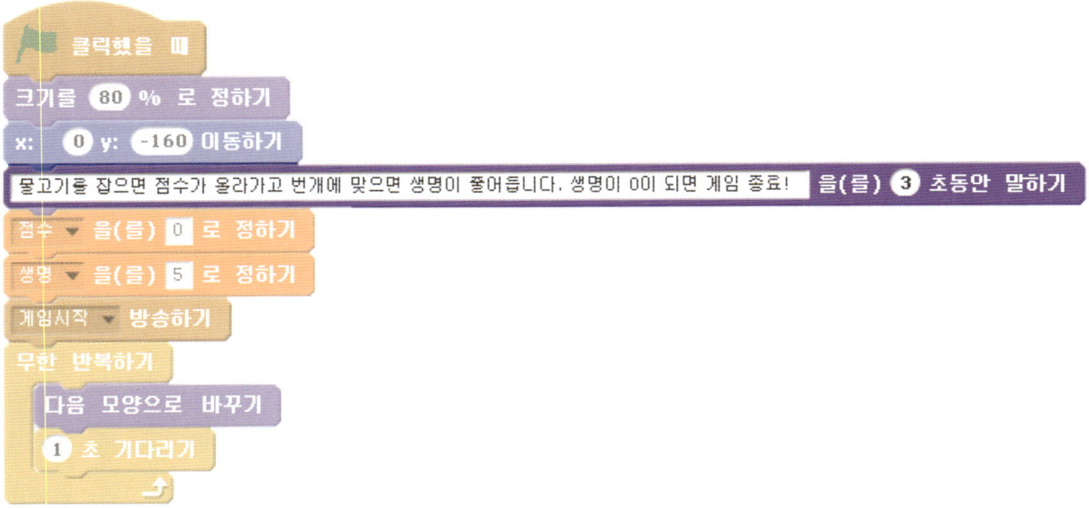

처·음·만·나·는·블·록

형태 / 

입력한 내용이 설정한 시간 동안 말풍선으로 나타납니다.

21 무대 배경을 'beach malibu'로 설정하면 프로젝트가 완성됩니다.

실전 4-5

도전해보기

게임을 시작할 때는 모든 물고기와 번개 속도를 7로 하고, 게가 물고기를 잡으면 모든 물고기와 번개 속도가 1 감소하고, 번개에 맞으면 속도가 1 증가하도록 수정해봅시다.

요점정리

- 변수는 프로젝트가 실행되는 동안 값을 저장하는 공간입니다.
- 메시지 보내고 받기는 스크립트간의 동기화시키기 위한 수단입니다.
- [데이터] 카테고리의 ['변수'을(를) ' '로 정하기] 블록은 변수에 값을 저장하고, ['변수'을(를) ' '만큼 바꾸기] 블록은 변숫값을 설정한 값만큼 변경합니다.
- [이벤트] 카테고리의 [' ' 방송하기] 블록은 메시지를 보내고, [' '을(를) 받았을 때] 블록은 설정한 메시지를 받으면 실행됩니다. 이 블록들을 이용해서 스크립트들을 동기화시킬 수 있습니다.
- [연산] 카테고리의 [' '〈' '] 블록은 왼쪽 값이 오른쪽 값보다 작은지를 확인합니다.

연습문제

1 '나이' 변수에 1부터 100까지의 임의의 수를 저장한 후, '나이' 변숫값이 19이상이면 "성년입니다"를 말하고, '나이' 변숫값이 19미만이면 "미성년입니다"를 말하는 프로젝트를 만들어 봅시다.

2 박쥐와 앵무새가 비행 시합을 하는 프로젝트를 만들어 봅시다. 시작 버튼을 누르면 화면 왼쪽에서 출발하여 오른쪽 벽에 닿으면 시합이 종료되는데, 종료되면 사회자가 누가 승리했는지를 말합니다. 속도는 랜덤으로 정해집니다.

CHAPTER 05 다트 게임

- 스프라이트의 모양 중심을 설정하는 방법을 이해합니다.
- 다트 던지기 게임 프로젝트를 작성할 수 있습니다.

프로젝트 실행하기

스페이스 바를 눌러 다트를 보드에 맞추는 게임 프로젝트를 실행해보겠습니다.

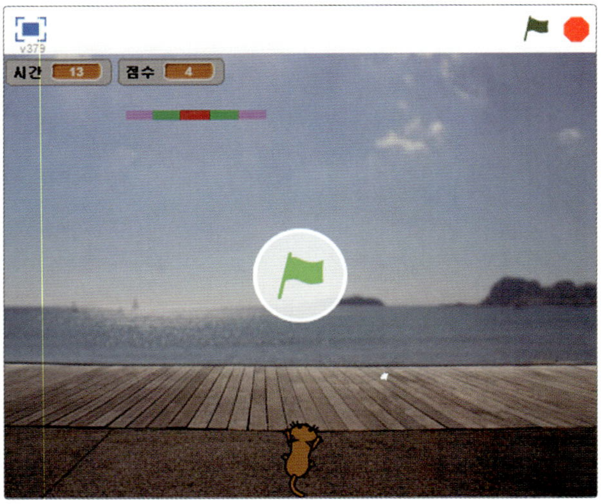

1 게시판의 '다트 게임 (5장)' 게시물에 있는 프로젝트를 엽니다.

2 깃발을 누르면 게임이 시작되는데, 보드가 왼쪽에서 오른쪽으로 이동합니다. 보드가 오른쪽 벽에 닿으면 새로운 보드가 왼쪽에서 나옵니다.

3 스페이스 바를 누르면 다트가 고양이가 바라보는 방향으로 날아가며 다트가 보드에 맞으면 점수가 올라가고 왼쪽에서 새로운 보드가 나옵니다. 보드의 빨간색에 맞으면 5점, 연두색에 맞으면 3점, 분홍색에 맞으면 1점이 올라갑니다.

4 오른쪽 방향키를 누르면 고양이가 시계 방향으로 회전하고 왼쪽 방향키를 누르면 시계 반대 방향으로 회전합니다.

5 살펴본 기능을 이용해서 게임을 진행합니다. 시간이 30이 되면 게임이 종료됩니다.

이 프로젝트의 다트와 보드는 그림판을 이용해 직접 만든 것입니다. 직접 만든 스프라이트는 모양 중심 설정을 가운데로 해줘야 하므로 모양 중심 설정하는 방법에 대해 살펴보겠습니다.

모양 중심 설정하기

모양 중심 설정하는 방법을 예를 통해 알아보겠습니다.

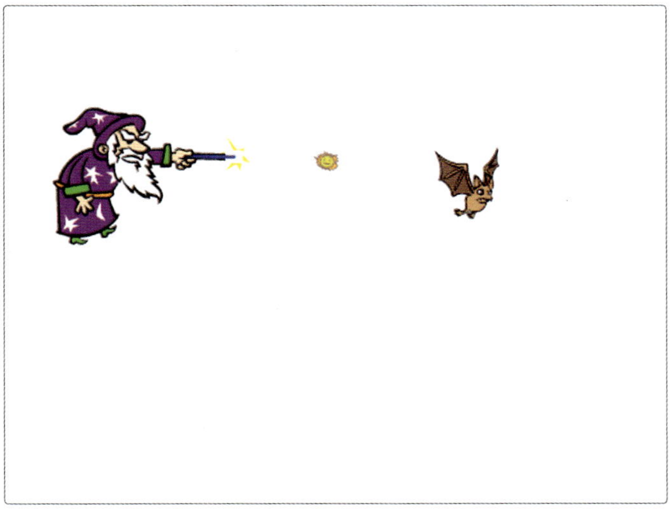

스프라이트 저장소의 'Wizard', 'Bat1', 'Sun'을 이용해서 마법사, 박쥐, 불 모양의 스프라이트를 만듭니다. 그리고 박쥐가 자유롭게 날아다니는 스크립트를 작성합니다.

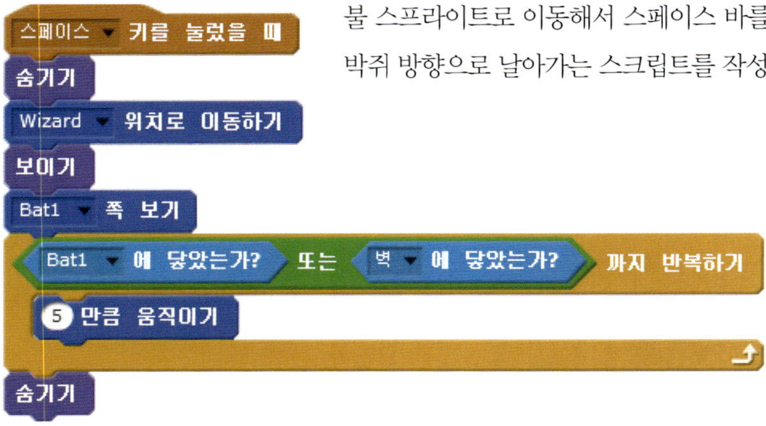

불 스프라이트로 이동해서 스페이스 바를 누르면 불 스프라이트가 마법사로 이동해서 박쥐 방향으로 날아가는 스크립트를 작성합니다.

실행시켜보면 불이 지팡이 끝이 아닌 마법사 몸에서 날아가는 것을 확인할 수 있는데, 마법사 스프라이트의 모양 중심이 마법사 몸으로 되어 있기 때문입니다. 지팡이 끝에서 날아가도록 하려면 마법사 스프라이트의 모양 중심을 지팡이 끝으로 해야 합니다.

우선 마법사 스프라이트의 [모양] 탭을 누른 후 오른쪽 위에 있는 '모양 중심 설정하기' 버튼을 누릅니다.

그리고 모양 중심으로 설정하기 원하는 위치인 지팡이 끝을 마우스로 클릭하면 모양 중심으로 설정됩니다.

이 상태에서 불을 마법사 위치로 이동하면 모양 중심으로 설정된 마법사의 지팡이 끝으로 갑니다.

실행해보면 불이 마법사 지팡이 끝에서 날아가는 것을 확인할 수 있습니다.

모양 중심 설정하는 방법에 대해 알아보았으니 다트 게임 프로젝트를 작성하겠습니다.

프로젝트 작성하기

1 기본 스프라이트를 삭제하고, 스프라이트 저장소의 'Cat2'를 이용해서 고양이 모양의 스프라이트를 만든 후 이름을 'cat'으로 변경합니다. 그리고 크기를 45%로 설정하고 (0, −140) 좌표 위치로 이동하도록 합니다. 방향은 위쪽 방향을 보도록 하고 다른 스프라이트보다 앞에 위치하게 합니다.

처음 만나는 블록

형태 / 맨 앞으로 순서 바꾸기

무대 화면에서 스프라이트가 다른 스프라이트와 겹쳐있을 때 다른 스프라이트보다 위에 위치하게 합니다.

⚠ 여기서 잠깐

스프라이트 이름 변경하기

'Cat2' 스프라이트의 이름을 'cat'으로 변경하는 예를 통해 스프라이트 이름 변경하는 방법에 대해 살펴보겠습니다.
스프라이트 목록에서 이름을 변경하고자 하는 'Cat2' 스프라이트 왼쪽 위에 있는 ⓘ를 누릅니다.

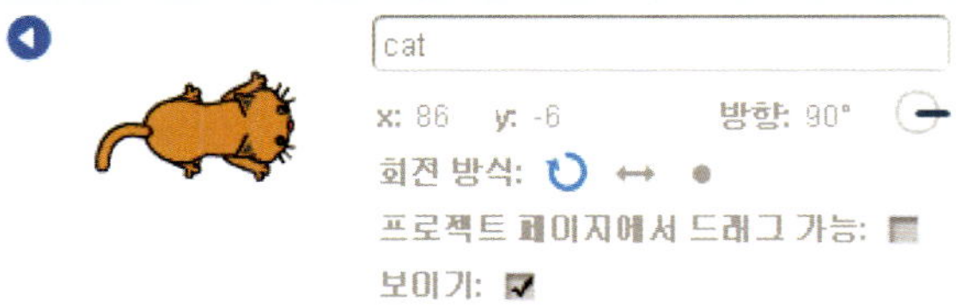

'Cat2' 스프라이트 정보 창이 열리면 이름을 'cat'으로 변경하고 ◀를 눌러 스프라이트 정보 창을 닫으면 이름이 변경됩니다.

2 오른쪽 방향키를 누르면 시계 방향으로 5도 회전하고, 왼쪽 방향키를 누르면 시계 반대 방향으로 5도 회전하도록 합니다.

3 다트 보드를 직접 그리기 위해 '새 스프라이트 색칠' 버튼을 누릅니다.

4 그림그리기 도구를 이용해서 왼쪽과 같은 보드를 그립니다.

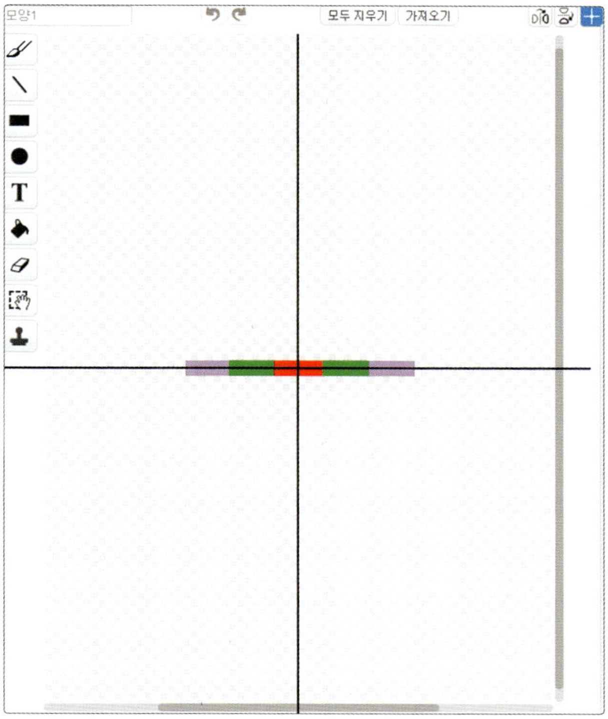

5 오른쪽 위에 있는 '모양 중심 설정하기' 버튼을 눌러 보드의 가운데를 모양 중심으로 설정하고 보드 스프라이트의 이름을 'board'로 변경합니다.

6 을 누르면 무대에서 사라지고 '보드이동' 메시지를 방송합니다.

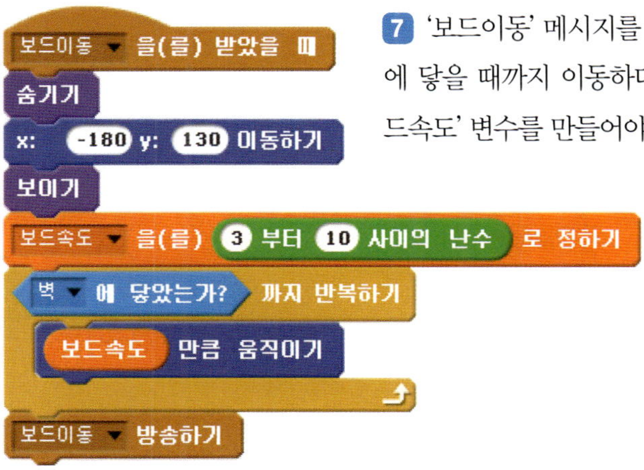

7 '보드이동' 메시지를 받으면 (−180, 130) 좌표에서 3~10의 속도로 오른쪽 벽에 닿을 때까지 이동하다가 벽에 닿으면 '보드이동' 메시지를 방송합니다. 물론 '보드속도' 변수를 만들어야 합니다.

8 그림그리기 도구를 이용해서 왼쪽과 같은 다트를 그리고 이름을 'dart'로 변경합니다. 물론 모양 중심을 다트의 가운데로 설정해야 합니다.

9 '점수' 변수를 만든 후에 0을 저장하고, 다트가 사라지게 합니다. 그리고 다트가 보드에 닿았을 때 보드 앞에 나타나지 않도록 하기 위해 다트가 첫 번째로 물러나게 합니다.

처·음·만·나·는·블·록

형태 / 1 번째로 물러나기

두 개 화면에서 스프라이트가 다른 스프라이트보다 설정한 값만큼 뒤로 물러나게 합니다.

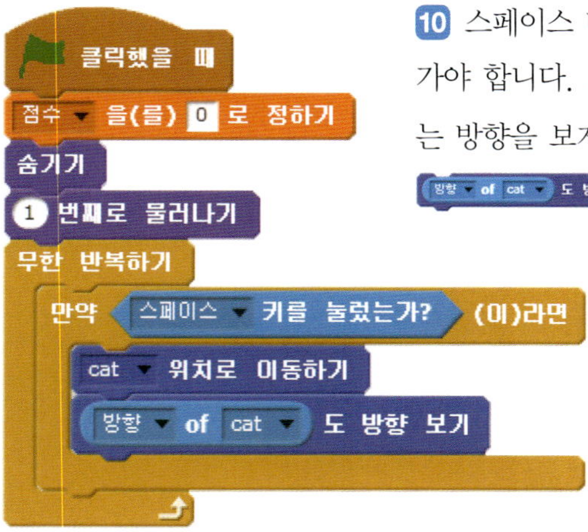

10 스페이스 바를 누르면 다트가 고양이로부터 고양이가 바라보는 방향으로 날아가야 합니다. 그러기 위해 우선 다트가 고양이 위치로 이동하고 고양이가 바라보는 방향을 보게 합니다. [방향 of cat]은 고양이가 바라보는 방향을 의미하므로 [방향 of cat 도 방향 보기]는 고양이가 바라보는 방향을 보게 합니다.

처·음·만·나·는·블·록

감지 / x좌표 of cat

스프라이트의 x좌표, y좌표, 방향 등의 정보 또는 무대의 배경 번호, 이름 등의 정보를 확인합니다.

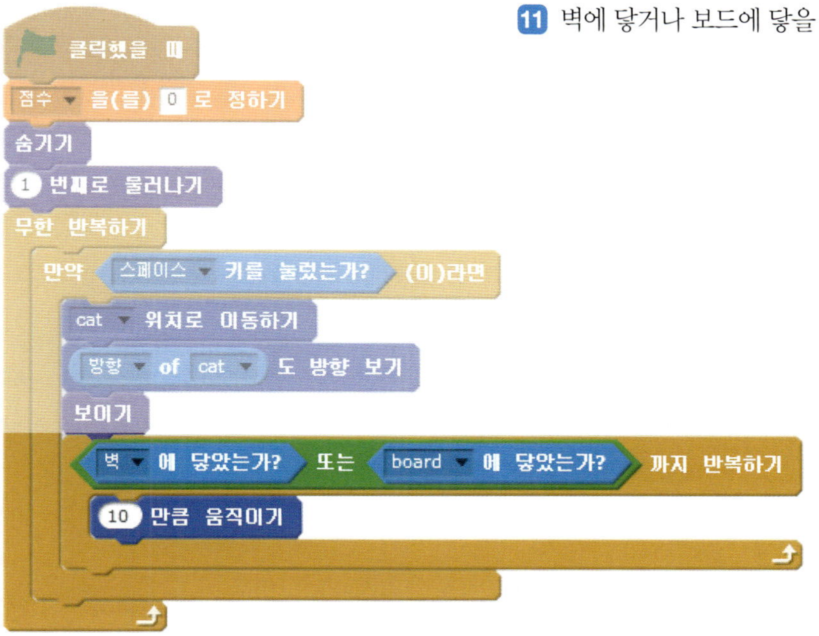

11 벽에 닿거나 보드에 닿을 때까지 날아가게 합니다.

12 벽이나 보드에 닿아 움직이는 동작을 종료한 후 만약 다트가 보드의 색에 닿아 움직이는 동작을 종료했으면 '점수'를 1점 증가시키고, 색에 닿아 종료했으면 3점, 색에 닿아 종료했으면 5점을 증가시킵니다.

처·음·만·나·는·블·록

감지 / 색에 닿았는가?

스프라이트가 설정한 색상에 닿았는지를 확인합니다. 설정한 색상에 닿았으면 참이 되고, 닿지 않았으면 거짓이 됩니다. 색에 닿았는가? 블록의 색상을 설정하는 방법은 블록의 색상을 설정해야 하는 부분을 마우스로 클릭한 후에 설정하기 원하는 색상을 마우스로 클릭하면 됩니다.

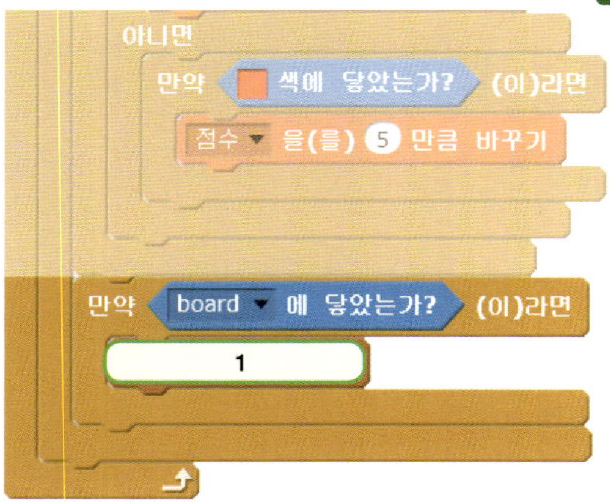

실전 5-1

13 만약 다트가 보드에 닿으면 현재 보드가 사라지고 무대 왼쪽에서 새로운 보드가 나오게 하려고 합니다. 그렇다면 (1)에 어떤 내용이 들어가야 하는지 채우기 바랍니다.

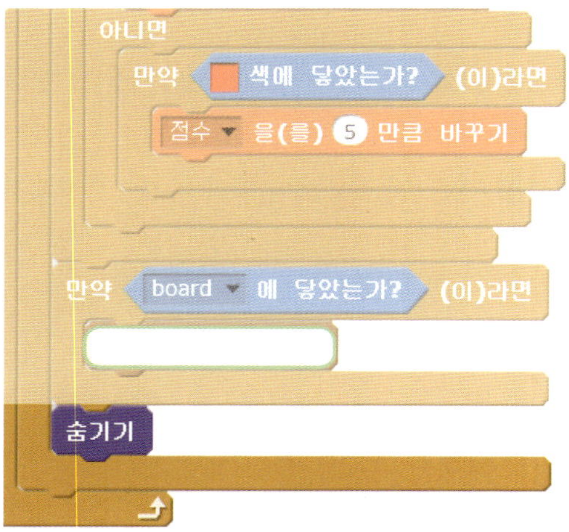

14 다트가 사라지게 합니다.

15 30초 동안 게임이 진행되도록 하기 위해 'board' 스프라이트로 이동해서 '시간' 변수를 만들고 0을 저장합니다. 그리고 타이머를 초기화합니다.

처음 만나는 블록

감지 / 타이머 초기화

타이머의 값을 0으로 초기화합니다.

실전 5-2

16 '시간'이 30초가 될 때까지 반복하는 구조를 만들고자 합니다. 그렇다면 (2)에 어떤 내용이 들어가야 하는지 채우기 바랍니다.

17 타이머 값은 소수 첫째 자리까지 나타내므로 반올림하여 '시간' 변수에 저장합니다. 그리고 1초 기다립니다.

처음 만나는 블록

연산 / 반올림

설정한 값을 반올림합니다.

18 30초가 되어 반복 구조를 종료하면 모든 실행을 종료합니다.

19 무대 배경을 'boardwalk'로 설정하면 프로젝트가 완성됩니다.

실전 5-3

도전해보기

이 프로젝트는 30초 시간 제한 게임입니다. 시간이 아닌 횟수로 제한을 두려면 어떻게 해야 하는지 생각해봅시다. 보드가 10번 나오면 게임이 종료되도록 수정해봅시다.

요점정리

- [감지] 카테고리의 ['방향' of '스프라이트'] 블록은 스프라이트의 방향을 의미합니다. 이 블록을 이용해서 특정 스프라이트가 바라보는 방향으로 향하게 할 수 있습니다.
- [감지] 카테고리의 [' ' 색에 닿았는가?] 블록은 설정한 색상에 닿았는지를 확인합니다. 이 블록을 이용해서 특정 스프라이트에 닿았는지 확인할 수 있습니다.
- [감지] 카테고리의 [타이머 초기화] 블록은 타이머의 값을 0으로 초기화합니다.

연습문제

1 1부터 6까지의 임의의 수를 100번 생성해서 각 수가 몇 번 나왔는지 출력하는 프로젝트를 만들어 봅시다.

2 지금까지 배운 내용을 토대로 자유 주제의 게임 프로젝트를 만들어 봅시다.

CHAPTER 06

다각형 그리기

- 펜 기능을 이용해서 그림을 그리는 기능에 대해 이해합니다.
- 다각형을 그리는 프로젝트를 작성할 수 있습니다.

프로젝트 실행하기

펜 기능을 이용해서 사용자가 원하는 다각형을 그리는 프로젝트를 실행해보겠습니다.

1 게시판의 '다각형 그리기 (6장)' 게시물에 있는 프로젝트를 엽니다.

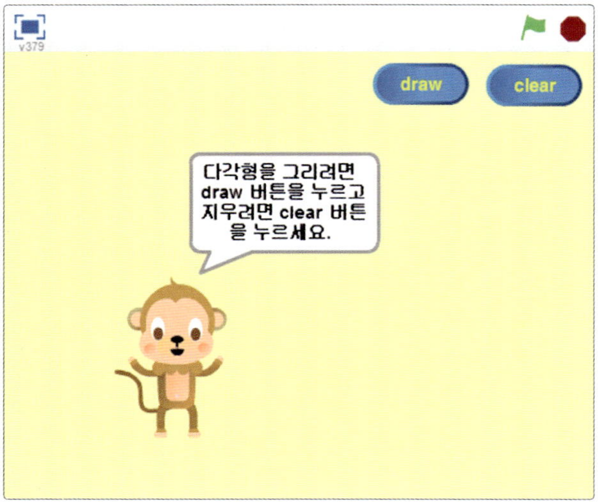

2 깃발을 누르면 원숭이 스프라이트가 프로젝트 실행 방법을 설명합니다. 다각형을 그리려면 'draw' 버튼을 누르고, 그려진 다각형을 지우려면 'clear' 버튼을 누릅니다.

3 'draw' 버튼을 누르면 몇 각형을 그릴지 묻습니다. 3에서 10 사이의 수를 입력합니다.

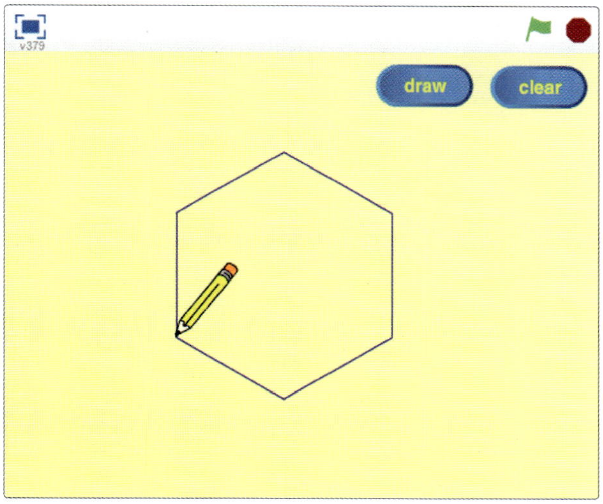

4 입력한 수에 해당하는 다각형을 그립니다. 왼쪽은 6을 입력했을 때 연필로 육각형을 그린 화면입니다.

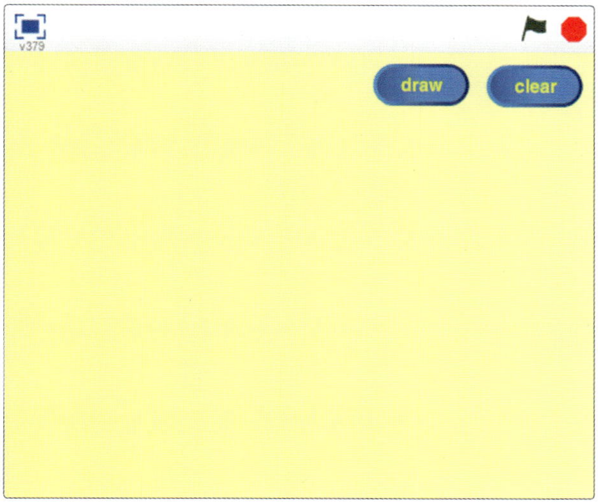

5 'clear' 버튼을 누르면 그려진 도형을 지웁니다.

이 프로젝트를 작성하려면 펜으로 그림을 그리는 기능을 알아야 하므로 살펴보겠습니다.

펜으로 그리기

펜을 이용해서 그림을 그리는 기능을 알아보겠습니다.

펜을 내린 상태에서 스프라이트가 이동하면 이동하는 대로 선을 그릴 수 있습니다. 펜을 내리는 데 사용하는 블록은 펜 카테고리의 펜 내리기 블록입니다.

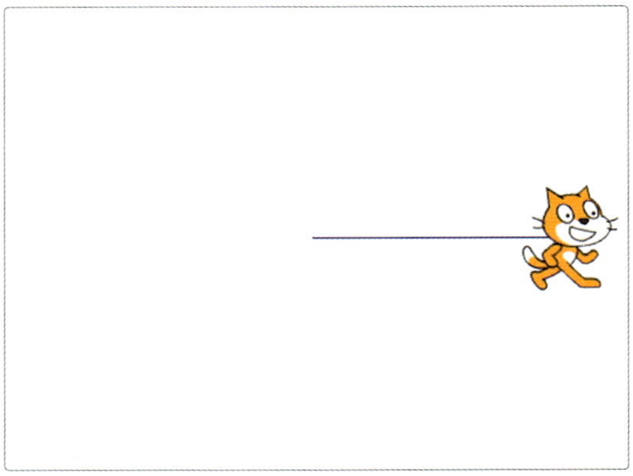

왼쪽 그림은 펜을 내린 후 200만큼 이동하는 스크립트고, 오른쪽 그림은 왼쪽 스크립트의 실행 결과로 고양이가 200만큼 이동하면 이동 경로에 선이 그려지는 것을 확인할 수 있습니다.

더 이상 스프라이트의 이동에 따라 그림을 그릴 필요가 없으면 펜 올리기 블록을 이용해서 펜을 올리면 됩니다. 펜을 올리면 스프라이트가 이동해도 그림이 그려지지 않습니다.

펜으로 그린 모든 그림을 지우는 블록은 지우기 입니다.

또한, 펜의 색상을 직접 설정할 수도 있는데 펜 색깔을 ■ (으)로 정하기 는 설정한 색으로 펜의 색상을 지정하는 블록입니다.

> **⚠ 여기서잠깐**
>
> **펜 색깔을 ■ (으)로 정하기 색상 지정하는 방법**
>
> 색상 지정할 부분을 클릭합니다. 그러면 마우스 포인터 모양이 손 모양으로 바뀝니다. 펜 색깔을 ■ (으)로 정하기
>
> 이 상태에서 지정하기 원하는 색상을 클릭합니다.
>
> 그러면 색상 지정할 부분이 클릭한 색상으로 설정됩니다. 펜 색깔을 ■ (으)로 정하기

또한, 숫자를 이용해서 펜 색상을 설정할 수도 있는데 [펜 색깔을 10 만큼 바꾸기]는 현재 펜의 색상 값에 설정한 값만큼 더하거나 빼는 블록이고 [펜 색깔을 0 (으)로 정하기]는 설정한 값으로 펜의 색상을 지정하는 블록입니다.

다음은 [펜 색깔을 0 (으)로 정하기]로 펜 색상을 오렌지색을 의미하는 20으로 설정하여 선을 그리는 스크립트와 실행 결과입니다.

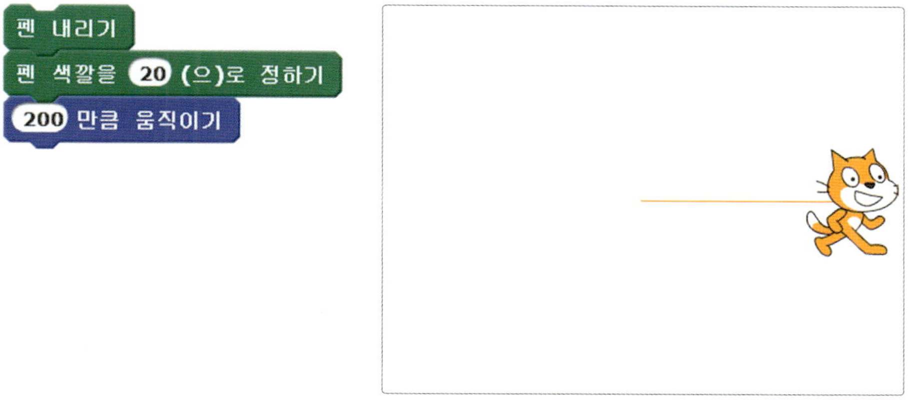

대표적인 색상 값에 대한 색상은 다음 표와 같습니다.

색상 값	색상	색상 값	색상
0	빨간색	70	녹색
20	오렌지색	130	파란색
35	노란색	150	보라색

펜의 굵기도 설정할 수 있습니다. [펜 굵기를 1 만큼 바꾸기]는 현재 부여된 펜의 굵기를 설정한 값만큼 변경하는 블록이고, [펜 굵기를 1 (으)로 정하기]는 펜의 굵기를 설정한 값으로 지정하는 블록입니다.

⚠ 여기서 잠깐

펜 굵기 비교

다음은 설정한 값에 따른 펜 굵기를 비교한 것입니다.

펜 굵기	1	5	10
스크립트	펜 내리기 펜 굵기를 1 (으)로 정하기 200 만큼 움직이기	펜 내리기 펜 굵기를 5 (으)로 정하기 200 만큼 움직이기	펜 내리기 펜 굵기를 10 (으)로 정하기 200 만큼 움직이기
실행 결과	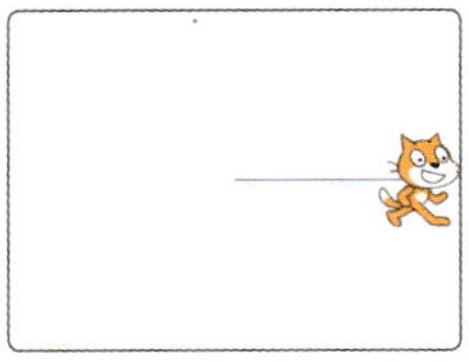	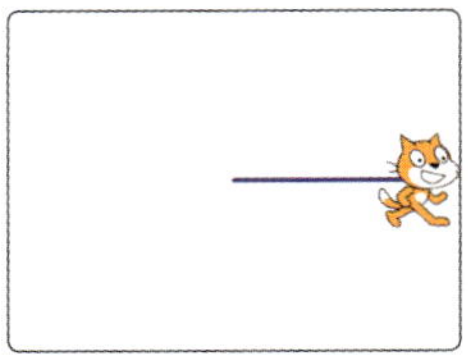	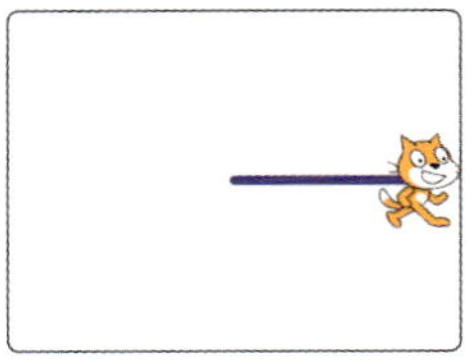

다음은 펜의 굵기를 5, 색상을 빨간색으로 설정한 뒤 길이 200의 선을 그리는 스크립트와 실행 결과입니다.

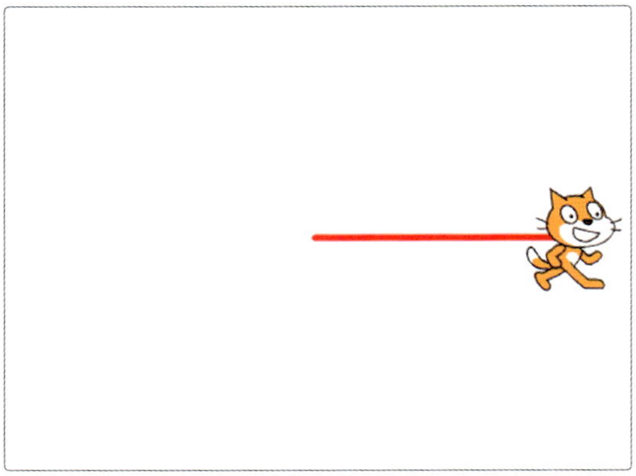

[펜 명암을 10 만큼 바꾸기]와 [펜 명암을 50 (으)로 정하기]는 펜의 음영을 설정하는 블록으로 음영 값의 범위는 0~100인데, 0에 가까울수록 어두워지고 100에 가까울수록 밝아집니다.

펜을 이용해서 그림을 그리는 기능에 대해 살펴보았으니 다각형을 그리는 프로젝트를 작성해보겠습니다.

프로젝트 작성하기

1 프로젝트를 작성하기에 앞서 정사각형을 그려보겠습니다. 우선 스프라이트 저장소의 'Pencil'을 이용해서 연필 모양의 스프라이트를 만든 후 크기를 50%로 설정하고 (−50, −50) 좌표 위치로 이동합니다. 그리고 연필 스프라이트의 회전 방식을 '회전할 수 없습니다'로 설정합니다.

2 연필이 위쪽을 보도록 하고 펜을 내립니다. 앞서 설명했듯이 펜을 내린 후 스프라이트가 이동하면 이동 경로에 선이 그려집니다.

처·음·만·나·는·블·록

스프라이트의 펜을 내려 이동 경로가 나타나게 합니다.

3 앞으로 100만큼 이동하고, 시계 방향으로 90도 회전한 다음 앞으로 100만큼 이동합니다.

4 시계 방향으로 90도 회전한 후 앞으로 100만큼 이동하고, 또 다시 시계 방향으로 90도 회전한 다음 앞으로 100만큼 이동한 후 펜을 올립시다.

처음 만나는 블록

스프라이트의 펜을 올려 이동 경로가 나타나지 않게 합니다.

5 을 눌러 스크립트를 실행해봅시다. 뭔가 잘못된 것을 볼 수 있을 겁니다. 정사각형을 그리는데 연필 끝부분이 아니라 가운데 부분으로 그려집니다.

6 이전 시간에 배운 방법으로 모양 중심을 연필 끝으로 설정합시다. 다시 실행하면 왼쪽과 같이 연필 끝에 의해 정사각형이 그려질 겁니다.

실전 6-1

도전해보기

정삼각형을 그리는 프로젝트를 작성해봅시다. 먼저 그린 그림은 지우기 블록을 이용하면 지울 수 있습니다.

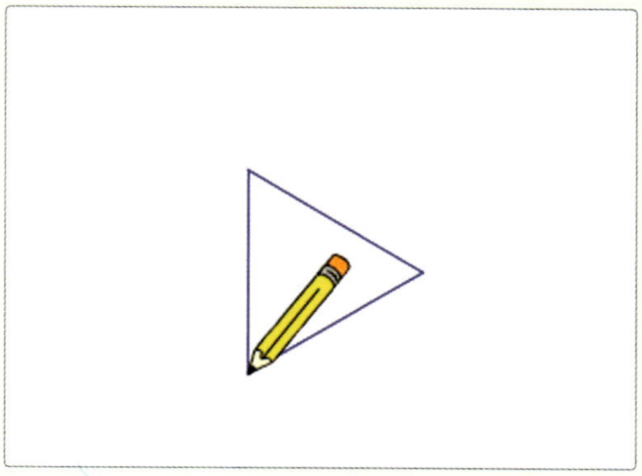

7 정사각형을 그리는 스크립트는 왼쪽과 같은 내용이 반복되는 것을 알 수 있습니다.

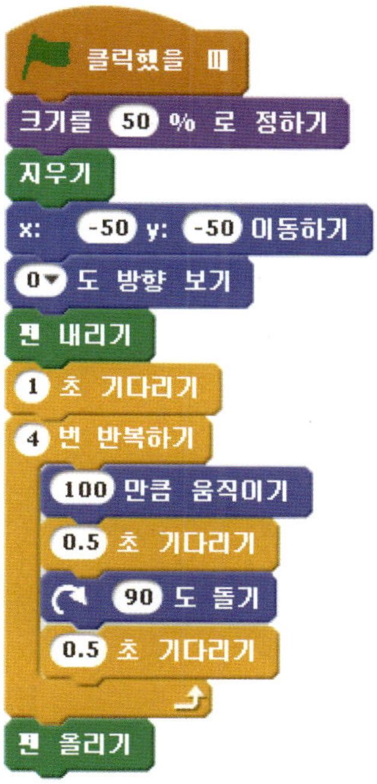

8 블록이 반복되어 이어지므로 앞에서 배운 반복 구조를 사용하도록 하겠습니다. 정사각형을 그리는 스크립트를 반복 구조로 나타내면 왼쪽과 같습니다. 이미 그려진 펜 자국을 지우기 위해 지우기 블록을 추가했습니다.

처음 만나는 블록

펜 / 지우기

펜에 의해 그려진 모든 내용을 지웁니다.

실전 6-2

도전해보기

반복 구조를 이용해서 정오각형을 그리는 프로젝트를 작성해봅시다.

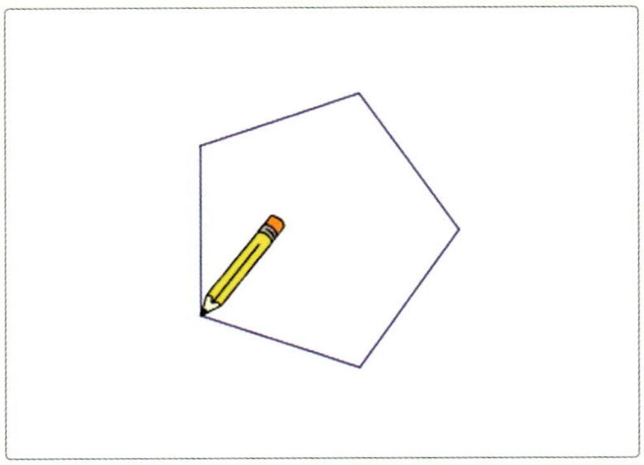

9 그러면 본격적으로 프로젝트를 작성해보겠습니다. 스프라이트 저장소의 'Monkey2'를 이용해서 원숭이 모양의 스프라이트를 만든 후 '다각형을 그리려면 draw 버튼을 누르고 지우려면 clear 버튼을 누르세요.'를 말하도록 합니다.

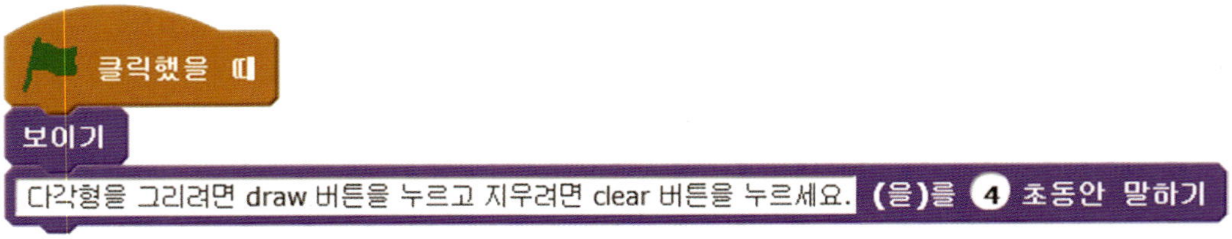

10 스프라이트 저장소의 'Button2'를 이용해서 draw 스프라이트를 만든 후 [모양] 탭을 누른 후 그림그리기 도구를 이용해서 'button2-a'와 'button2-b' 모양에 'draw'라는 내용을 넣습니다.

여기서잠깐

스프라이트에 글자 넣기

'Button2' 스프라이트의 [모양] 탭을 누르면 오른쪽과 같은 화면이 열립니다.

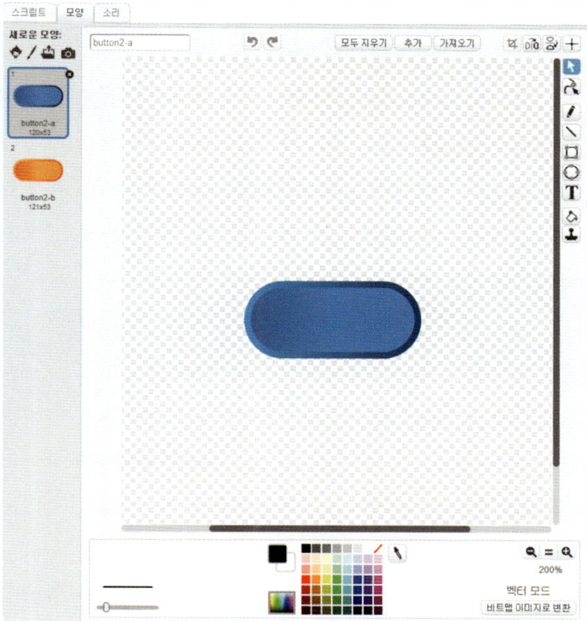

오른쪽에 위치한 텍스트 버튼을 누릅니다.

글자를 입력할 위치를 클릭하여 글자를 입력합니다.

11 이 스프라이트, 즉 draw 버튼을 클릭하면 모양을 'button2-b'로 바꾸고 '그리기시작' 메시지를 방송하고 모양을 'button2-a'로 바꾸는 스크립트를 작성합니다.

처·음·만·나·는·블·록

이벤트 / 

이 스프라이트를 클릭하면 아래에 연결된 스크립트들이 실행됩니다.

12 원숭이 스프라이트로 이동해서 몇 각형인지에 대한 값을 저장할 변수 'n'을 만듭니다. '그리기시작' 메시지를 받으면 몇 각형을 그릴지 묻고 대답한 내용을 'n' 변수에 저장하고 '그리기' 메시지를 방송하고 사라지는 스크립트를 작성합니다.

처·음·만·나·는·블·록

감지 / 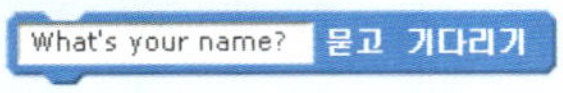

사용자로부터 대답을 입력받습니다.

감지 / 

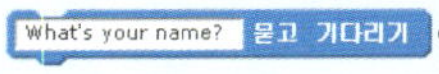

에 의해 입력된 대답을 저장합니다.

⚠여기서잠깐

변수 n

변수 이름은 사용자 마음대로 정하면 되지만 이 책에서는 정해지지 않은 임의의 수를 저장하는 변수는 이름을 'n'으로 하겠습니다. 앞으로 n 또는 다른 이름의 변수가 나와도 당황하지 마세요.

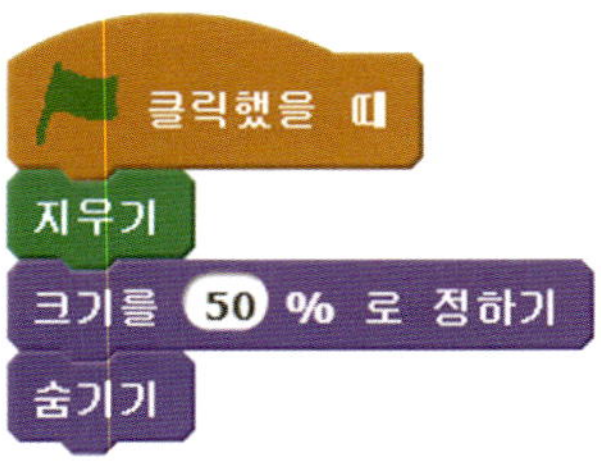

13 연필 스프라이트로 이동합니다. 깃발을 누르면 그려진 펜 자국을 지우고 크기를 50%로 조절 후 사라지게 합니다.

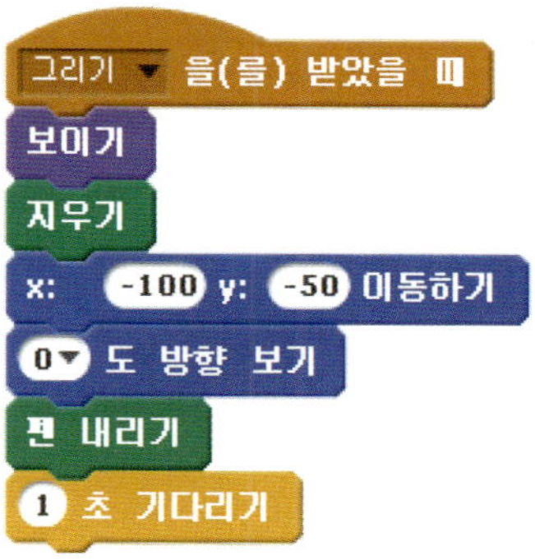

14 '그리기' 메시지를 받으면 우선 다각형을 그릴 준비를 합니다.

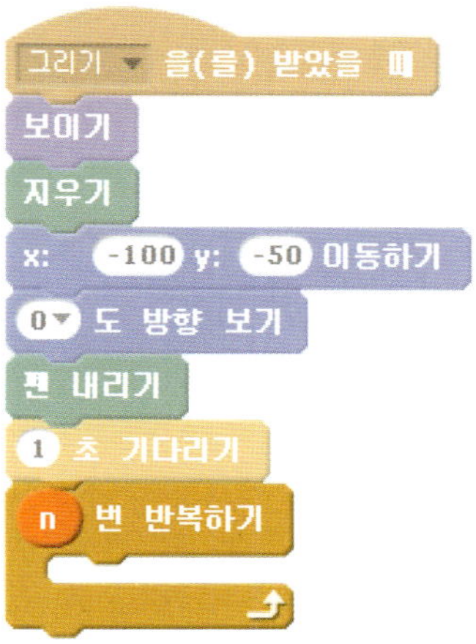

15 그리고자 하는 도형이 n각형이므로 n번 반복하는 구조를 만듭니다.

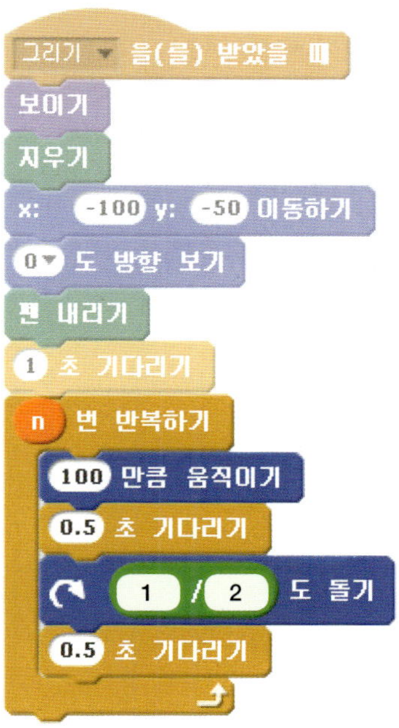

실전 6-3

16 한 선을 그린 후 시계 방향으로 일정 각도 회전하는 동작을 n번 반복하면 n각형이 그려집니다. 한 동작에 회전하는 각도는 정삼각형은 120도, 정사각형은 90도, 정오각형은 72도 임을 앞에서 확인했습니다. 각 도형을 그릴 때 회전하는 각도를 정리해보면 일정한 규칙을 발견할 수 있을 겁니다. 그렇다면 n각형을 그리기 위해 몇 도 회전해야 하는지 생각해보고 (1)과 (2)에 들어갈 내용을 채우기 바랍니다.

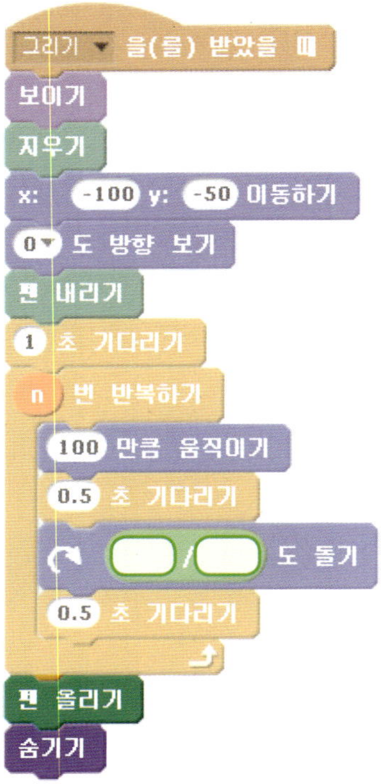

17 도형을 그린 후 펜을 올리고 연필 스프라이트가 사라지게 합니다.

18 펜 자국을 지우는 버튼을 만들기 위해 우선 스프라이트 저장소의 'Button2'를 이용해서 clear 스프라이트를 만듭니다. 그런 다음 [모양] 탭을 누른 후 그림그리기 도구를 이용해서 'button2-a'와 'button2-b' 모양에 'clear'라는 내용을 넣습니다.

19 clear 스프라이트를 클릭하면 모양을 'button2-b'로 바꾸고 그려진 펜 자국을 지우고 모양을 'button2-a'로 바꾸는 스크립트를 작성합니다.

20 무대의 [배경] 탭을 누른 후 도구를 이용해서 배경 색상을 변경합니다. 프로젝트가 완성되었으면 실행시켜 봅시다.

실전 6-4

도전해보기

선의 굵기(1~5)를 선택할 수 있는 기능을 추가해봅시다.

요점정리

- 펜 기능을 이용해서 그림을 그립니다.
- [펜] 카테고리의 [펜 내리기] 블록은 펜을 내려 이동 경로가 나타나게 합니다. 이 블록을 실행한 후에 스프라이트가 움직이면 경로가 나타납니다.
- 펜을 내린 상태에서 ['100'만큼 움직이기]와 ['90'도 돌기] 블록을 이용해서 다양한 도형을 그릴 수 있습니다.

연습문제

1 다음 도형을 그리는 프로젝트를 만들어 봅시다.

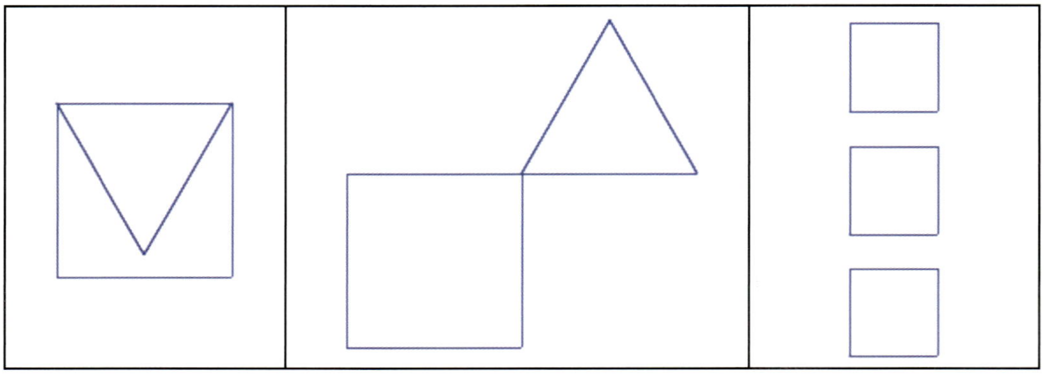

CHAPTER 07 거미줄 모양의 도형 그리기

- 블록을 직접 만드는 방법을 이해합니다.
- 직접 만든 블록을 이용해서 거미줄 모양의 도형을 그리는 프로젝트를 작성할 수 있습니다.

프로젝트 실행하기

삼각형 그리기 블록을 직접 만들고 이 블록을 이용해서 거미줄 모양의 도형을 그리는 프로젝트를 실행하겠습니다.

1 게시판의 '거미줄 모양의 도형 그리기 (7장)' 게시물에 있는 프로젝트를 엽니다.

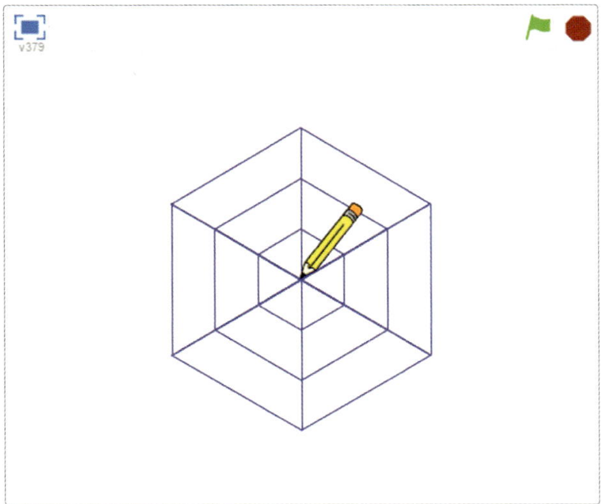

2 깃발을 누르면 연필이 거미줄 모양의 도형을 그립니다.

이 프로젝트에서는 삼각형을 그리는 블록을 직접 만들어서 사용합니다. 그러므로 프로젝트 작성에 앞서 블록을 직접 만드는 기능에 대해 살펴보겠습니다.

블록 만들기

스크래치에서는 다양한 명령 블록을 기본으로 제공하고 있습니다. 그러나 프로젝트를 만들다 보면 필요한 블록이 없을 때도 있습니다. 이때에는 사용자가 직접 블록을 만들어서 사용하면 됩니다. 지금부터 직접 블록을 만드는 방법을 살펴보겠습니다.

먼저 'jump'라는 블록을 만들어 보겠습니다. 이 블록은 스프라이트가 위아래로 움직이는 기능을 할 겁니다.

1 추가 블록 카테고리의 블록 만들기 버튼을 누릅니다.

2 [새로운 블록] 창의 블록 이름 입력란에 'jump'를 입력합니다.

3 [확인] 버튼을 누르면 스크립트 영역에 왼쪽과 같은 'jump' 정의하기 블록이 만들어지고 추가 블록 카테고리에도 jump 블록이 만들어집니다.

4 이제부터 'jump' 블록이 수행해야 할 스크립트를 [정의하기 jump] 블록 아래에 작성해야 합니다. 위로 20만큼 이동했다가 아래로 20만큼 이동하는 동작을 0.5초 간격으로 반복하는 스크립트를 블록 아래에 작성합시다. [y좌표를 10 만큼 바꾸기]는 스프라이트의 y좌표를 설정한 값만큼 변경하는 블록으로, 설정한 값이 양수면 위로 이동하고 음수면 아래로 이동합니다. 그러므로 y좌표를 20만큼 바꾸면 위로 20만큼 이동하게 되고, -20만큼 바꾸면 아래로 20만큼 이동하게 됩니다.

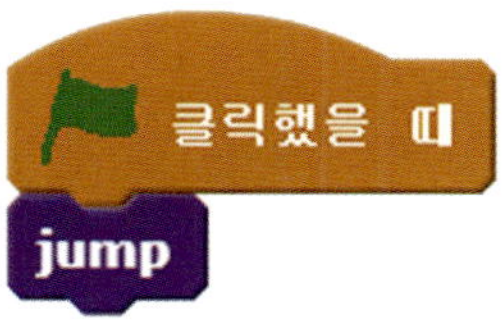

5 [추가 블록] 카테고리에 만들어진 [jump] 블록을 실행시키면 스프라이트가 위아래로 움직이는 동작을 반복하게 됩니다.

⚠여기서잠깐

정의한 블록 실행하기

새롭게 생성된 블록을 실행하면 해당하는 블록 정의하기에 연결된 스크립트가 실행되는데, 정의된 블록이 실행되도록 명령하는 것을 '블록 호출'이라고 합니다.

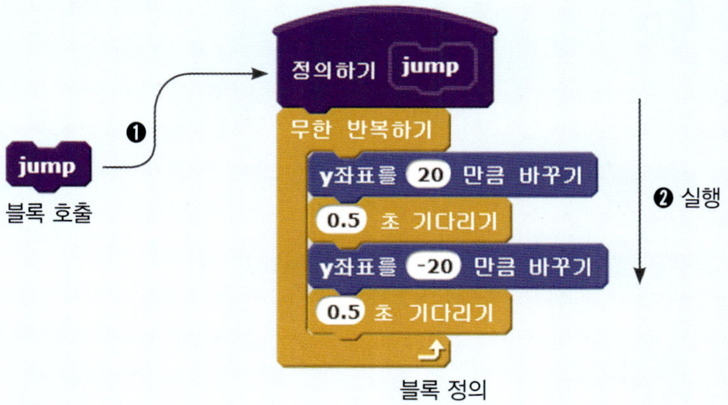

이번에는 사용자가 원하는 만큼 'jump' 블록을 위아래로 움직일 수 있게 이동 거리를 설정하는 기능을 추가하겠습니다.

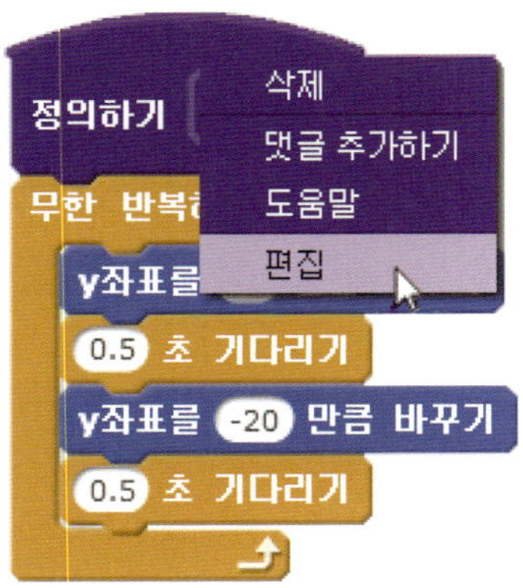

1 'jump' 정의된 스크립트의  부분을 마우스 오른쪽 버튼을 눌러 [편집]을 클릭합니다.

2 [블록 편집] 창이 열리면 이동 거리를 의미하는 변수를 추가하기 위해 '선택사항'을 누릅니다. 이동 거리는 숫자이므로 '숫자 매개변수 추가하기' 버튼을 누릅니다.

⚠여기서잠깐

매개변수

다음은 설정한 값인 10만큼 움직이는 명령 블록인데, 설정한 값인 10을 매개변수라 합니다.

그리고 10과 20을 더하는 다음 명령 블록의 10과 20도 매개변수라 합니다.

이와 같이 임의의 명령 블록이 실행되기를 요청할 때 전달하는 값을 매개변수라 합니다. 매개변수는 블록에 따라 여러 개 있을 수도 있고 없을 수도 있습니다.

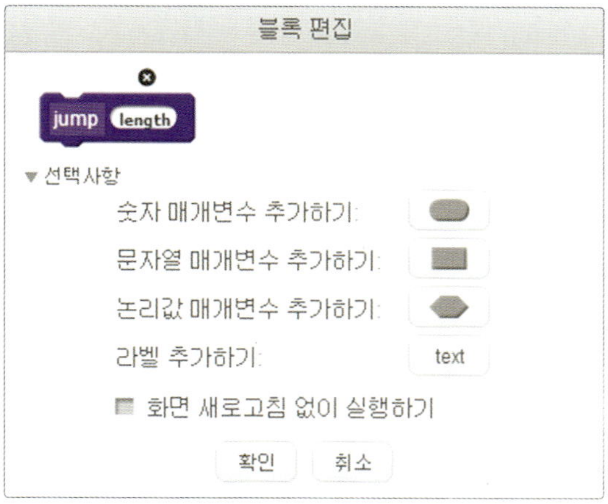

3 'number1'이라는 이름의 매개변수가 추가되는데 'length'로 수정하고 '확인' 버튼을 누릅니다.

4 스크립트 영역의 'jump' 정의하는 스크립트에 'length'가 추가됩니다.

5 20이 아닌 'length' 만큼 위아래로 움직이도록 하려면 20과 −20을 length 로 변경해야 하므로 length 를 끌어다가 첫 번째 y좌표를 ● 만큼 바꾸기 블록의 값을 설정하는 위치에 넣습니다. 그리고 두 번째 y좌표를 ● 만큼 바꾸기 블록의 값을 설정하는 위치에는 -1 * length 를 넣습니다. 두 번째는 '−length'가 되도록 하기 위해서 입니다. 드디어 'jump' 블록 정의를 완성했습니다.

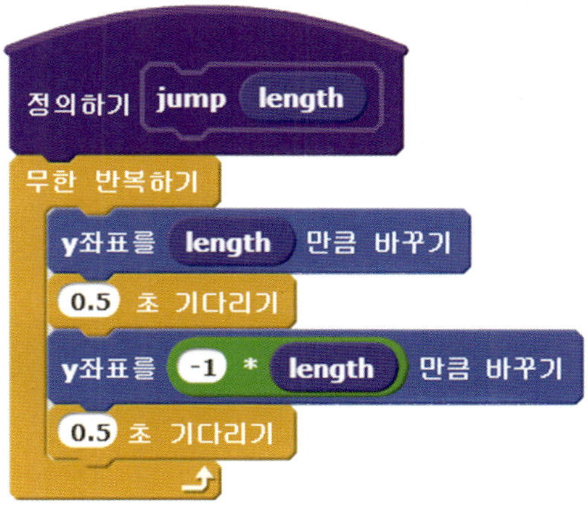

6 동작 카테고리의 jump 1 블록이 이동 거리를 설정할 수 있도록 변경되었습니다. 왼쪽처럼 스크립트를 만들면 'jump'를 실행할 수 있는데 이때 50이 'length'에 저장되어 스프라이트가 위아래로 50만큼 움직이는 동작을 반복합니다.

⚠ 여기서잠깐

매개변수 전달

jump 50 호출하면 50이 'jump' 정의하기 스크립트의 'length'에 저장되어 동작합니다.

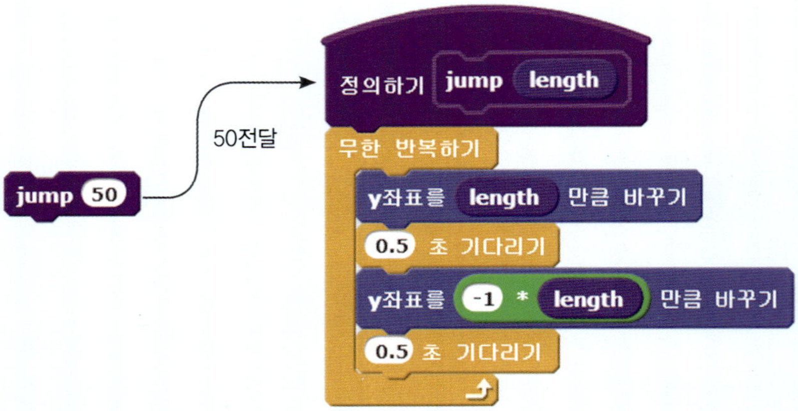

실전 7-1

도전해보기

스프라이트가 매개변수만큼 오른쪽 왼쪽으로 움직이는 동작을 반복하는 'rightleft' 블록을 정의해봅시다. 오른쪽 왼쪽으로 이동하는 동작은 x좌표를 10 만큼 바꾸기 블록을 이용하면 됩니다.

블록 만드는 방법을 배웠으니 거미줄 모양의 도형을 그리는 프로젝트를 작성해보겠습니다.

프로젝트 작성하기

1 기본 스프라이트를 삭제하고 스프라이트 저장소의 'Pencil'을 이용해서 연필 모양의 스프라이트를 만든 후 회전 방식을 '회전할 수 없습니다'로 설정합니다. 그리고 모양 중심을 연필 끝으로 설정합니다.

2 정삼각형을 그리는 'triangle' 블록을 만들려고 하니 추가 블록 카테고리의 블록 만들기 버튼을 누릅니다.

처음 만나는 블록

추가 블록 / 블록 만들기

사용자가 직접 블록을 만듭니다.

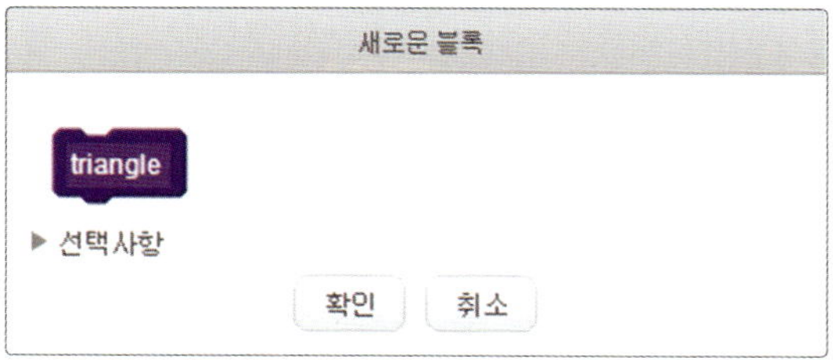

3 [새로운 블록] 창의 블록 이름 입력란에 만들고자 하는 블록 이름인 'triangle'을 입력합니다.

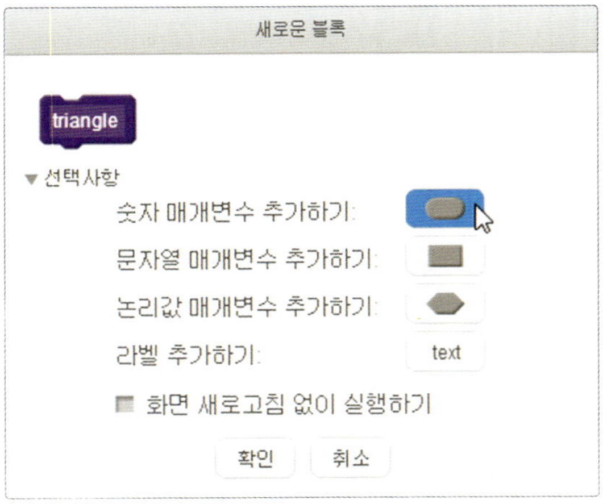

4 그리고자 하는 정삼각형의 한 변의 길이를 저장하는 매개변수를 추가하기 위해 '선택사항'을 눌러 '숫자 매개변수 추가하기' 버튼을 누릅니다.

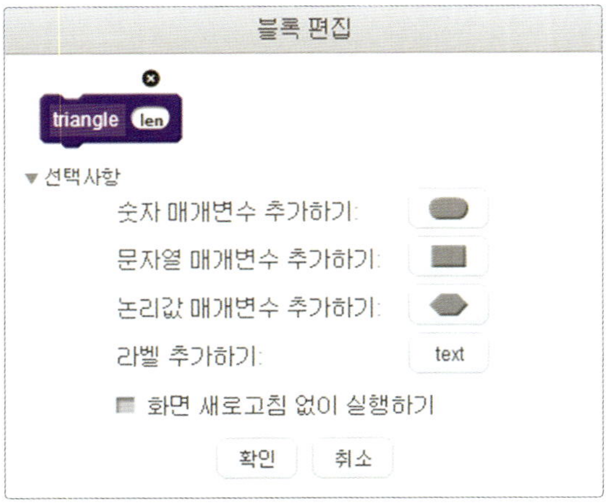

5 생성된 매개변수의 이름인 'number1'을 'len'으로 변경합니다. 'len'은 length를 의미합니다.

6 [확인] 버튼을 누르면 스크립트 영역에 왼쪽과 같은 'triangle' 정의하기 블록이 만들어집니다.

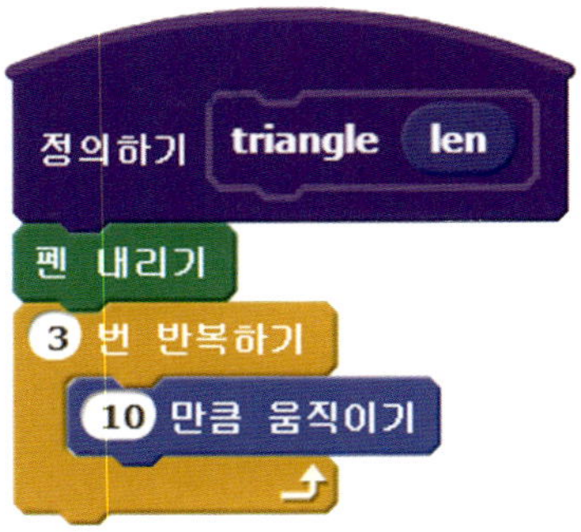

7 한 변의 길이를 'len'으로 하는 정삼각형을 그리는 스크립트를  블록 아래에 작성해야 합니다. 우선 왼쪽과 같은 스크립트를 작성합니다.

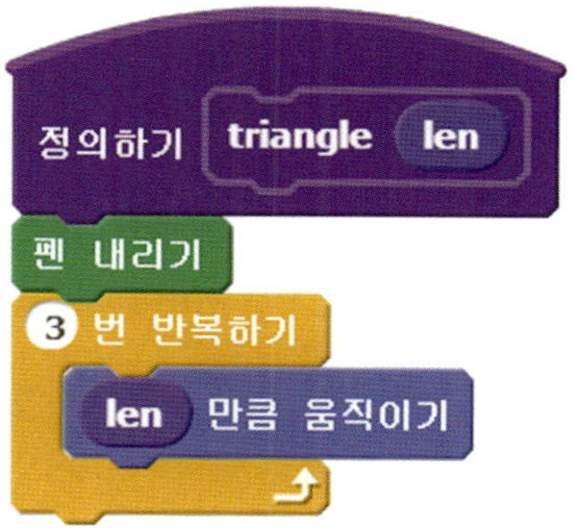

8 한 변의 길이가 'len'이 되어야 하므로 len 을 마우스로 끌어다가 10 만큼 움직이기 블록의 10 위치에 넣습니다.

9 왼쪽과 같이 정삼각형을 그리기 위한 나머지 부분을 작성하면 'triangle' 정의하기 스크립트가 완성됩니다.

실전 7-2

도전해보기

정육각형을 그리는 'hexagon' 블록을 정의해봅시다. 매개변수로 한 변의 길이를 의미하는 'len'이 있습니다.

10 직접 만든 'triangle' 블록을 이용해서 정삼각형을 그리는 스크립트를 작성합니다. triangle 100 을 실행하면 정의해놓은 'triangle'이 실행되는데 이때 100이 'len'에 저장되어 결국 한 변의 길이가 100인 정삼각형이 그려집니다. 물론 100을 다른 수로 바꾸면 해당 수를 한 변의 길이로 하는 정삼각형이 그려집니다.

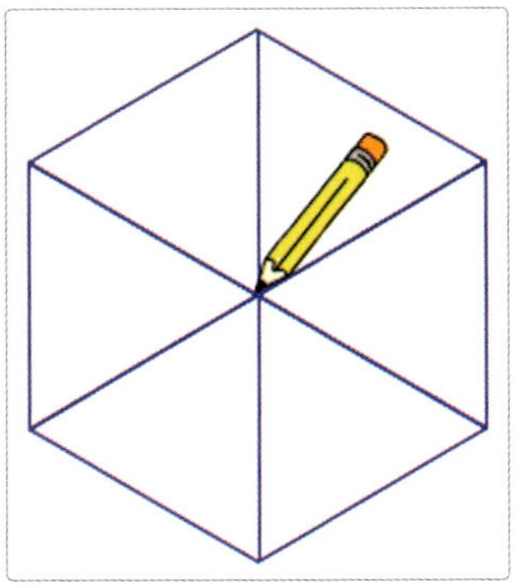

11 스크립트를 왼쪽과 같이 수정하여 실행시키면 한 변의 길이가 100인 오른쪽 그림과 같은 도형이 그려집니다.

이런 도형이 어떻게 그려지는지 이해하는 것이 중요하므로 그려지는 과정을 단계별로 살펴보겠습니다.

STEP 01 triangle 100 을 실행하면 오른쪽과 같은 그림을 그리고 연필 스프라이트는 위쪽을 향합니다. 그림에서 화살표는 연필 스프라이트가 향하는 방향을 의미합니다.

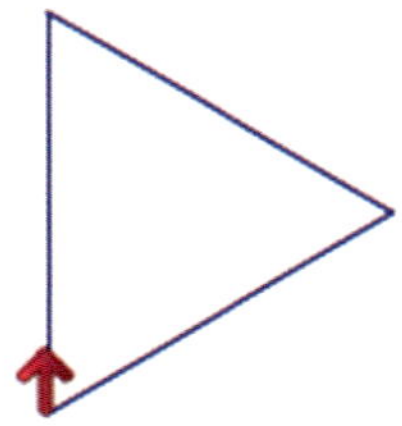

STEP 02 60 도 돌기 를 실행하면 시계 방향으로 60도 회전하게 되며 연필 스프라이트는 오른쪽 그림의 화살표 방향을 향하게 됩니다.

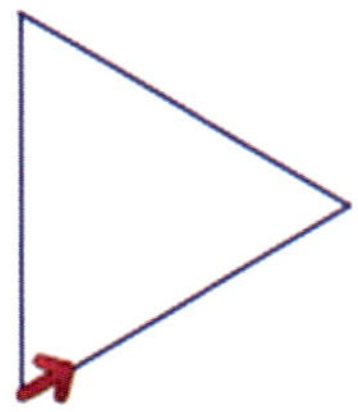

STEP 03 두 번째 triangle 100, 60 도 돌기가 실행되면 오른쪽과 같은 그림이 그려지고 연필 스프라이트는 화살표 방향을 향하게 됩니다.

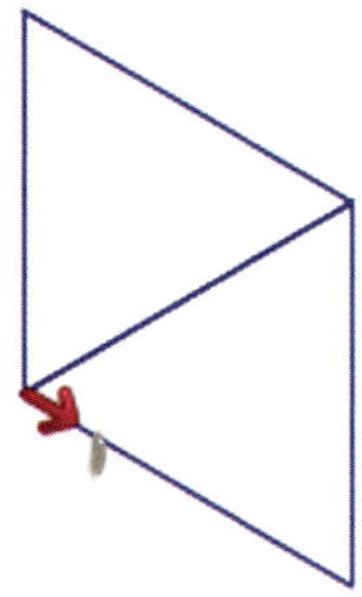

STEP 04 세 번째 triangle 100, 60 도 돌기가 실행되면 오른쪽과 같은 그림이 그려집니다.

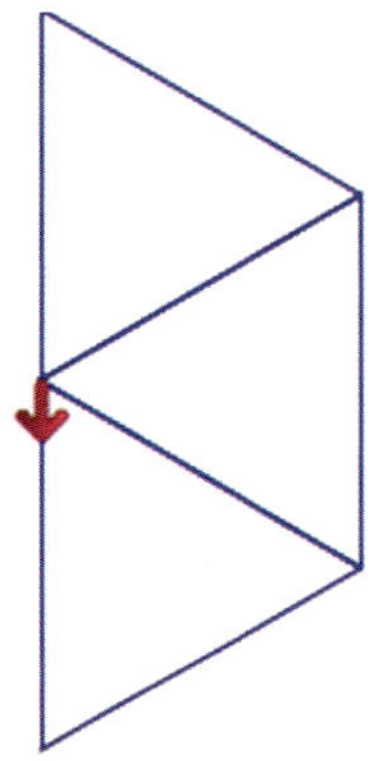

STEP 05 triangle 100, 60 도 돌기를 여섯 번 실행하면 결국 오른쪽과 같은 도형이 그려집니다.

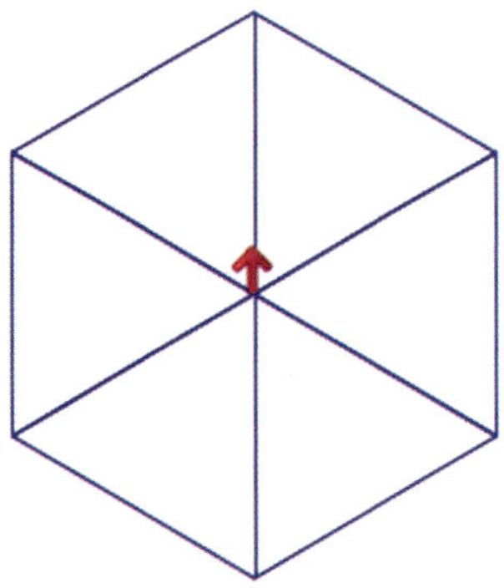

실전 7-3

도전해보기

[실전 7-2]에서 정의한 'hexagon' 블록을 이용해서 오른쪽과 같은 도형을 그려봅시다.

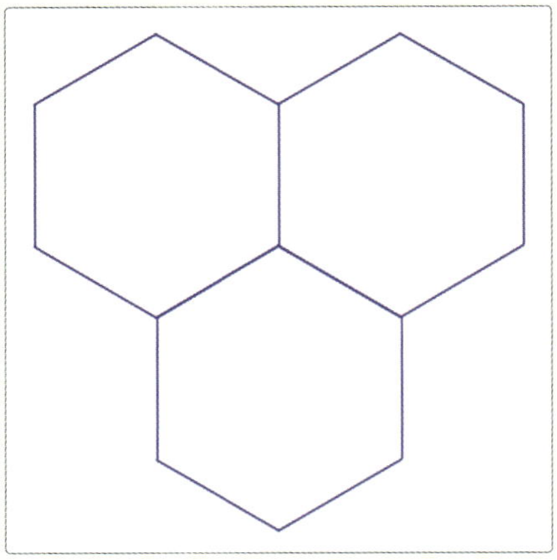

실전 7-4

도전해보기

'triangle' 블록을 이용해서 이 장에서 목표로 하는 오른쪽 도형을 그려봅시다. 바로 다음의 단계 12부터 그리는 방법을 설명하겠지만 꼭 도전해보기 바랍니다.

*실전 7-4는 다음 단계를 따라하는 중에 답이 나오므로 따로 실전 문제 풀이에 답을 기재하지 않았습니다.

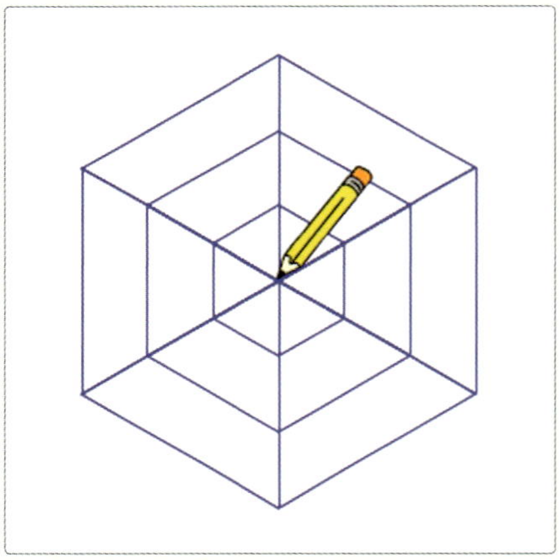

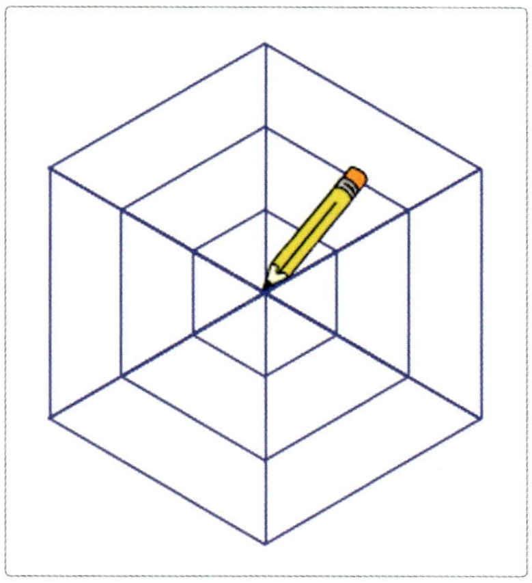

12 그러면 본격적으로 이 장의 목표인 왼쪽 도형을 그리는 프로젝트를 작성해보겠습니다.

13 다음과 같은 단계로 그려지도록 스크립트를 만들면 목표로 하는 도형이 그려집니다. 첫 번째 단계에서는 한 변의 길이가 40인 정삼각형 6개를 그리고, 두 번째 단계에서는 한 변의 길이가 80인 정삼각형 6개를 그리고 마지막 단계에서 한 변의 길이가 120인 정삼각형 6개를 그리면 완성됩니다.

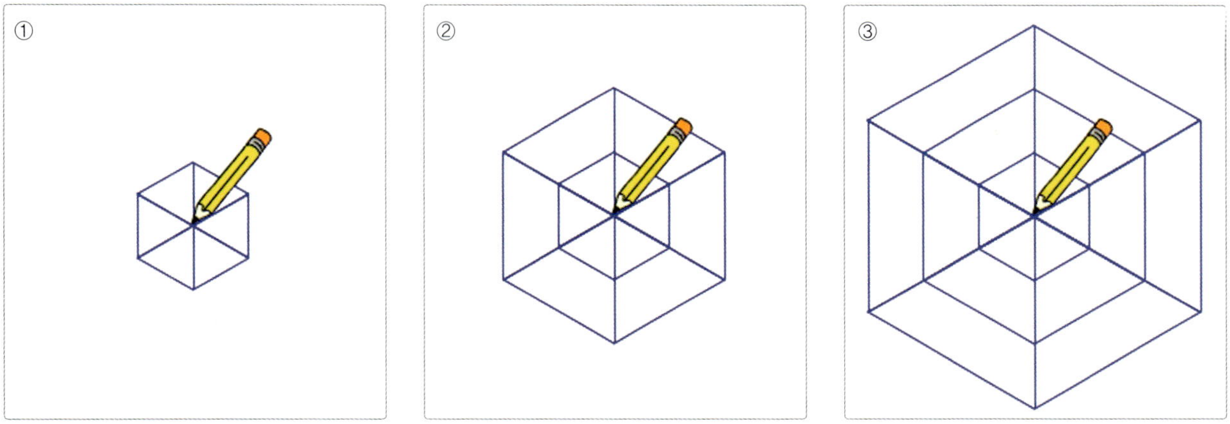

14 '반복 구조를 이용해서 3번 반복하면 되겠네'라는 생각을 했다면 반복 구조에 대해 제대로 이해하고 있는 것입니다. 우선 왼쪽과 같이 단계 11의 도형 그리는 부분이 3번 반복되도록 합니다.

15 한 변의 길이가 40, 80, 120으로 변경되어야 하므로 '길이'라는 변수를 생성합니다. '길이'에 40을 저장하고 triangle 100 의 100 위치에 길이 를 넣습니다.

16 단계 **13** 그림의 각 단계가 끝나면 '길이' 변숫값이 40씩 커지도록 합니다. 드디어 프로젝트를 완성했으니 실행해봅시다.

실전 7-5

도전해보기

[실전 7-2]에서 정의한 'hexagon' 블록을 이용해서 오른쪽과 같은 도형을 그려 봅시다.

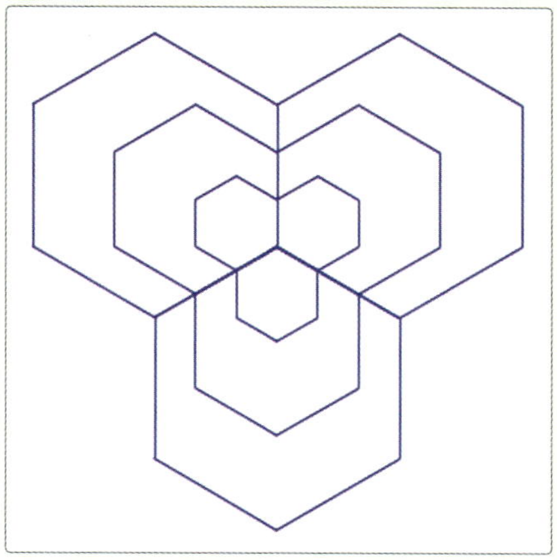

요점정리

- [추가블록] 카테고리의 [블록 만들기]를 이용해서 사용자가 원하는 블록을 만들 수 있습니다.
- 직접 만든 삼각형 그리는 블록을 이용해서 거미줄 모양의 도형을 그릴 수 있습니다.

연습문제

1 한 변의 길이를 매개변수로 하여 별을 그리는 '별' 블록을 만들고 20개의 별을 임의의 위치에 그리는 프로젝트를 만들어 봅시다.

2 도형으로 디자인하는 프로젝트를 만들어 봅시다.

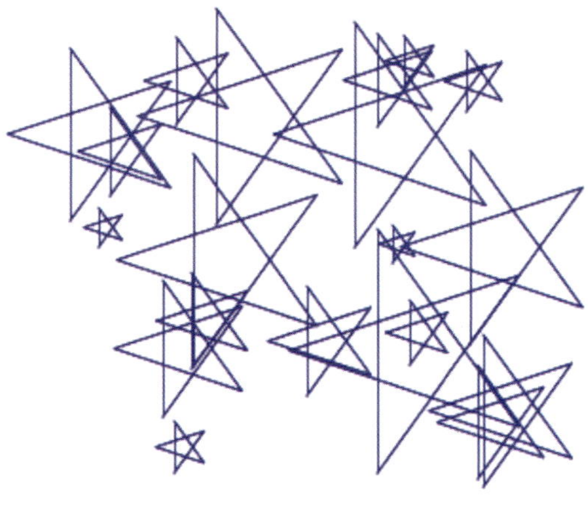

CHAPTER 08 시어핀스키 삼각형 그리기

- 임의의 블록에서 자기 자신을 호출하여 문제를 해결하는 구조인 재귀에 대해 이해합니다.
- 재귀적인 방법을 이용해서 시어핀스키 삼각형을 그리는 프로젝트를 작성할 수 있습니다.

프로젝트 실행하기

시어핀스키 삼각형을 그리는 프로젝트를 실행해보겠습니다.

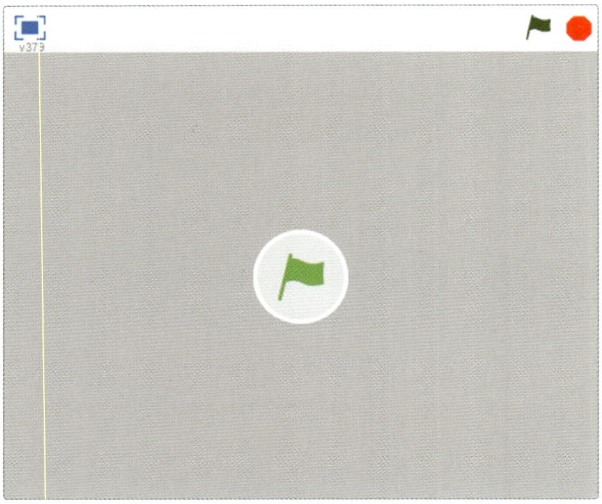

1 게시판의 '시어핀스키 삼각형 그리기 (8장)' 게시물에 있는 프로젝트를 엽니다.

2 🏴을 누르면 삼각형 안에 작은 삼각형이 반복적으로 들어있는 도형을 그립니다. 이런 도형을 시어핀스키 삼각형이라 하는데 대표적인 프랙털 구조 중 하나입니다.

여기서잠깐

시어핀스키 삼각형

시어핀스키 삼각형은 1917년 폴란드 수학자인 시어핀스키가 고안한 도형으로 다음 과정을 반복하면 만들어집니다.

- STEP 01 정삼각형 하나에서 시작합니다.
- STEP 02 정삼각형 세 변의 가운데 점을 연결하여 작은 삼각형을 만듭니다. 그리고 이 작은 정삼각형을 제거합니다.
- STEP 03 남은 정삼각형에 대해 STEP 02 를 실행합니다.

다음은 시어핀스키 삼각형이 만들어지는 과정입니다.

출처: 위키백과

여기서잠깐

프랙털

프랙털은 일부 작은 구조가 전체 구조와 비슷한 형태로 되풀이 되는 도형 구조를 말합니다. 대표적인 프랙털 도형으로 만델브로 집합, 코흐 눈송이, 시어핀스키 삼각형 등이 있습니다.

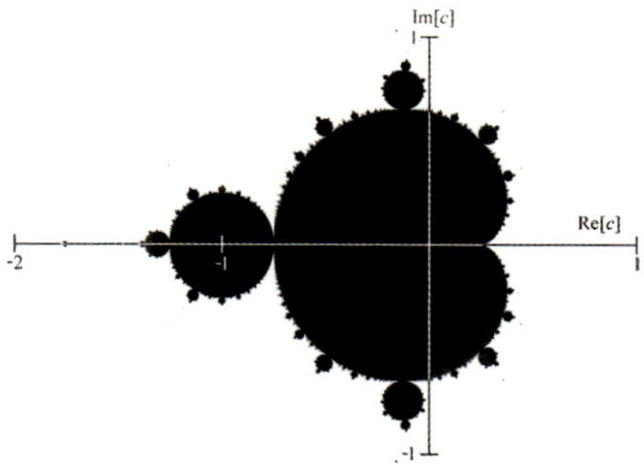

만델브로 집합

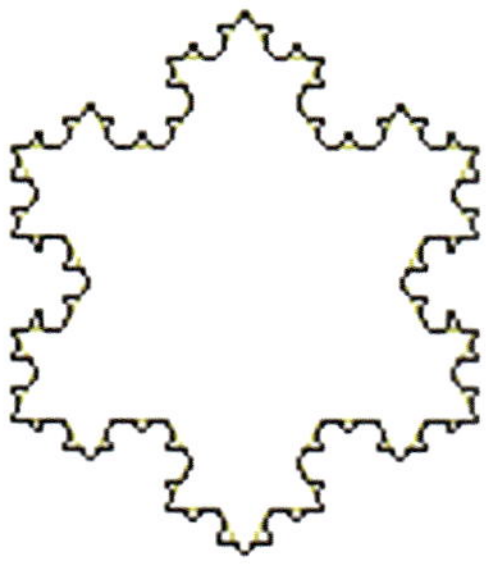

코흐 눈송이

출처: 위키백과

자연환경에서도 손쉽게 프랙털 구조를 찾을 수 있는데 구름, 번개, 고사리, 나뭇가지, 해안선 등이 있습니다. 프랙털은 수학적 도형으로도 연구되고 있고 컴퓨터 프로그램을 이용해서 재귀적인 방법에 의해 만들어집니다.

이 프로젝트에서 재귀적 방법으로 시어핀스키 삼각형을 그리려 합니다. 프로젝트 작성에 앞서 재귀 개념을 살펴보겠습니다.

재귀

재귀란 임의의 블록에서 자기 자신을 호출하여 문제를 해결하는 구조를 의미하는데, 예를 통해 어떤 개념인지 살펴보겠습니다.

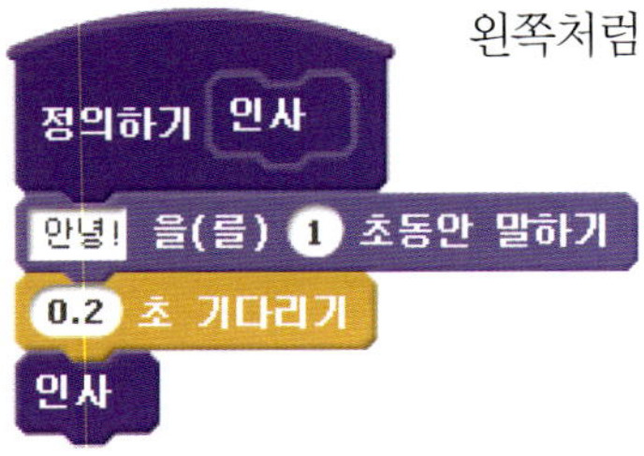

왼쪽처럼 '인사'라는 블록을 정의합니다.

그리고 '인사' 블록이 실행되도록 호출합니다.

그러면 스프라이트는 1초 동안 '안녕!'을 말하고 0.2초 후에 '인사'를 다시 호출합니다. 그러면 '인사' 블록이 다시 실행되어 1초 동안 '안녕'을 말하고 0.2초 후에 '인사'를 다시 호출합니다. 이런 동작이 끝없이 반복됩니다.

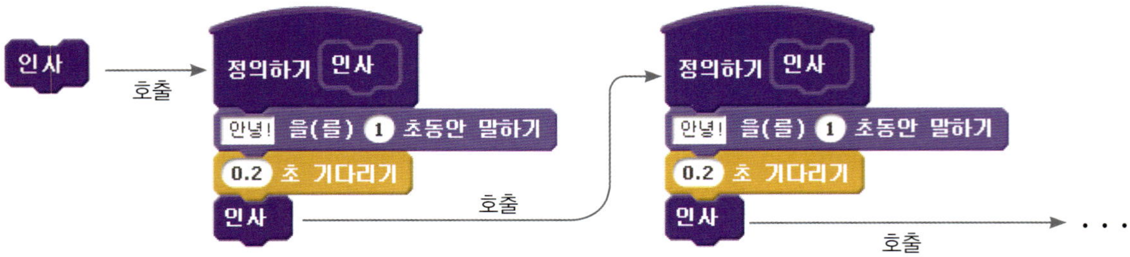

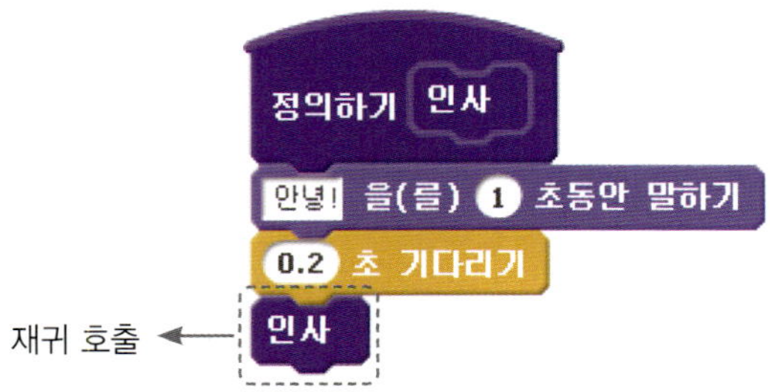

이와 같이 임의의 블록에서 자기 자신을 다시 호출하는 것을 '재귀 호출'이라고 하고 이런 블록을 '재귀 블록'이라고 합니다.

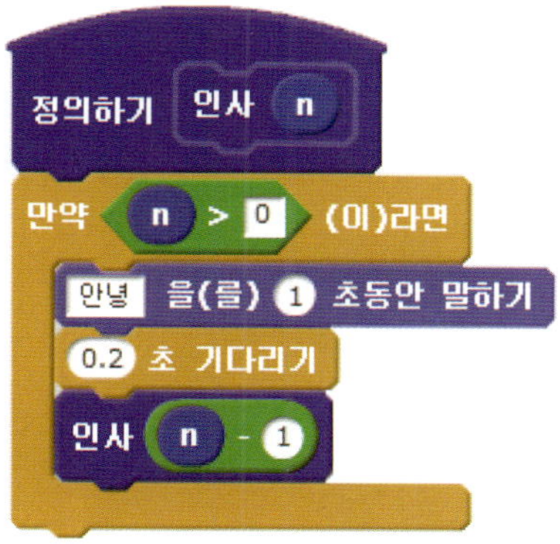

그런데 이 '인사' 블록은 계속해서 '인사' 블록을 호출하므로 종료되지 않는 문제가 발생합니다. 이런 문제가 발생한 이유는 종료되는 조건이 없기 때문입니다.

그래서 왼쪽처럼 '안녕'을 n번 말하고 종료하게 수정했습니다.

왼쪽과 같이 호출하면 '안녕'을 3번 말하고 종료합니다. 어떻게 동작하는지를 아는 것이 중요하므로 동작 과정을 살펴보겠습니다.

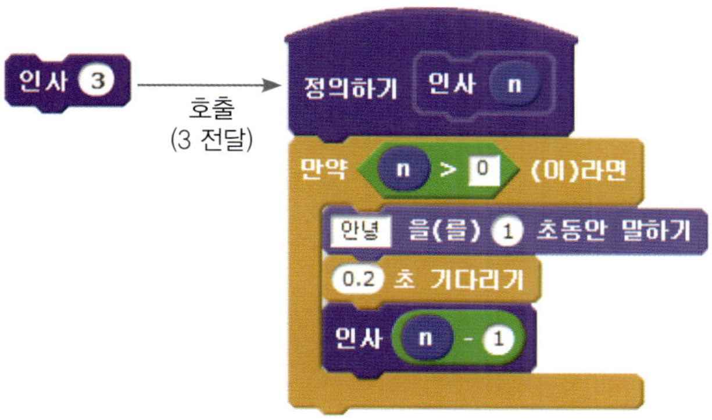

1 '인사' 블록을 호출합니다. 이때 3이 전달됩니다.

2 '인사' 블록이 실행되는데 전달받은 3이 n에 저장됩니다. n이 0보다 크므로 '안녕'을 1초 동안 말하고 0.2초 동안 가만히 있습니다. 그리고 자기 자신인 '인사' 블록을 호출하는데 현재 n이 3이므로 n−1인 2가 전달됩니다.

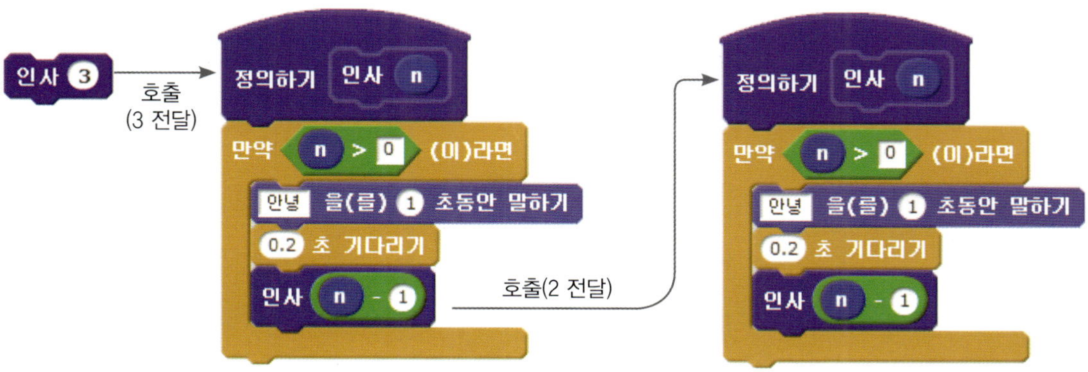

3 '인사' 블록이 다시 실행되는데 전달받은 2가 n에 저장되고 n이 0보다 크므로 '안녕'을 1초 동안 말하고 0.2초 동안 가만히 있습니다. 그리고 '인사' 블록을 호출하는데 n이 2이므로 이번에는 1이 전달됩니다.

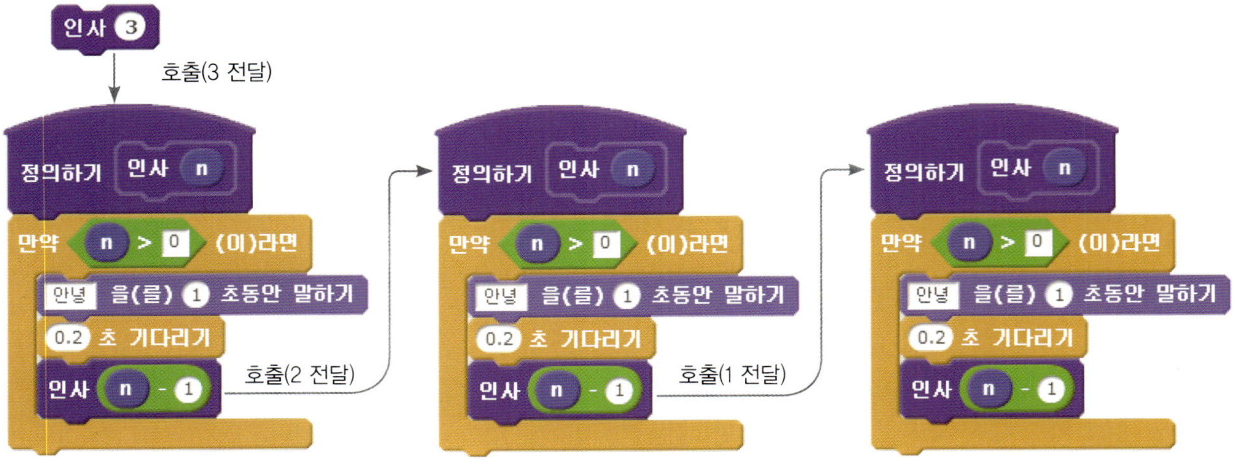

4 '인사' 블록이 다시 실행되는데 n이 1로 0보다 크므로 '안녕'을 1초 동안 말하고 0.2초 동안 가만히 있습니다. 그리고 '인사' 블록을 호출하는데 n이 1이므로 이번에는 0이 전달됩니다.

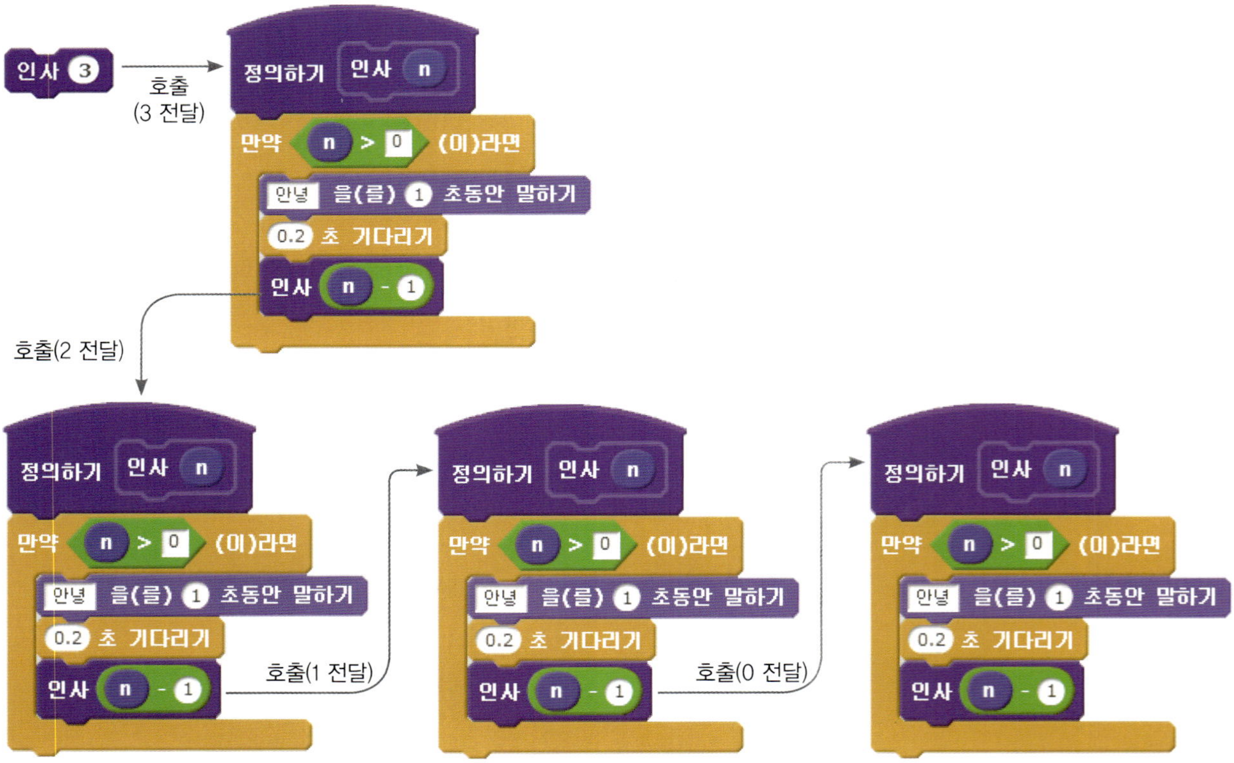

5 '인사' 블록이 다시 실행되는데 n에 전달받은 0이 저장됩니다. n이 0보다 크지 않으므로 더 이상 실행하지 않고 종료합니다. n이 0이 되면 더 이상 재귀 호출을 하지 않고 종료하게 됩니다.

재귀 개념은 스크래치만이 아니라 수준 높은 프로그래밍 언어에서도 매우 중요한 개념이니 잘 기억하기 바랍니다. 그러면 재귀를 이용해서 시어핀스키 삼각형을 그리는 프로젝트를 작성해보겠습니다.

프로젝트 작성하기

1 기본 스프라이트를 삭제하고 스프라이트 저장소의 'Pencil'을 이용해서 연필 모양의 스프라이트를 만든 후 회전하지 않게 설정합니다. 그리고 모양 중심을 연필 끝으로 설정합니다.

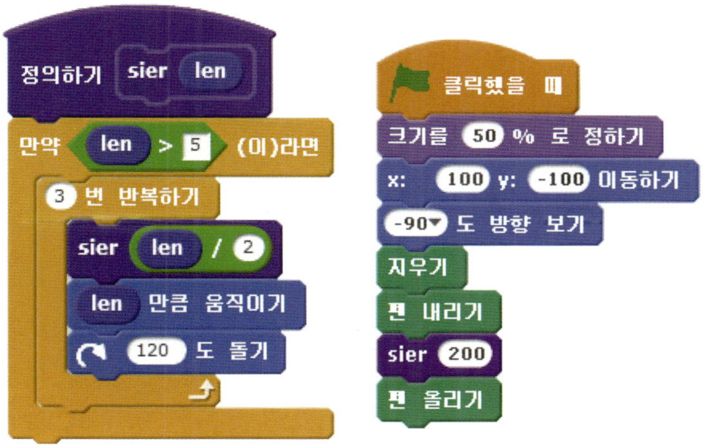

2 시어핀스키 삼각형을 그리는 'sier' 블록을 만들고, 이 블록을 이용해서 시어핀스키 삼각형을 그리는 스크립트를 작성합니다. 'sier' 블록은 재귀 블록임을 알 수 있습니다.

처·음·만·나·는·블·록

연산 / 

앞 수를 뒤 수로 나눕니다.

3 이번에는 스크립트 작성 자체에 대한 이해보다는 스크립트가 어떻게 동작하는지를 이해하도록 하겠습니다. 이를 위해 스크립트를 실행했을 때 그림이 어떻게 그려지는지 단계별로 살펴보겠습니다. 단, 'sier' 블록의 조건식을  로 하면 단계가 너무 복잡하므로 왼쪽처럼 5를 50으로 변경해서 살펴보겠습니다.

STEP **01** 스프라이트가 왼쪽 방향을 향한 상태에서 'sier' 블록을 호출합니다. 이때 200이 전달되어 A 'sier' 블록의 'len'에 200이 저장됩니다.

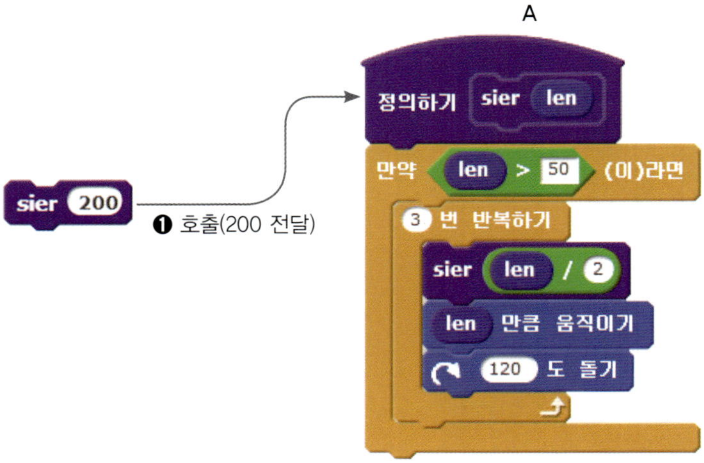

STEP 02 A의 'len'이 200이므로 조건 구조의 len>50이 참이 되어 조건 구조 안에 위치한 블록들을 실행합니다. 'sier' 블록을 호출하는데 현재 'len'이 200이므로 100이 전달되어 B 'sier' 블록의 'len'에 100이 저장됩니다.

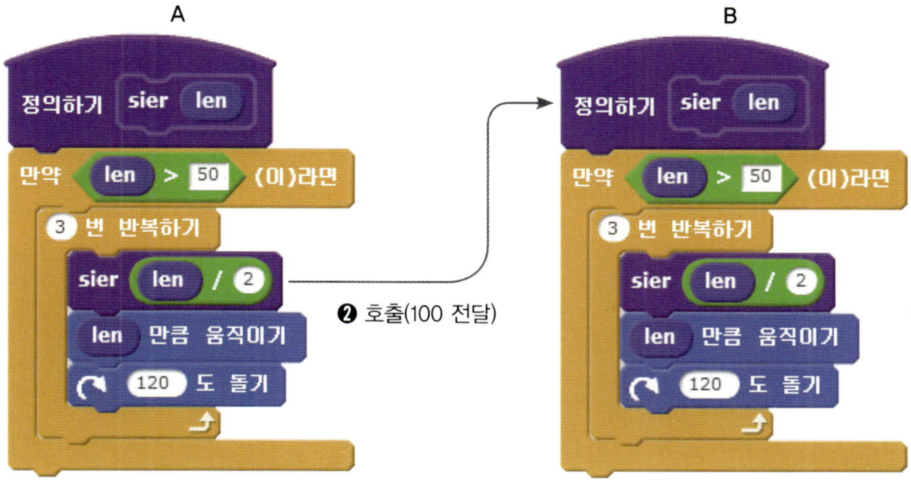

STEP 03 B의 'len'이 100이므로 조건 구조 안에 위치한 블록들을 실행합니다. 'sier' 블록을 호출하는데 현재 'len'이 100이므로 50이 전달되어 C 'sier' 블록의 'len'에 50이 저장됩니다.

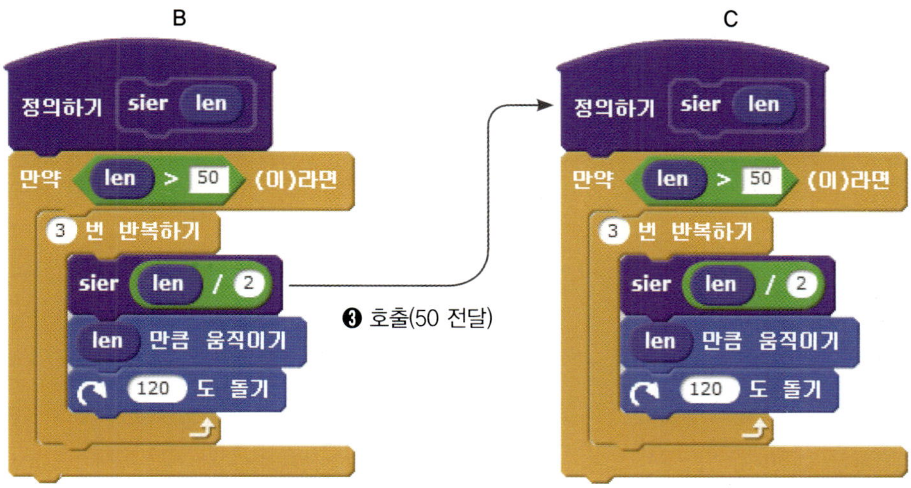

STEP
04 C의 'len'이 50이므로 조건 구조의 len>50은 거짓입니다. 따라서 실행하지 않고 C 'sier' 블록을 종료합니다.

C

STEP
05 C의 'sier' 블록을 종료하면 호출한 B로 이동하게 되어 len 값인 100만큼 선을 그리고 시계 방향으로 120도 회전합니다.

B

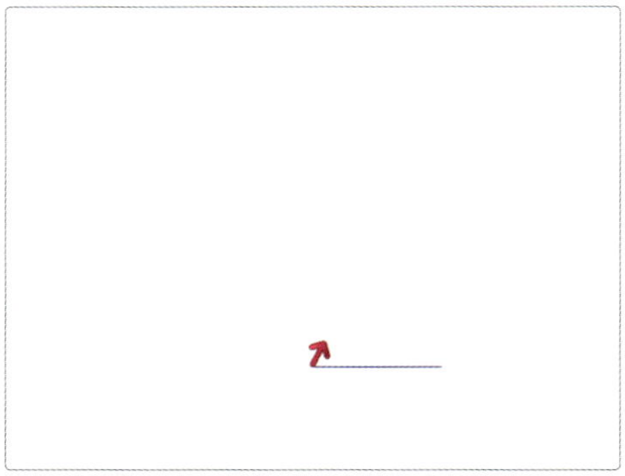

STEP

06 반복해서 'sier' 블록을 다시 호출하는데 50이 전달되어 D 'sier' 블록의 'len'에 50이 저장됩니다. D 'sier' 블록의 조건 구조의 조건식이 거짓이 되어 실행하지 않고 D 'sier' 블록을 종료합니다.

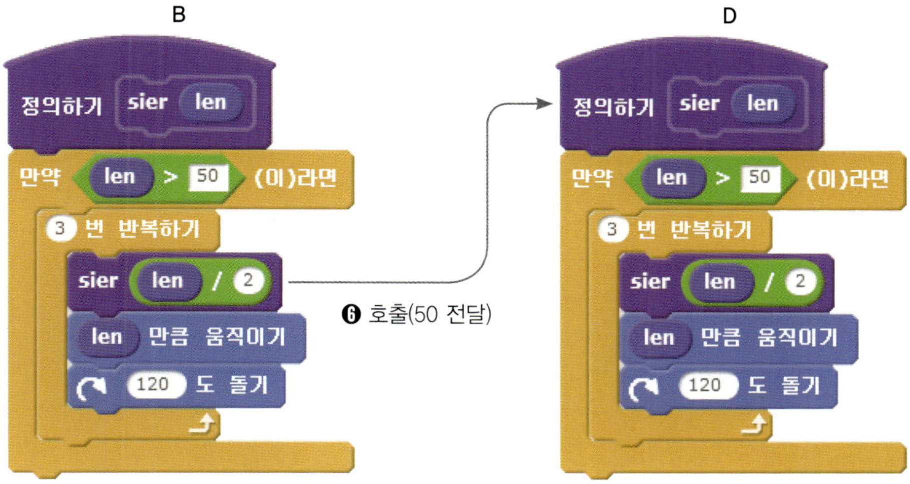

STEP

07 B로 이동하여 len 값인 100만큼 선을 그리고 시계 방향으로 120도 회전합니다.

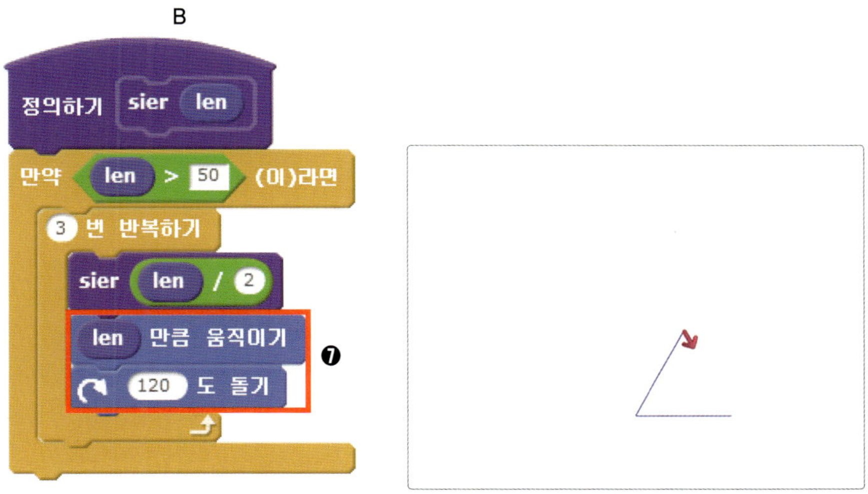

STEP

08 B에서 다시 'sier'을 호출하여 'sier' 블록을 실행하러 가는데 조건식이 거짓이 되어 종료합니다.

STEP 09 B로 이동하여 len 값인 100만큼 선을 그리고 시계 방향으로 120도 회전합니다.

B

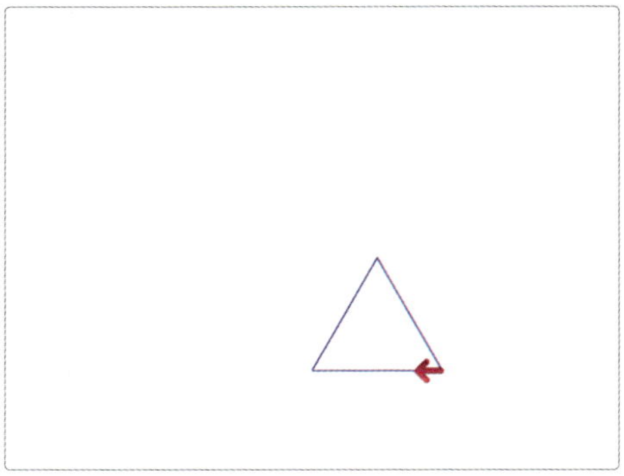

STEP 10 B의 'sier' 블록을 종료하게 되어 A로 이동합니다. len 값인 200만큼 선을 그리고 시계 방향으로 120도 회전합니다.

A

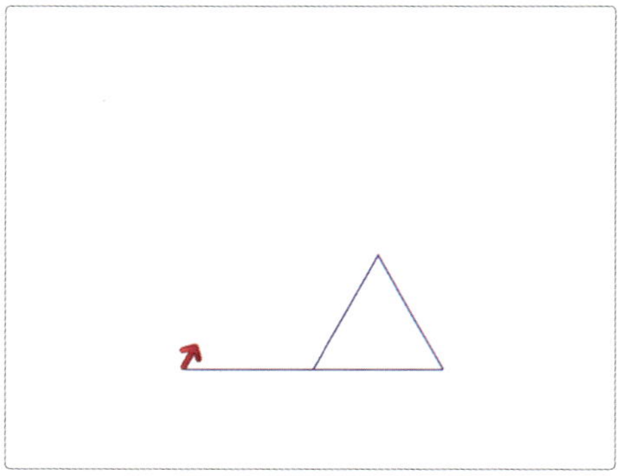

STEP
11 반복해서 'sier' 블록을 호출하여 100이 전달되어 E 'sier' 블록의 'len'에 100이 저장됩니다.

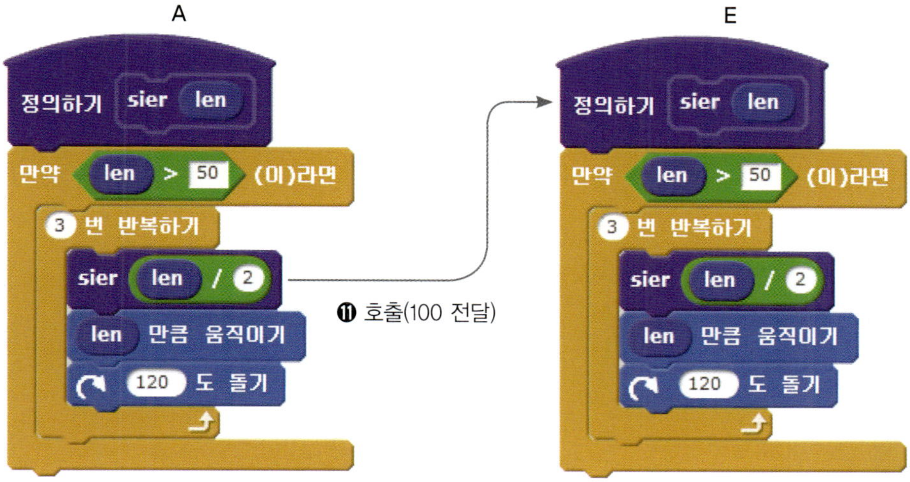

STEP
12 E의 'len'이 100이므로 조건 구조 안에 위치한 블록들을 실행합니다. 'sier'을 호출하여 'sier' 블록을 실행하러 가는데 조건식이 거짓이 되어 종료합니다.

STEP
13 E에서 len 값인 100만큼 선을 그리고 시계 방향으로 120도 회전합니다.

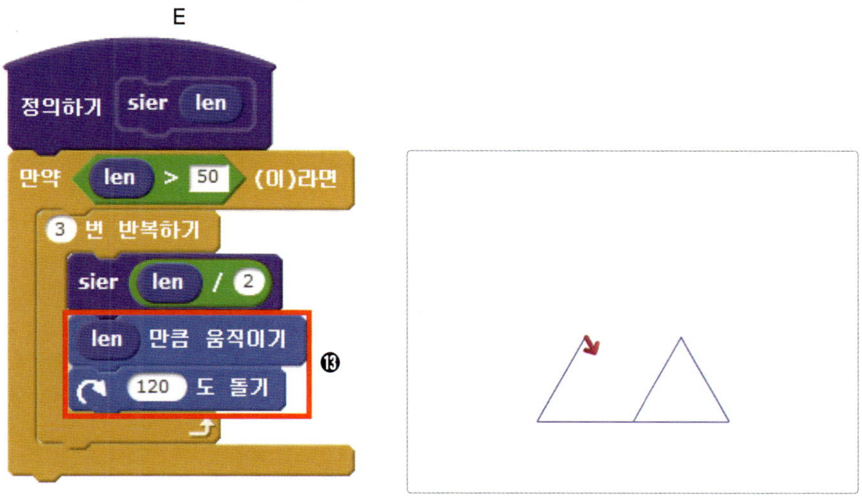

STEP
14 E에서 이런 동작을 2번 더 반복하면 다음과 같은 도형이 그려집니다.

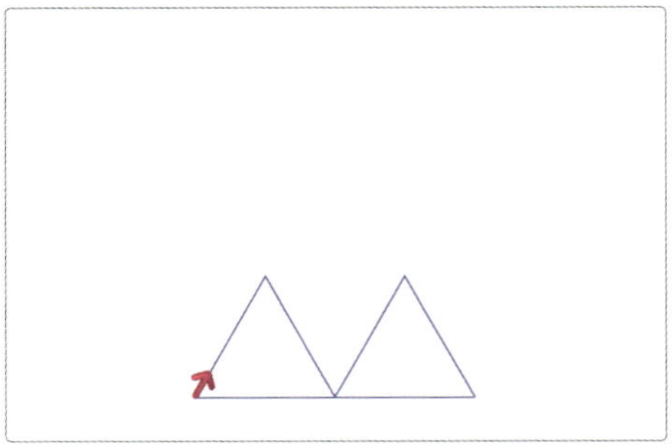

STEP
15 E의 'sier' 블록을 종료하게 되어 A로 이동합니다. len 값인 200만큼 선을 그리고 시계 방향으로 120도 회전합니다.

A

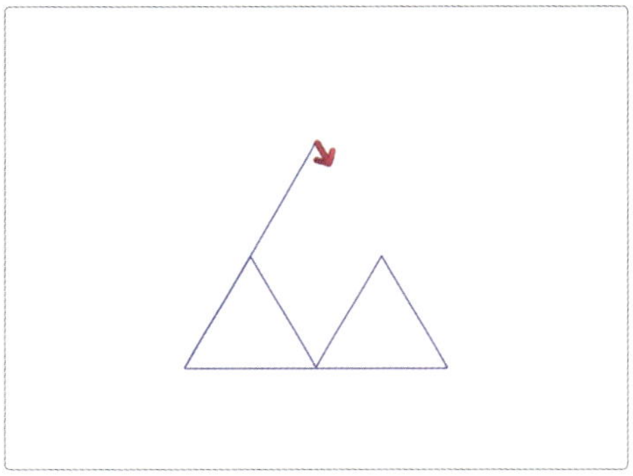

STEP
16 반복해서 'sier' 블록을 호출하여 100이 전달되어 F의 'sier' 블록에 있는 'len'에 100이 저장됩니다.

A F

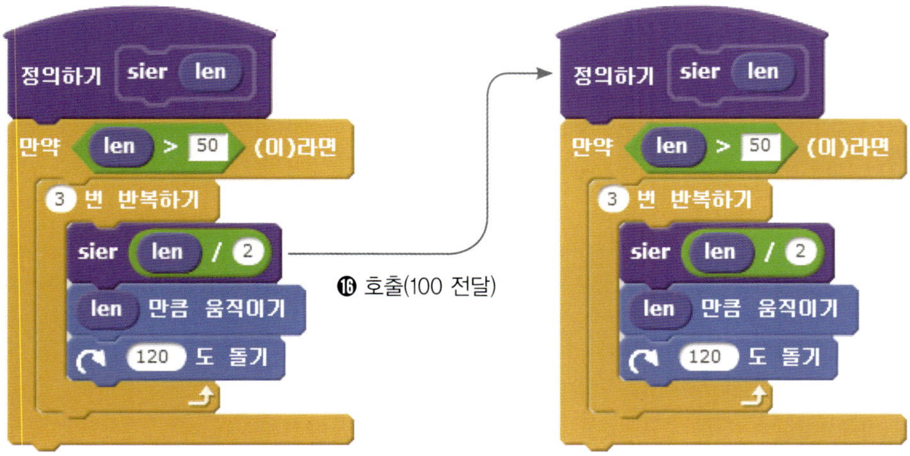

STEP
17 F에서 한 변의 길이가 100인 정삼각형을 그리고 종료합니다.

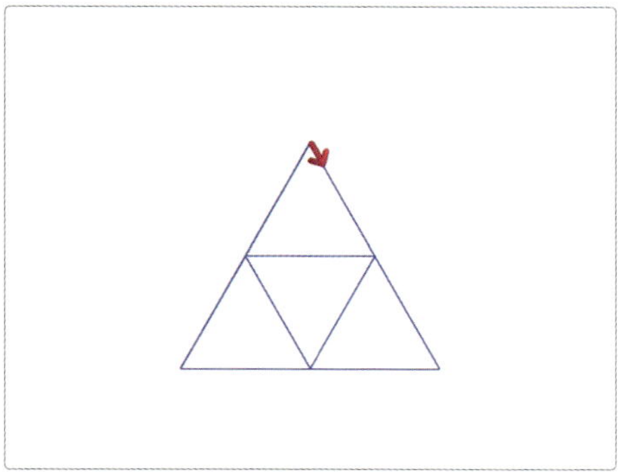

STEP
18 F의 'sier' 블록을 종료하게 되어 A로 이동하여 len 값인 200만큼 선을 그리고 시계 방향으로 120도 회전합니다. 드디어 모든 실행이 종료됩니다.

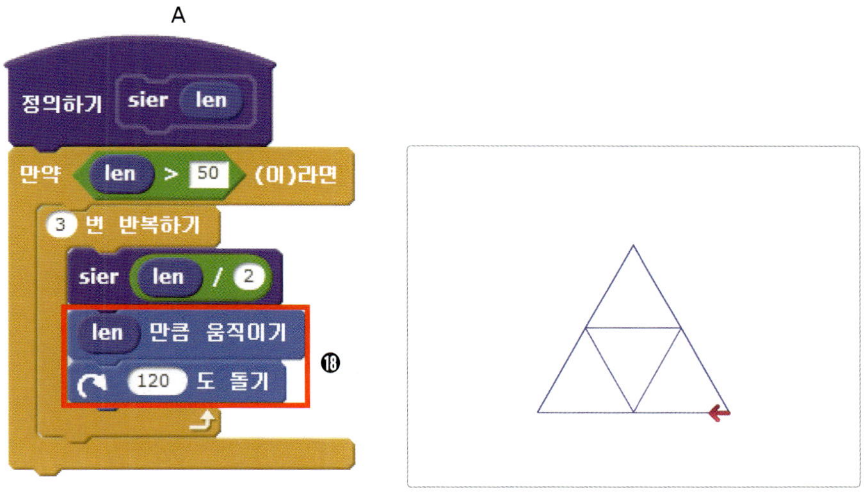

이처럼 동작 과정을 단계별로 꼼꼼히 살펴본 이유는 스크립트를 이해하는데 큰 도움이 되기 때문입니다.

실전 8-1

도전해보기

다음은 또 다른 프랙털 도형인 코흐 눈송이를 그리는 스크립트와 실행 결과입니다.

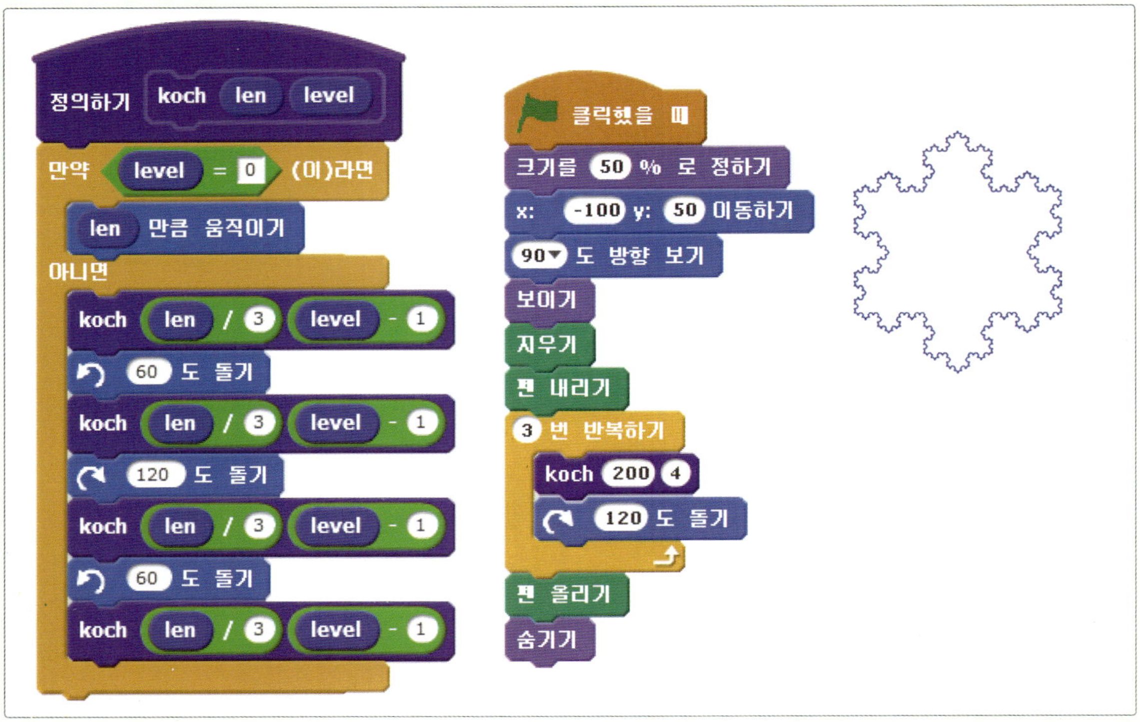

만약 오른쪽과 같이 koch 200 2 로 하여 실행하면 어떤 그림이 그려질지 손으로 직접 그려 봅시다.

요점정리

- 재귀는 임의의 블록에서 자기 자신을 호출하여 문제를 해결하는 구조를 의미합니다.
- 재귀 구조를 이용해서 시어핀스키 삼각형, 코흐 눈송이 등을 그릴 수 있습니다.

연습문제

1 자신만의 프랙털을 그리는 프로젝트를 만들어 봅시다.

CHAPTER 09 동물 영어 이름 맞추기 퀴즈

- 여러 개의 데이터를 저장하는 리스트에 대해 이해합니다.
- 동물 영어 이름 맞추기 퀴즈 프로젝트를 작성할 수 있습니다.

프로젝트 실행하기

동물 영어 이름 맞추기 퀴즈 프로젝트를 실행해보겠습니다.

1 게시판의 '동물 영어 이름 맞추기 퀴즈 (9장)' 게시물에 있는 프로젝트를 엽니다.

2 을 누르면 몇 문제를 풀어볼지 묻습니다.

3 문제 수를 입력하면 퀴즈를 시작한다고 말합니다.

4 동물이 나와서 영어 단어를 묻는데 동물이 나오는 순서는 일정하지 않습니다.

5 답한 내용이 맞으면 '맞았습니다!'를 말하고, 틀렸으면 '틀렸습니다!'를 말합니다.

6 입력한 문항 수만큼 문제를 풀면 맞은 문항 수를 출력하고 게임을 종료합니다.

이 프로젝트에서는 리스트를 이용해서 동물 이름을 관리합니다. 그러므로 리스트에 대해 먼저 알아보고 프로젝트를 작성하겠습니다.

리스트

학생이 100명인 학교에서 학생 이름과 성적을 컴퓨터 프로그램으로 관리한다면 학생 이름을 저장할 변수 100개와 성적을 저장할 변수 100개가 필요할 겁니다. 만약 이름, 성적 정보만이 아니라 생년월일, 주소, 연락처, 학년, 학과, 학번 등의 정보까지 관리한다면 훨씬 더 많은 변수가 필요할 겁니다.

그런데 이렇게 많은 변수를 사용하면 복잡해지므로 스크래치에서는 일반적으로 리스트를 이용합니다. 리스트는 여러 개의 데이터를 한 곳에 저장하는 공간이라고 생각하면 됩니다. 물론 변수에도 이름이 있듯이 리스트에도 이름이 있어야 합니다.

변수를 사용해서 100개의 이름을 저장하려면 100개의 변수를 만들어야 하지만, 리스트를 사용하면 한 개의 리스트를 만들어서 100개의 이름을 모두 저장할 수 있습니다.

리스트를 이용해서 4명의 학생에 대한 이름과 성적을 관리하는 프로젝트를 만들면서 리스트 사용 방법에 대해 살펴보도록 하겠습니다.

우선 이름과 성적을 저장할 리스트를 만들어야 하는데, 데이터 카테고리의 리스트 만들기 버튼을 누릅니다.

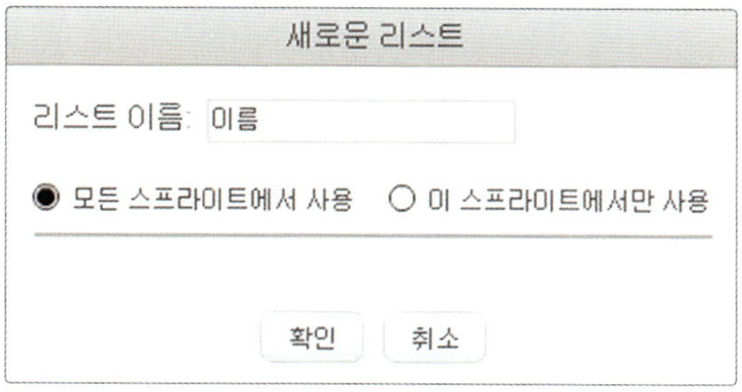

[새로운 리스트] 창이 열리면 만들고자 하는 리스트 이름인 '이름'을 입력하고 [확인] 버튼을 누릅니다. 마찬가지 방법으로 '성적' 리스트를 만듭니다.

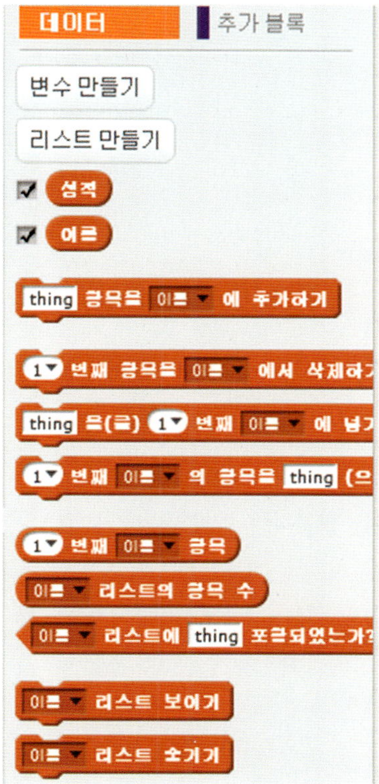

그러면 데이터 카테고리에 왼쪽과 같은 블록이 새롭게 만들어집니다.

리스트에 데이터를 추가하는 블록인 [thing 항목을 이름 에 추가하기] 를 이용해서 '이름' 리스트에 철수, 영희, 길동, 순이를 저장합니다. 리스트에 저장된 데이터를 '항목'이라고 합니다.

각 학생에 대한 성적은 스프라이트를 통해 직접 입력받도록 하겠습니다. 그러기 위해 변수 'a'를 만들고 'a'에 1을 저장합니다.

[list 리스트의 항목 수] 블록은 리스트에 저장된 항목의 개수를 의미합니다. 그러므로 왼쪽 반복 구조는 [이름 리스트의 항목 수] 만큼, 즉 4번 반복하게 됩니다.

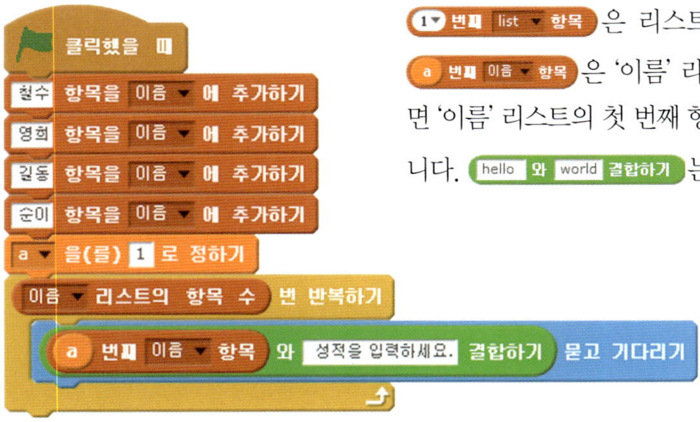

[1 번째 list 항목] 은 리스트에서 선택한 위치의 항목을 의미하므로 왼쪽의 [a 번째 이름 항목] 은 '이름' 리스트의 'a'번째 항목을 의미합니다. 만약 'a'가 1이면 '이름' 리스트의 첫 번째 항목인 철수가 되며 철수에 대한 성적을 묻고 기다립니다. [hello 와 world 결합하기] 는 두 개의 문자열을 결합하는 블록입니다.

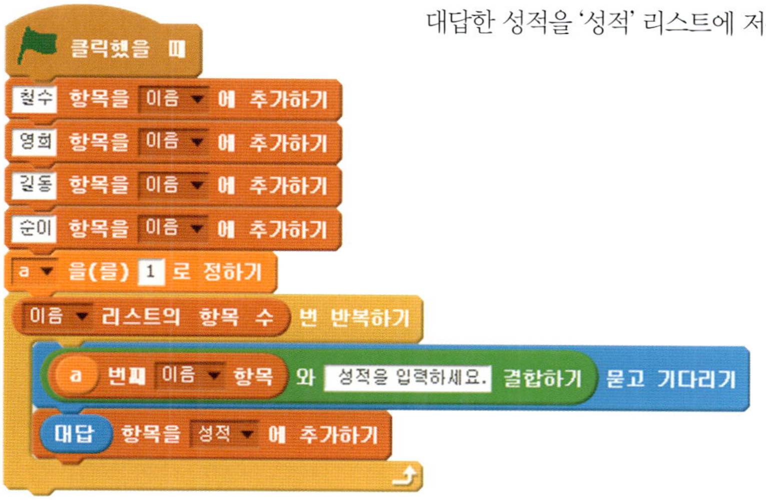

대답한 성적을 '성적' 리스트에 저장합니다.

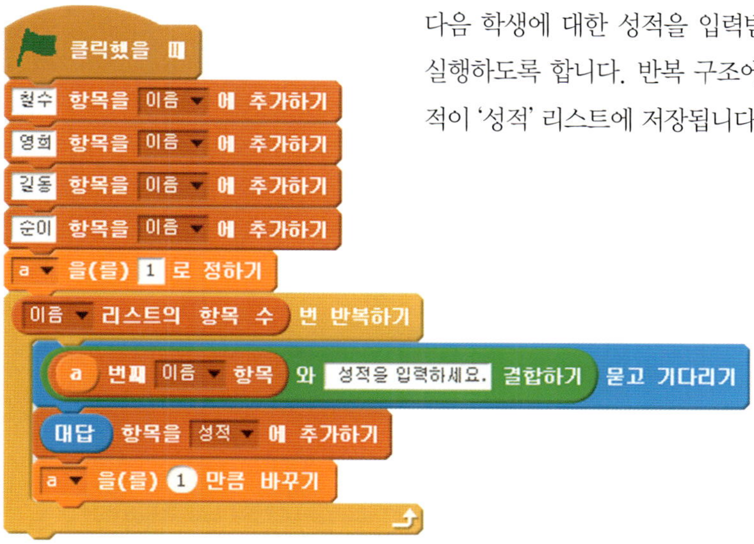

다음 학생에 대한 성적을 입력받기 위해 'a'의 값을 1 증가시켜 다음 반복을 실행하도록 합니다. 반복 구조에 대한 실행이 끝나면 모든 학생들에 대한 성적이 '성적' 리스트에 저장됩니다.

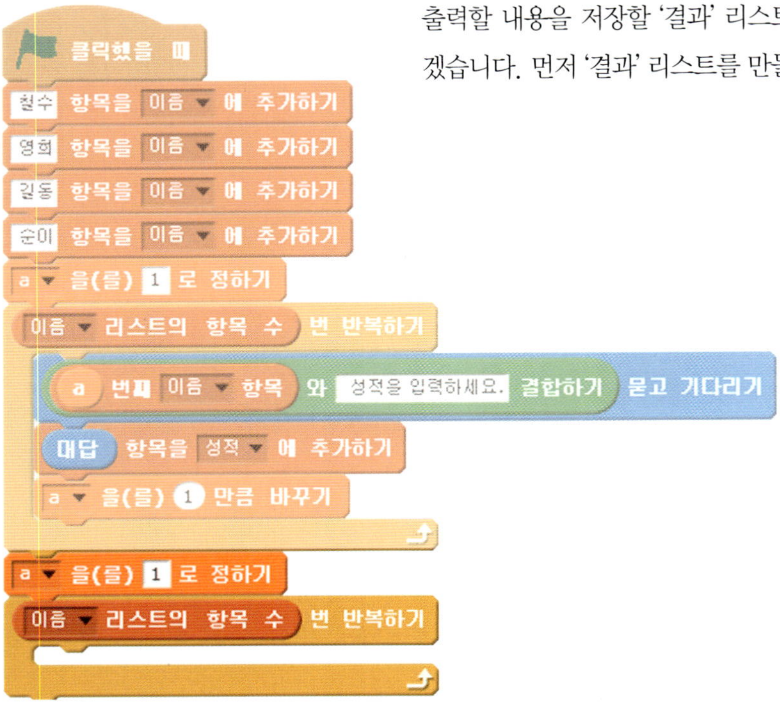

출력할 내용을 저장할 '결과' 리스트에 각 학생에 대한 이름과 성적을 저장하겠습니다. 먼저 '결과' 리스트를 만들고 왼쪽과 같은 반복 구조를 만듭니다.

다음 스크립트를 실행하면 ''이름'의 첫 번째 항목:'성적'의 첫 번째 항목'을 '결과' 리스트에 저장하고, ''이름'의 두 번째 항목:'성적'의 두 번째 항목'을, … '결과' 리스트에 저장하게 되어 결국 '철수:70 영희:80 …'과 같은 형식으로 '결과' 리스트에 저장됩니다.

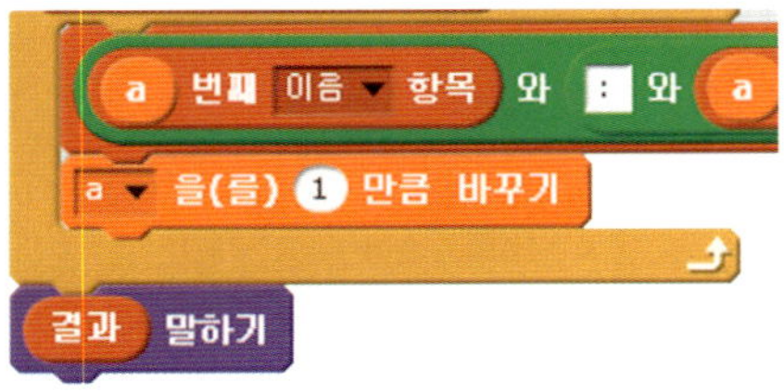

'결과' 리스트를 출력합니다.

실행하면 처음에는 문제가 없는데 다시 실행했을 때 같은 학생에 대한 성적을 또 입력해야 하는 문제가 발생합니다. 이유는 프로젝트 실행이 종료될 때 리스트에 저장된 항목이 자동적으로 지워지지 않기 때문입니다. 그러므로 리스트에 저장된 항목을 삭제하는 [1 번째 항목을 list 에서 삭제하기] 블록을 이용해서 리스트에 저장된 모든 내용을 삭제해야 합니다. 풀다운 메뉴를 눌러 '모두'를 선택합니다.

리스트에 대해 간단하게나마 살펴보았습니다. 고급 수준의 프로젝트를 작성하려면 리스트를 이용해야 하니 리스트 사용 방법에 대해 잘 기억하기 바랍니다. 그러면 리스트를 이용해서 동물 영어 이름 맞추는 게임 프로젝트를 작성해보겠습니다.

프로젝트 작성하기

1 고양이 모양의 기본 스프라이트의 이름을 '동물'로 변경합니다. 그리고 [모양] 탭으로 이동해서 '모양2'를 삭제하고, '모양1'을 'cat'으로 변경합니다.

2 '저장소에서 모양 선택' 버튼을 누르면 새로운 모양을 가져올 수 있는데, 'bat1-a', 'dog1-a', 'elephant-a', 'horse1-a', 'lion-a', 'monkey1-a'를 가져옵니다. 그리고 각각의 이름을 'bat', 'dog', 'elephant', 'horse', 'lion', 'monkey'로 변경합니다.

3 버튼을 누르면 화면에서 사라지도록 합니다.

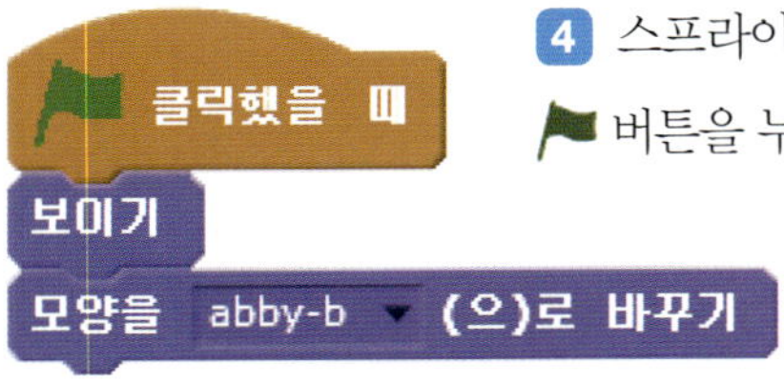

4 스프라이트 저장소의 'Abby'를 이용해서 '사회자'라는 이름의 스프라이트를 생성한 후 버튼을 누르면 모양이 'abby-b'로 변경되도록 합니다.

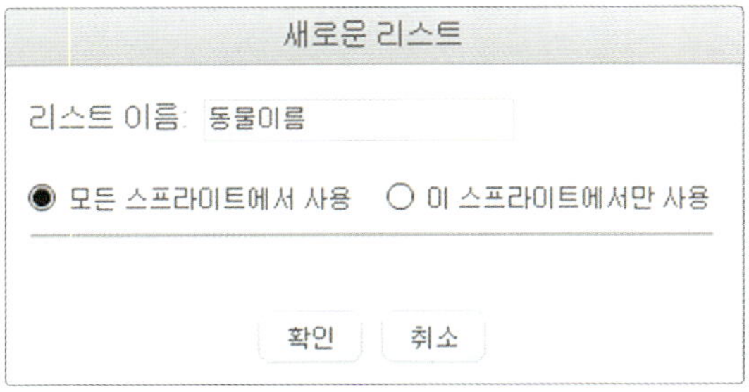

5 데이터 카테고리의 리스트 만들기 버튼을 눌러 '동물이름' 리스트를 생성하고, '동물이름' 리스트가 무대에서 사라지게 합니다.

6 '동물이름' 리스트의 모든 항목을 삭제하고, '동물' 스프라이트의 모양 이름인 'cat', 'bat', 'dog', 'elephant', 'horse', 'lion', 'monkey'를 '동물이름' 리스트에 추가합니다. 그러면 'cat'은 '동물이름' 리스트의 첫 번째 위치에, 'bat'은 두 번째 위치에, 이런 식으로 하면 'monkey'는 일곱 번째 위치에 저장됩니다.

처음 만나는 블록

데이터 / (1▾) 번째 항목을 (list▾) 에서 삭제하기

리스트에서 선택한 위치의 항목을 삭제합니다.

데이터 / (thing) 항목을 (list▾) 에 추가하기

리스트에 항목을 추가합니다.

데이터 / (list▾) 리스트의 항목 수

리스트에 저장된 항목의 개수를 의미합니다.

7 '맞은문항수' 변수를 만들어 0을 저장하고, 몇 문제 풀어보겠는지 질문합니다. (동물이름▾ 리스트의 항목 수)는 '동물이름' 리스트에 저장된 항목의 수이므로 7이 됩니다.

8 '문항수' 변수를 만들어 답한 내용을 저장하고, '퀴즈시작' 메시지를 방송하고 사라지게 합니다.

9 '동물' 스프라이트로 이동해서 '퀴즈시작' 메시지를 받으면 나타나게 하고 '문항수' 만큼 반복하는 구조를 만듭니다.

10 문제가 순서대로 제시되는 것이 아니라 무작위로 선택되도록 하기 위해 우선 '위치'라는 변수를 생성하고, 1~ '동물이름' 리스트의 항목 수 까지의 난수를 저장합니다.

11 모양을 '동물이름' 리스트의 '위치'번째 항목으로 변경합니다. 만약 '위치'가 1이라면 '동물이름' 리스트에서 첫 번째 항목인 'cat' 모양으로 변경되고, 만약 '위치'가 3이라면 'dog' 모양으로 변경됩니다.

처·음·만·나·는·블·록

데이터 / 

리스트에서 선택한 위치의 항목을 의미합니다.

12 '영어 단어는?'을 묻고 기다리고, 답한 내용이 맞았으면 '맞았습니다!'를, 틀렸으면 '틀렸습니다!'를 말합니다.

은 '동물이름' 리스트의 '위치' 번째 항목이므로 질문에 대한 정답이 됩니다.

13 맞았을 경우에는 'suspense' 소리가, 틀렸을 경우에는 'string pluck' 소리가 나도록 음향 효과를 줍니다. 그리고 맞았을 경우에는 '맞은문항수'의 값을 1 증가시킵니다.

실전 9-1

14 동일한 질문이 나오지 않도록 하기 위해 방금 질문한 동물 이름을 '동물이름' 리스트에서 삭제하려고 합니다. 그렇다면 (1)에 어떤 내용이 들어가야 하는지 생각해보고 채우기 바랍니다.

15 '문항수' 만큼 반복한 후 반복 구조를 빠져나오면 '퀴즈종료' 메시지를 보내고 사라지게 합니다.

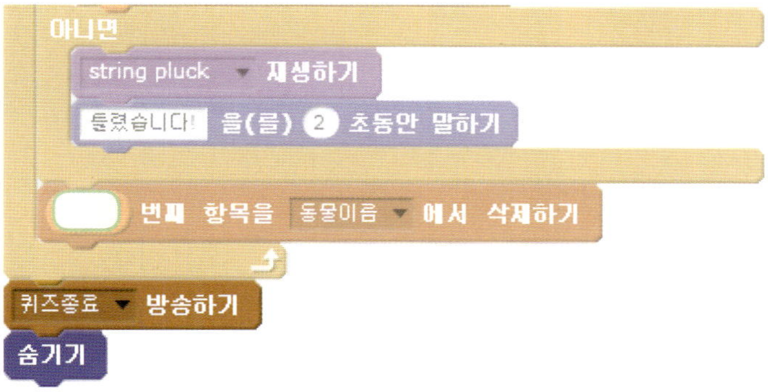

16 '사회자' 스프라이트로 이동해서 '퀴즈종료' 메시지를 받으면 나타나게 하고, 모양을 'abby-c'로 변경하고 맞은 수를 말하도록 합니다. [맞은 수: 와 맞은문항수 결합하기 말하기] 는 '맞은 수 : '와 [맞은문항수] 변수에 저장된 값을 결합하는 것이므로, 만약 [맞은문항수]에 5가 저장되어 있으면 '맞은 수 : 5'가 됩니다.

처음 만나는 블록

연산 / [hello 와 world 결합하기]

두 개의 문자열을 결합합니다.

17 무대 배경을 'room2'로 설정하면 프로젝트가 완성됩니다.

실전 9-2

도전해보기

저장소의 'duck', 'crab-a', 'mouse1-a'를 이용해서 'duck', 'crab', 'mouse'를 추가하고, 퀴즈가 종료되었을 때 맞은 문항 수만이 아니라 점수를 말하는 기능을 추가해봅시다. 점수는 맞은 문항 수를 전체 문항 수로 나눈 값에 100을 곱한 후 반올림하면 구해집니다.

요점정리

- 리스트는 여러 개의 데이터를 동시에 저장할 수 있는 공간입니다.
- 리스트에 모양 이름을 저장해놓고 모양에 대한 이름 맞추기 퀴즈를 만들 수 있습니다.

연습문제

1 1부터 45까지의 수가 적혀 있는 45개의 공 중 6개를 임의로 선택하는 로또 프로젝트를 만들어 봅시다.

2 1부터 100까지의 수 중 원하는 개수만큼의 수를 임의로 선택하는 프로젝트를 만들어 봅시다.

CHAPTER 10

행운의 복불복

- 행운의 복불복 프로젝트를 작성할 수 있습니다.

프로젝트 실행하기

행운의 복불복 프로젝트를 실행해보겠습니다.

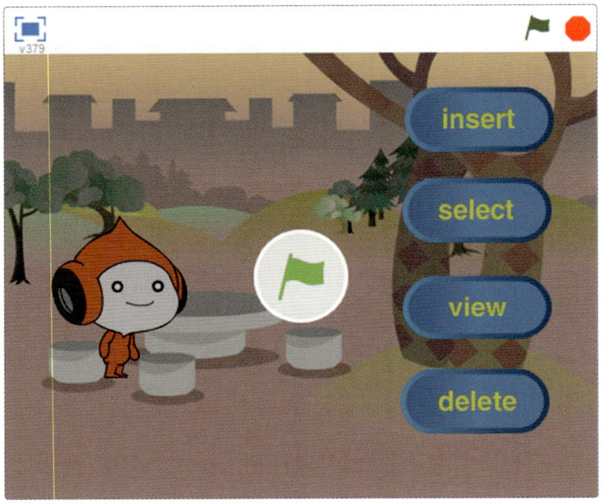

1 게시판의 '행운의 복불복 (10장)' 게시물에 있는 프로젝트를 엽니다.

2 [깃발]을 누르면 게임 요령을 알려줍니다. 항목을 입력하려면 'insert' 버튼을 누르고 항목을 선택하려면 'select' 버튼을, 등록된 항목을 보려면 'view' 버튼을, 그리고 모든 항목을 삭제하려면 'delete' 버튼을 누릅니다.

3 'insert' 버튼을 눌러 항목을 입력합니다. '청소하기', '엉덩이로 이름쓰기', '책 읽기'를 입력합니다.

4 'view' 버튼을 누르면 입력한 전체 항목을 확인할 수 있습니다.

5 'select' 버튼을 누르면 입력한 전체 항목 중 하나의 항목이 선택됩니다. 무작위로 선택되기 때문에 어떤 항목이 선택될지는 알 수 없습니다.

6 'delete' 버튼을 누르면 모든 항목이 삭제됩니다.

이 프로젝트에서는 리스트를 이용해서 항목을 관리합니다. 리스트는 'CHAPTER 09. 동물 영어 이름 맞추기 퀴즈'에서 살펴보았으므로 바로 프로젝트를 작성하겠습니다.

프로젝트 작성하기

1 기본 스프라이트를 삭제하고 스프라이트 저장소의 'Pico'를 이용해서 '진행자' 스프라이트를 만듭니다. 항목들을 저장할 '항목' 리스트를 만들고 '항목'의 모든 항목을 삭제합니다. 그리고 게임 요령을 설명합니다.

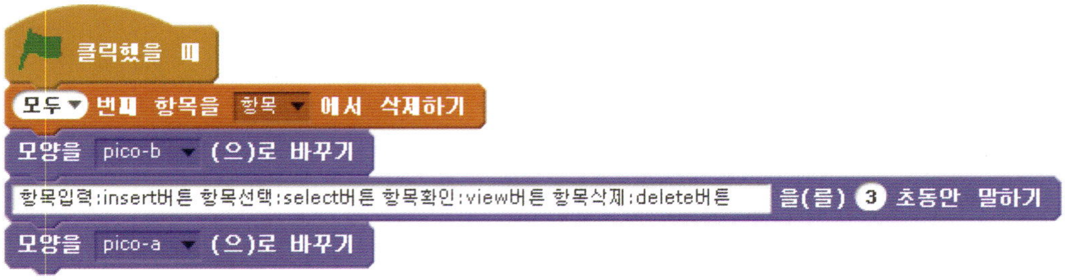

2 스프라이트 저장소의 'Button2'를 이용해서 '항목입력' 스프라이트를 만든 후 [모양] 탭으로 이동해서 버튼 모양에 왼쪽과 같이 'insert'라는 내용을 넣습니다.

3 이 스프라이트를 클릭하면 '항목입력' 메시지를 보내는 스프라이트를 작성합니다.

4 '항목입력' 스프라이트를 복사해서 '항목추첨'이라는 이름의 스프라이트를 만듭니다. 그리고 [모양] 탭으로 이동해서 버튼 모양을 다음과 같이 'select'로 수정합니다.

5 '항목추첨' 스프라이트의 스크립트에서 '항목입력' 방송하기를 왼쪽과 같이 '항목추첨' 방송하기로 수정합니다.

6 마찬가지 방법으로 'view'를 내용으로 하는 '항목보기' 스프라이트를 생성하고, 스크립트를 왼쪽과 같이 '항목보기' 메시지를 보내도록 수정합니다.

7 'delete'를 내용으로 하는 '항목삭제' 스프라이트를 생성하고, '항목삭제' 메시지를 보내도록 수정합니다.

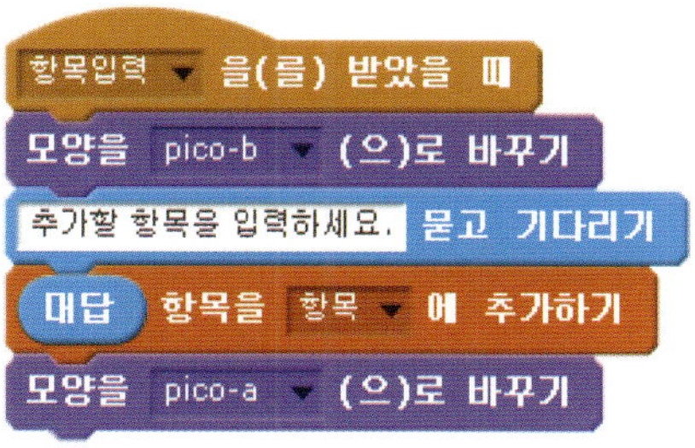

8 '진행자' 스프라이트로 이동해서 '항목입력' 메시지를 받으면 추가할 항목을 묻고 대답한 내용을 '항목' 리스트에 저장합니다.

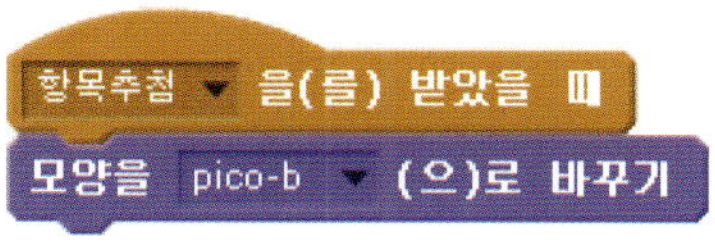

9 '항목추첨' 메시지를 받았을 때 수행해야 할 스크립트를 작성하겠습니다. 우선 모양을 'pico–b'로 변경합니다.

실전 10-1

10 '항목' 리스트에 항목이 있는지 없는지 판단하려고 합니다. 조건 구조의 (1)이 참일 때 항목이 있다는 의미이려면 (1)에 어떤 내용이 들어가야 하는지 생각해보고 채웁시다. (항목 리스트의 항목 수)를 이용하면 됩니다.

11 '항목' 리스트에 항목이 있으면 1부터 '항목 리스트에 저장된 항목 수' 중 한 개의 수를 무작위로 선택해서 '선택'에 저장하고, '항목' 리스트의 '선택' 위치의 항목을 선택해서 말합니다. 그리고 항목이 없으면 항목이 없다고 말합니다.

12 '항목보기' 메시지를 받으면 '항목' 리스트에 저장된 모든 항목을 말합니다. 만약 '항목' 리스트에 항목이 없으면 항목이 없다고 말합니다.

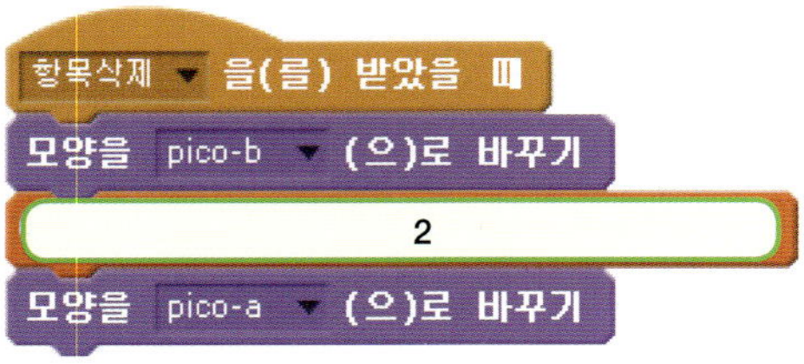

실전 10-2

13 '항목삭제' 메시지를 받으면 '항목' 리스트에 저장된 모든 항목을 삭제하려고 합니다. 그렇다면 (2)에 어떤 내용이 들어가야 하는지 생각해보고 채우기 바랍니다.

14 무대 배경을 'woods and bench'로 설정하면 프로젝트가 완성됩니다.

실전 10-3

도전해보기

살펴본 프로젝트는 임의의 항목이 선택되어도 삭제되지 않아 또 다시 선택될 수 있습니다. 선택된 항목은 '항목' 리스트에서 삭제해서 한 번 선택된 항목은 또 다시 선택되지 않도록 수정해봅시다.

요점정리

- 리스트에 저장된 항목 중 하나를 임의로 선택할 수 있습니다.
- 리스트에 저장된 모든 항목을 삭제할 수 있습니다.
- 항목입력, 항목선택, 항목보기, 항목삭제 기능을 지닌 행운의 복불복 프로젝트를 만들 수 있습니다.

연습문제

1 문제와 정답 등록, 문제 풀기, 문제 삭제 등 기능을 지닌 문제 은행 프로젝트를 만들어 봅시다.

2 리스트를 이용한 자유 주제의 프로젝트를 만들어 봅시다.

CHAPTER 11 덧셈 뺄셈 공부방

- 두 변수의 값을 교환하는 방법을 이해합니다.
- 덧셈 뺄셈 공부방 프로젝트를 작성할 수 있습니다.

프로젝트 실행하기

덧셈 뺄셈 공부방 프로젝트를 실행해보겠습니다.

1 게시판의 '덧셈 뺄셈 공부방 (11장)' 게시물에 있는 프로젝트를 엽니다.

2 [깃발]을 누르면 연산 종류를 선택하라는 질문을 받습니다. 덧셈 연산을 하려면 1을, 뺄셈 연산을 하려면 2를 입력합니다.

3 연산 종류를 선택하면 단계를 선택하라는 질문을 받습니다. 1단계는 한 자릿수 연산을 하게 되고, 2단계는 두 자릿수 연산을 하게 됩니다.

4 단계를 선택하면 문항 수를 입력하라는 질문을 받습니다.

5 문항 수를 입력하면 첫 번째 문제가 나옵니다. 문제에 대한 답을 입력합니다.

6 대답이 맞으면 '맞았습니다!'를 말하고, 틀리면 '틀렸습니다!'를 말합니다.

7 입력한 문항 수만큼 문제를 풀면 계속할지 묻습니다. '예'를 입력하면 계속해서 연산 공부를 하게 되고, '아니요'를 입력하면 실행을 종료합니다.

프로젝트가 어떻게 동작하는지 이해할 수 있을 겁니다.

살펴본 프로젝트를 작성하기에 앞서 뺄셈 연산에 필요한 두 변수의 값을 교환하는 방법을 살펴보겠습니다.

두 변수의 값 교환하기

왼쪽과 같이 변수 'a'에 10이, 변수 'b'에 20이 저장되어 있을 때 두 변수의 값을 교환하고자 합니다.

왼쪽 동작을 수행하면 두 변수의 값이 제대로 교환될지 잠시 생각해봅시다.

먼저 [a 을(를) b 로 정하기]를 수행하면 'b'의 값인 20이 'a'에 저장되어 'a'의 값은 20이 됩니다.

이 상태에서 [b 을(를) a 로 정하기]를 수행하면 'a'의 값인 20이 'b'에 저장되어 'b'의 값은 20이 됩니다.

기대한 결과와 다르게 두 변수 모두 값이 같아 제대로 교환되지 않은 것을 알 수 있습니다.

두 변수에 저장된 값을 교환하려면 임시로 값을 저장할 변수가 필요한데, 보통은 이 임시 변수를 'temp'라는 이름으로 만듭니다. 그리고 왼쪽과 같은 동작을 수행하면 'a'와 'b'의 값이 교환됩니다.

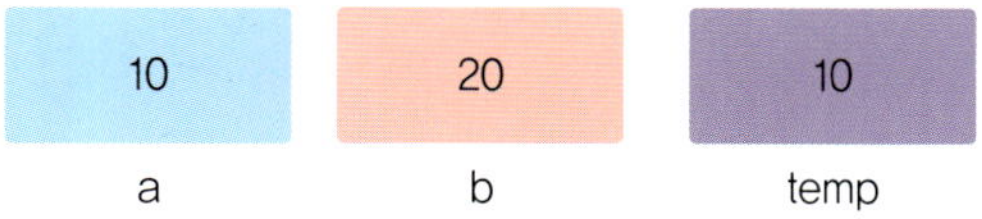

가장 먼저 [temp 을(를) a 로 정하기]를 수행하면 'a'의 값인 10이 'temp'에 저장됩니다.

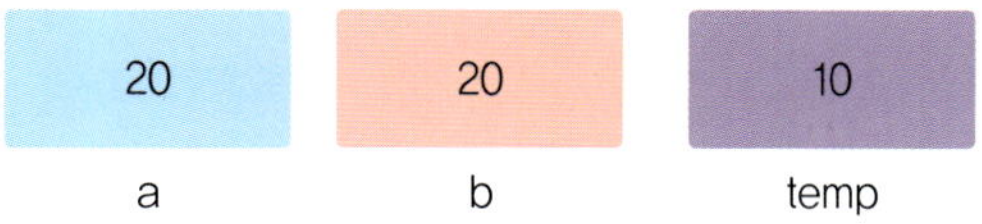

[a 을(를) b 로 정하기]를 수행하면 'b'의 값인 20이 'a'에 저장됩니다.

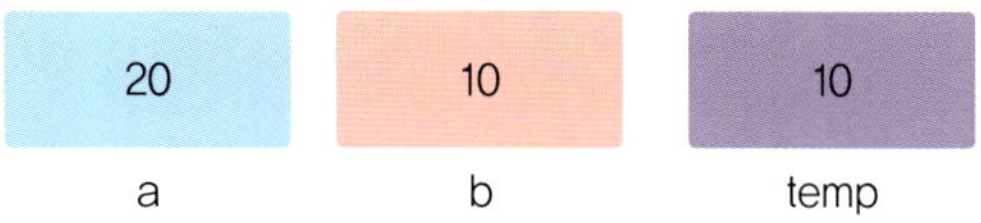

그리고 [b 을(를) temp 정하기]를 수행하면 'temp'의 값인 10이 'b'에 저장됩니다. 결국 'a'와 'b'에 저장된 값이 제대로 교환됩니다.

두 변수의 값 교환하기는 이 장에서 살펴볼 뺄셈 연산에서도 사용되지만 많은 프로그램에서 사용되는 중요한 기초 개념이니 꼭 기억해두기 바랍니다.

실전 11-1

도전해보기

변수 'a'에 10이, 변수 'b'에 20이, 변수 'c'에 30이 저장되어 있을 때, 변수 'a'의 값을 'b' 값으로, 'b' 값을 'c' 값으로, 'c' 값을 'a' 값으로 변경하는 프로젝트를 작성해봅시다.

그러면 덧셈 뺄셈 공부방 프로젝트를 작성해보겠습니다.

프로젝트 작성하기

1 기본 스프라이트를 삭제하고 스프라이트 저장소의 'Devin'을 이용해서 새로운 스프라이트를 생성합니다.

2 모양을 'devin-a'로 변경하고 연산 공부를 반복할 수 있는 구조를 만듭니다.

3 연산 종류를 입력받아 '연산종류'에 저장하고, 단계를 입력받아 '단계'에 저장하고, 문항 수를 입력받아 '문항수'에 저장하는 스크립트를 작성합니다. 이 스크립트를 작성하기 전에 먼저 '연산종류', '단계', '문항수' 변수를 만들어야 합니다.

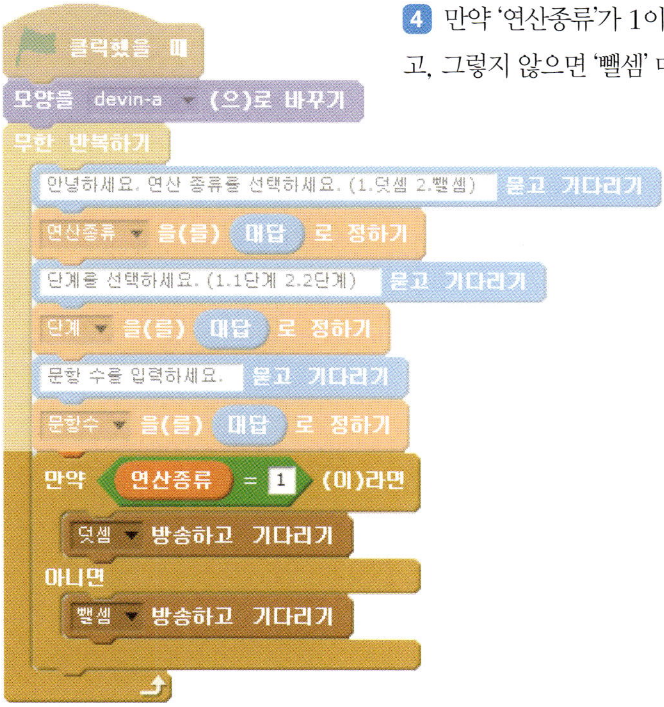

4 만약 '연산종류'가 1이면 덧셈을 의미하므로 '덧셈' 메시지를 방송하고 기다리고, 그렇지 않으면 '뺄셈' 메시지를 방송하고 기다리는 스크립트를 작성합니다.

처·음·만·나·는·블·록

이벤트 / [메시지1 ▾ 방송하고 기다리기]

설정한 메시지를 보냅니다. 메시지를 보내고 아래에 연결된 블록을 즉시 실행하는 [메시지1 ▾ 방송하기] 블록과는 달리 [메시지1 ▾ 방송하고 기다리기] 는 메시지를 보내고 해당 메시지를 받으면 실행되도록 설정된 동작이 모두 실행된 후에 아래에 연결된 블록을 실행합니다.

5 덧셈 또는 뺄셈 연산을 마치고 나면 계속할지를 묻고 만약 대답이 '아니요'면 모든 동작을 멈추는 스크립트를 작성합니다. 만약 '예'라고 대답하면 다음 반복을 수행해서 다시 연산 공부를 하게 됩니다.

6 '덧셈' 메시지를 받으면 덧셈 공부를 시작하는데, 우선 '문항수' 만큼 연산을 반복하는 구조를 만듭니다.

7 덧셈에 필요한 두 수를 저장하는 변수인 'a'와 'b'를 생성합니다. 그리고 단계에 따른 설정을 해야 하는데 1단계는 한 자릿수에 대한 덧셈을, 2단계는 두 자릿수에 대한 덧셈을 하고자 합니다. 그러므로 '단계'가 1이면 두 수가 한 자릿수가 되어야 하므로 'a'와 'b'에 1부터 9까지의 난수를 저장합니다.

실전 11-2

8 2단계에서는 두 수가 두 자릿수가 되도록 하려고 합니다. 그렇다면 (1)과 (2)에 어떤 내용이 들어가야 하는지 생각해보고 채우기 바랍니다.

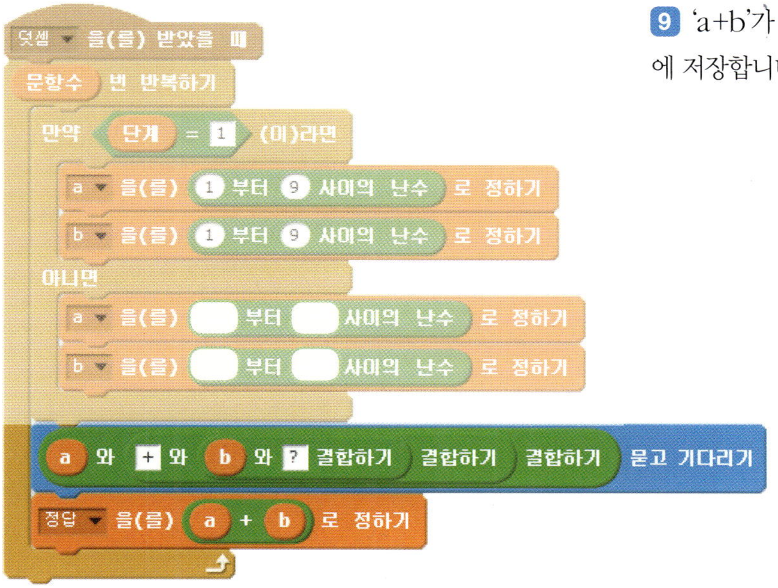

9 'a+b'가 무엇인지 묻고 'a+b'의 연산 결과를 '정답'에 저장합니다.

처·음·만·나·는·블·록

연산 / 

두 수를 더합니다.

⚠여기서잠깐

a 와 a

다음을 실행하면 'a'에 저장된 '2'를 말합니다.

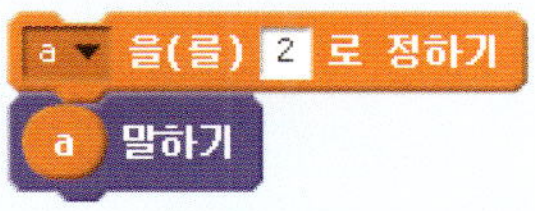

그러나 다음을 실행하면 'a'를 말합니다. [a 말하기] 에서 a는 문자일뿐 변수 'a'와는 전혀 관계가 없습니다.

그러므로 변수 'a'에 저장된 값을 말하거나 연산에 이용하고자 할 경우에는 반드시 a 처럼 변수 블록을 사용해야 합니다.

10 '대답'과 '정답'이 같으면 모양을 'devin-c'로 변경하고 '맞았습니다!'를 말하고, 그렇지 않으면 모양을 'devin-b'로 변경하고 '틀렸습니다!'를 말합니다. 그리고 모양을 'devin-a'로 변경하면 덧셈 연산을 하는 스크립트가 완성됩니다.

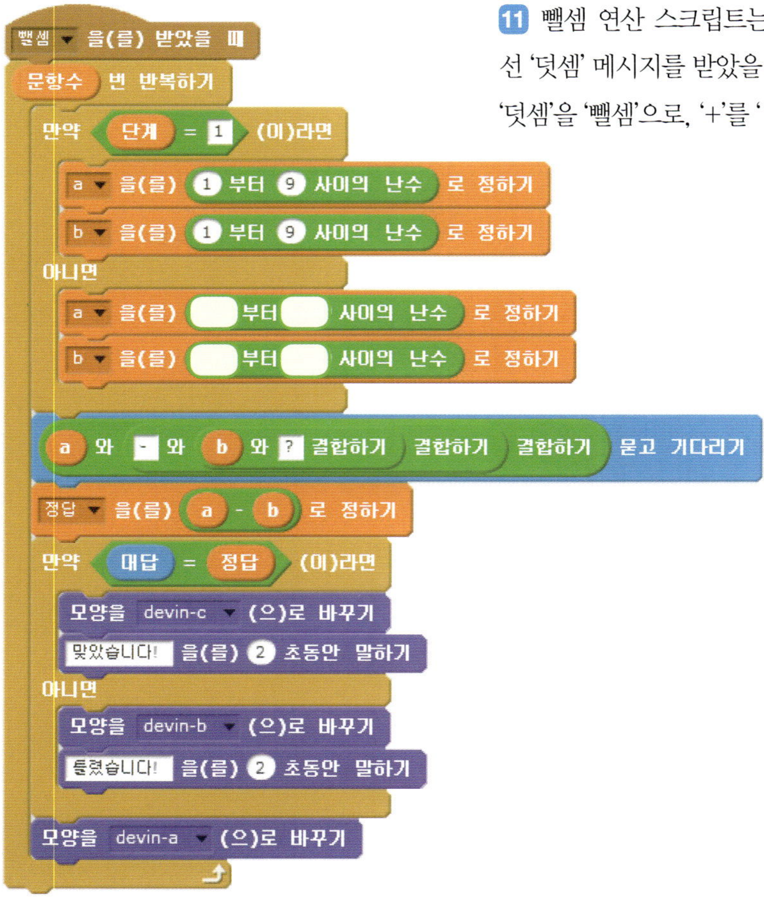

11 뺄셈 연산 스크립트는 덧셈 연산 스크립트와 거의 유사하므로 우선 '덧셈' 메시지를 받았을 때 동작하는 스크립트를 복사합니다. 그리고 '덧셈'을 '뺄셈'으로, '+'를 '-'로 변경하면 뺄셈 스크립트도 완성됩니다.

처음 만나는 블록

연산 / ( ) - ( )

앞 수에서 뒤 수를 뺍니다.

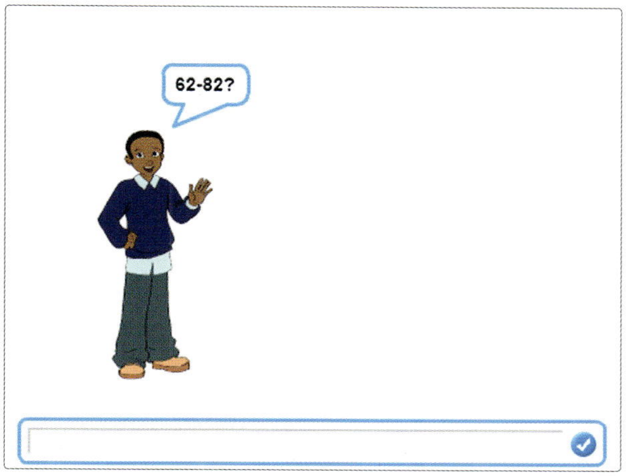

12 그런데 완성된 뺄셈 프로젝트를 실행시켜보면 다음과 같이 두 번째 수가 첫 번째 수보다 큰 경우가 생깁니다.

실전 11-3

13 뺄셈에서 두 번째 수는 무조건 첫 번째 수보다 작게 만들려고 합니다. 어떻게 해야 할까요? 'b' 값이 'a' 값보다 클 경우 두 수를 교환하면 됩니다. 그렇다면 (3)에 어떤 내용이 들어가야 하는지 생각해보고 채웁시다. 〈두 변수의 값 교환하기〉 내용을 이해했다면 쉽게 해결할 수 있을 겁니다.

14 무대 배경을 'room3'으로 변경하면 프로젝트가 완성됩니다.

실전 11-4

도전해보기

연산이 종료되면 오른쪽 예와 같이 몇 문제 중 몇 문제 맞았는지를 말하도록 수정해봅시다.

요점정리

- 임시 변수 한 개를 이용해서 두 변수의 값을 교환할 수 있습니다.
- 변수, 반복 구조, 조건 구조, 메시지 보내고 받기 등을 이용해서 덧셈 뺄셈 공부방 프로젝트를 만들 수 있습니다.

연습문제

1 사칙연산 공부방 프로젝트를 만들어 봅시다.

2 분수 사칙연산 공부방 프로젝트를 만들어 봅시다.

CHAPTER 12

합 구하기 퀴즈

- 두 수 사이의 모든 수의 합을 구하는 규칙을 이해합니다.
- 두 수 사이의 모든 수의 합을 구하는 프로젝트를 작성할 수 있습니다.

프로젝트 실행하기

임의의 두 수 사이의 모든 수의 합을 구하는 프로젝트를 실행해보겠습니다.

1 게시판의 '합 구하기 퀴즈 (12장)' 게시물에 있는 프로젝트를 엽니다.

2 (깃발)을 누르면 두 정수 사이의 모든 수의 합이 얼마인지 묻습니다.

3 대답한 내용이 맞으면 '맞았습니다!'를 말하고, 틀리면 '틀렸습니다!'를 말합니다.

이 프로젝트에서는 두 수 사이의 모든 수의 합을 구하는 규칙을 아는 것이 중요하므로 먼저 두 수 사이의 모든 수의 합을 구하는 규칙을 살펴보겠습니다.

n1부터 n2까지 합 구하는 과정

n1부터 n2까지 합을 구하는 과정을 살펴보기에 앞서 1부터 3까지 합을 구하는 과정을 살펴보겠습니다.

sum	a
0	1

1 sum은 합을 저장하는 변수로, a는 더할 수를 저장하는 변수로 설정합니다. 처음 sum에는 0을, a에는 더할 첫 번째 수인 1을 저장합니다.

sum	a
1	1

2 sum에 a 값을 더해 sum에 저장합니다. sum은 1이 됩니다.

sum	a
1	2

3 a 값을 1 증가시킵니다. a는 2가 됩니다.

sum	a
3	2

4 sum에 a 값을 더해 sum에 저장하며 sum은 3이 됩니다.

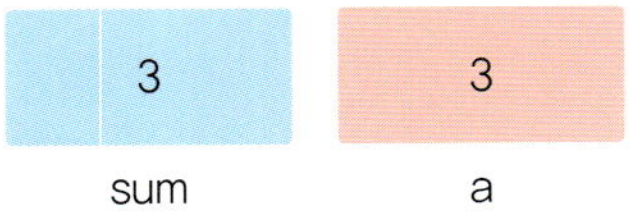

5 a 값을 1 증가시켜 3이 됩니다.

6 sum에 a 값을 더해 sum에 저장하며 sum은 6이 됩니다.

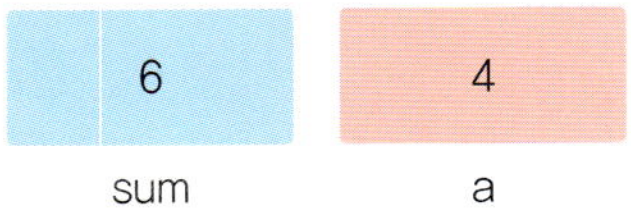

7 a 값을 1 증가시켜 4가 됩니다.

8 a 값이 3보다 크므로 더 이상 sum에 더하지 않습니다. 마지막 sum은 6이므로 1부터 3까지 합은 6입니다.

1부터 n까지 합을 구하는 절차를 단계별로 나타내면 다음과 같습니다.

STEP 01 sum에 0을 저장하고 a에 1을 저장합니다.

STEP 02 a 값이 n 값보다 크면 STEP 05 로 이동합니다.

STEP 03 sum에 a 값을 더해 sum에 저장합니다.

STEP 04 a 값을 1 증가시키고 STEP 02 로 이동합니다.

STEP 05 1부터 n까지 합인 sum 값을 출력합니다.

그리고 1이 아닌 임의의 수 n1부터 n2까지의 합을 구하는 단계는 다음과 같은데, a의 시작 값을 1이 아닌 n1으로 변경하고 n을 n2로 변경하면 됩니다. 단, n1이 n2보다 크지 않다고 가정합니다.

STEP 01 sum에 0을 저장하고 a에 n1 값을 저장합니다.

STEP 02 a 값이 n2 값보다 크면 STEP 05 로 이동합니다.

STEP 03 sum에 a 값을 더해 sum에 저장합니다.

STEP 04 a 값을 1 증가시키고 STEP 02 로 이동합니다.

STEP 05 n1부터 n2까지 합인 sum을 출력합니다.

방금 살펴본 단계에 대한 정확한 이해를 위해 n1이 3이고 n2가 5일 때의 동작 과정을 살펴보겠습니다.

sum	a	n1	n2
0	3	3	5

1 sum에 0을 저장하고 a에 n1 값인 3을 저장합니다.

sum	a	n1	n2
3	3	3	5

2 a가 n2보다 크지 않으므로 STEP 03 에서 sum에 a 값인 3을 더해 sum에 저장합니다.

sum	a	n1	n2
3	4	3	5

3 STEP 04 에서 a의 값을 1 증가시켜 a는 4가 됩니다. 그리고 STEP 02 로 이동합니다.

sum	a	n1	n2
7	4	3	5

4 a가 n2보다 크지 않으므로 STEP 03 에서 sum에 a 값을 더한 7을 sum에 저장합니다.

sum	a	n1	n2
7	5	3	5

5 STEP 04 에서 a의 값을 1 증가시키고 STEP 02 로 이동합니다.

sum	a	n1	n2
12	5	3	5

6 a가 n2보다 크지 않으므로 STEP 03 에서 sum에 a 값을 더한 12를 sum에 저장합니다.

sum	a	n1	n2
12	6	3	5

7 STEP 04 에서 a의 값을 1 증가시키고 STEP 02 로 이동합니다.

8 a가 n2보다 크므로 STEP 02 로 이동하지 않고 STEP 05 로 이동합니다.

sum	a	n1	n2
12	6	3	5

9 3부터 5까지의 합이 저장되어 있는 sum의 값인 12를 출력합니다.

실전 12-1

도전해보기

살펴본 n1부터 n2까지의 합을 구하는 절차를 이용해서 n1이 7이고 n2가 10일 때의 합을 구해봅시다.

n1부터 n2까지 합을 구하는 과정을 살펴보았으므로 프로젝트를 작성해보겠습니다.

프로젝트 작성하기

1 1부터 임의의 수까지 합을 구하는 'sum1' 블록을 정의하겠습니다. 우선 추가 블록 카테고리의 블록 만들기 버튼을 이용해서 매개변수를 n으로 하는 'sum1' 정의하기 블록을 만듭니다.

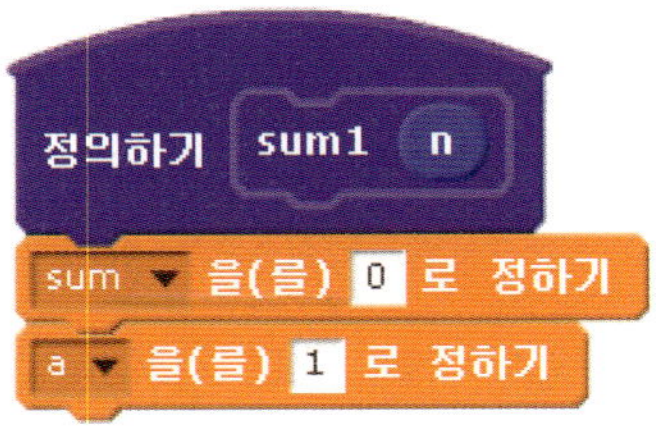

2 더한 합을 저장하는 'sum'과 더할 수를 저장하는 'a'를 만들고 'sum'에 0을, 'a'에 1을 저장합니다.

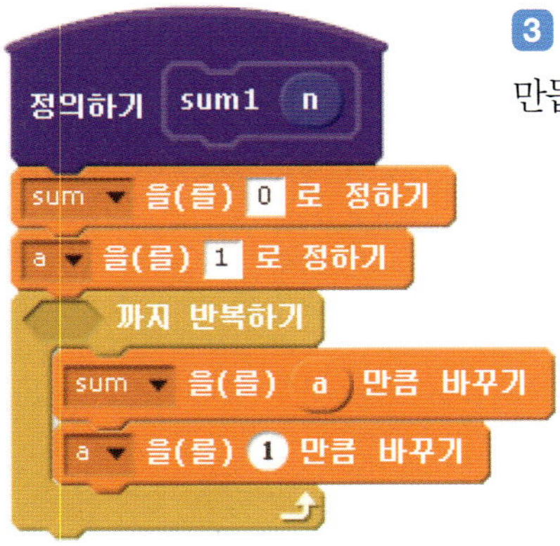

3 'sum'에 'a' 값을 더해 저장하고, 'a' 값을 1 증가시키는 동작을 반복하는 구조를 만듭니다. 언제까지 반복할지를 나타내는 조건은 바로 다음에 살펴보겠습니다.

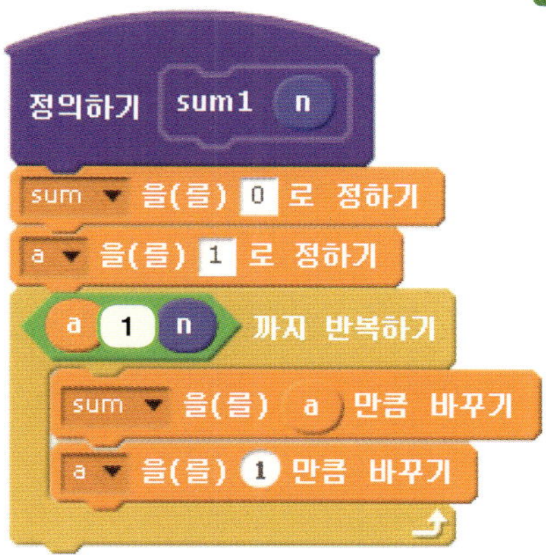

실전 12-2

4 변수 'a'의 값을 1부터 'n'까지 변화시키면서 'sum'에 더해지도록 하려고 합니다. 그렇다면 (1)에 어떤 내용이 들어가야 하는지 생각해보고 채웁시다.

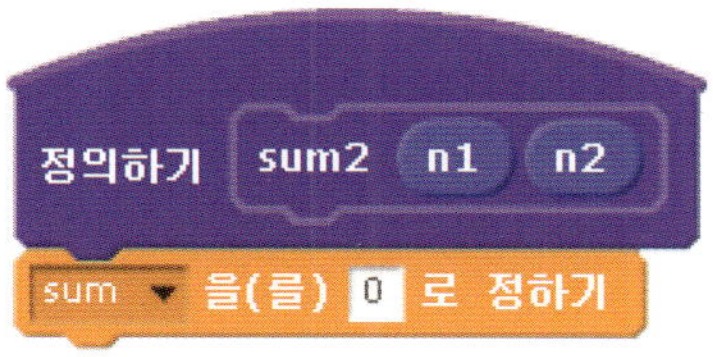

5 1부터 'n'까지의 합을 'sum'에 저장하는 'sum1' 블록을 정의해 보았으니 'n1'부터 'n2'까지의 합을 구하는 'sum2' 블록을 정의해보겠습니다. 우선 왼쪽과 같은 'sum2' 정의하기 블록을 작성합니다.

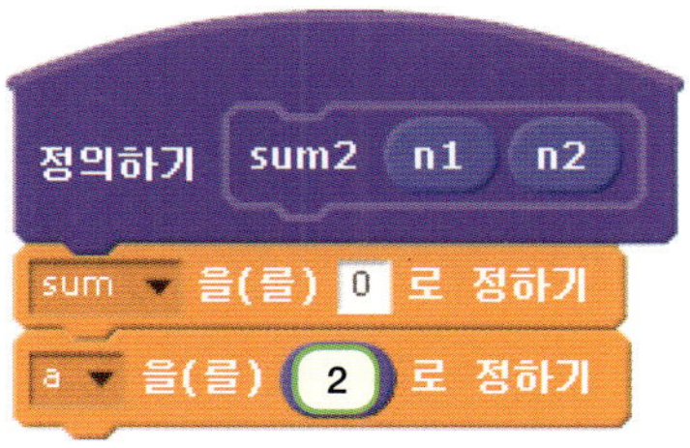

실전 12-3

6 변수 'a'의 값이 'n1'으로 시작해서 'n2'까지 1씩 증가하도록 하려고 합니다. 그렇다면 변수 'a'의 시작 값이 무엇이 되어야 하는지 생각해보고 (2)를 채우기 바랍니다. 〈n1부터 n2까지 합 구하는 과정〉 내용을 이해하면 쉽게 해결할 수 있습니다.

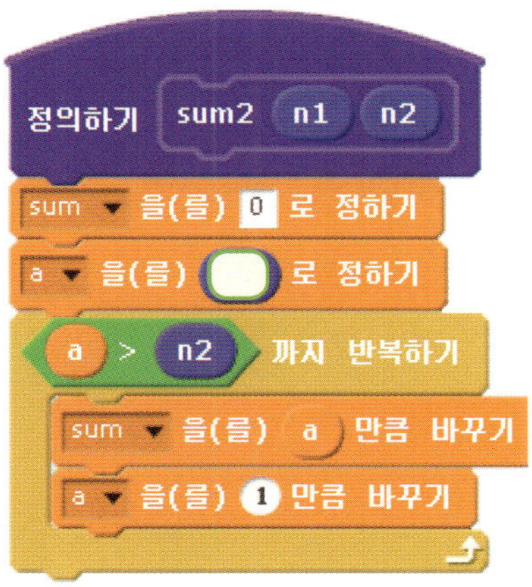

7 'a'가 'n2'보다 클 때까지 'a' 값을 1씩 증가해가면서 'sum'에 더하면 'n1'부터 'n2'까지의 합을 구하는 'sum2' 블록이 완성됩니다. 결국 'sum2' 블록을 실행하면 'n1'부터 'n2'까지의 합이 'sum'에 저장됩니다.

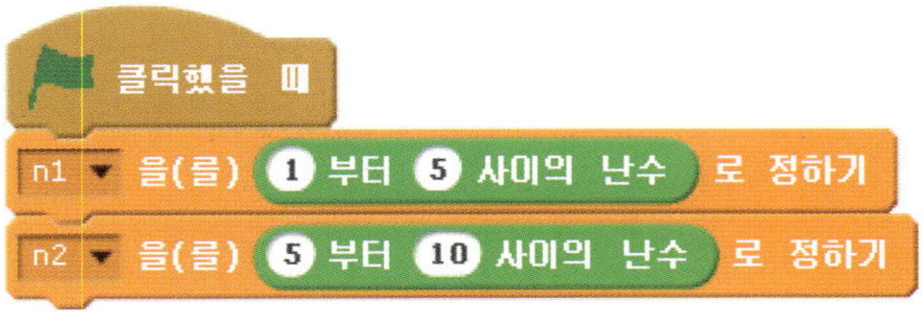

8 그러면 만든 'sum2' 블록을 이용해서 합을 구하는 스크립트를 작성해보겠습니다. 'n1', 'n2' 변수를 만들고 무작위 수를 저장합니다.

9 'n1'부터 'n2'까지의 합을 묻고, 직접 만든 'sum2' 블록을 이용해서 'n1'부터 'n2'까지의 합을 구합니다. 'sum2' 블록에 대한 실행이 끝나면 계산 결과가 'sum'에 저장됩니다.

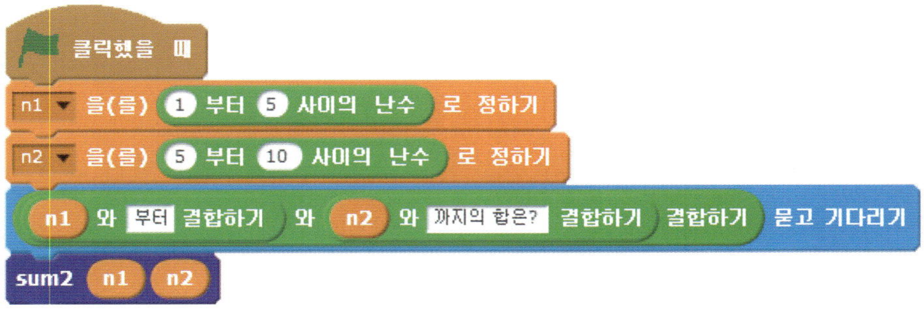

10 답한 내용과 결과를 저장한 'sum'이 같으면 'meow' 소리를 내면서 '맞았습니다!'를 말하고, 같지 않으면 'cymbal crash' 소리를 내면서 '틀렸습니다!'를 말하도록 합니다.

11 무대 배경을 'room1'로 설정하면 프로젝트가 완성됩니다.

실전 12-4

도전해보기

살펴본 프로젝트는 한 번 묻고 답하면 종료되는데 계속할지 여부를 묻고 '예'를 답하면 또 다른 문제를 제시하고 '아니요'를 입력하면 종료하도록 수정해봅시다.

요점정리

- 반복 구조를 이해하기 위한 대표적인 예인 1부터 n까지의 합과 n1부터 n2까지의 합을 구하는 절차를 이해합니다.
- n1부터 n2까지의 합을 구하는 절차를 이해하고 프로젝트를 만들 수 있습니다.

연습문제

1 n1부터 n2까지의 수 중 짝수의 합을 구하는 프로젝트를 만들어 봅시다.

2 n1부터 n2까지의 합을 구하는 절차를 이해하고 프로젝트를 만들 수 있습니다.

CHAPTER 13 피보나치 수열

- 피보나치 수열에 대한 개념과 만드는 규칙에 대해 이해합니다.
- 피보나치 수열을 구하는 프로젝트를 작성할 수 있습니다.

프로젝트 실행하기

피보나치 수열을 구하는 프로젝트를 실행해보겠습니다.

1 게시판의 '피보나치 수열 (13장)' 게시물에 있는 프로젝트를 엽니다.

2 ▶을 누르면 피보나치 수열의 몇 번째 항까지 구할지를 묻습니다.

3 답한 항까지의 피보나치 수열을 말합니다. 왼쪽은 9를 답했을 경우의 화면입니다.

이 프로젝트에서는 피보나치 수열에 대한 개념과 구하는 과정을 이해하는 것이 중요하므로 프로젝트 작성에 앞서 피보나치 수열에 대해 살펴보겠습니다.

피보나치 수열

이탈리아 수학자 피보나치(Leonardo Fibonacci)가 쓴 「산반서」에 다음과 같은 토끼에 관한 문제가 있습니다.

갓 태어난 한 쌍의 토끼가 있습니다. 한 쌍의 토끼는 두 번째 달부터 매달 한 쌍의 토끼를 낳습니다. 그리고 토끼는 절대 죽지 않습니다. 그렇다면 1년이 지나면 토끼는 모두 몇 쌍입니까?

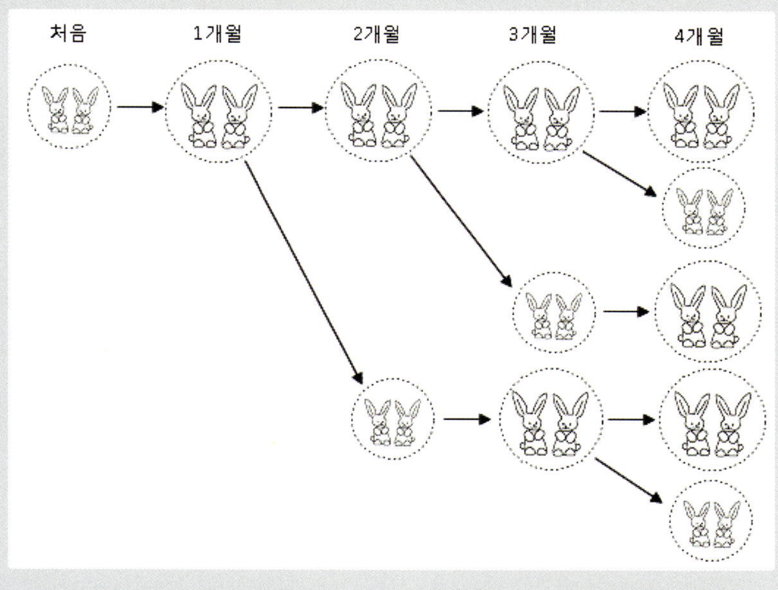

문제에 대한 월별 토끼의 쌍을 적어보면 다음과 같습니다.

1 1 2 3 5 8 13 21 34 55 · · ·

이 수열은 수학적 의미가 있다고 판단되었고 그 이후 수학과 과학의 많은 분야에서 적용되고 있습니다. 이 수열을 '피보나치 수열'이라 하고, 이 수열에서 나타나는 수들을 '피보나치 수'라고 합니다.

피보나치 수열을 생성하는 기본 규칙은 처음 두 항은 1이고, 세 번째 항부터는 바로 앞의 두 항의 합이 된다는 것입니다. 그래서 세 번째 항은 첫 번째 항 1과 두 번째 항 1을 더한 값인 2가 됩니다. 그리고 네 번째 항은 두 번째 항 1과 세 번째 항 2를 더한 값인 3이 됩니다.

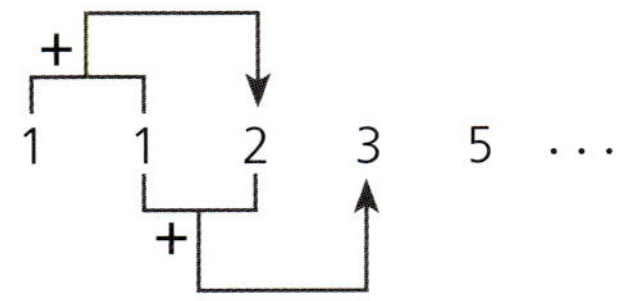

피보나치 수열 생성 규칙을 이용하여 다섯 번째 항까지 구해서 출력하는 과정을 살펴보겠습니다.

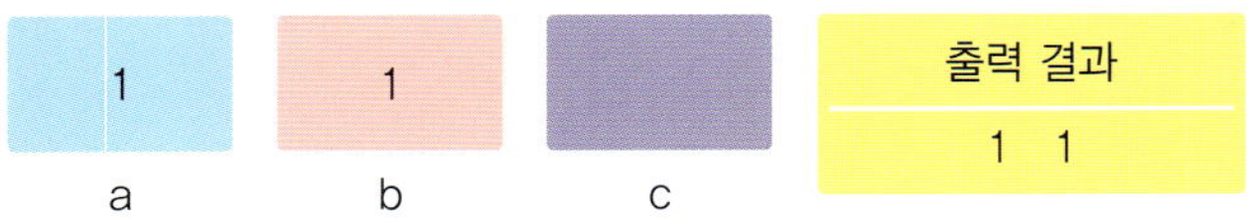

1 첫 번째 항의 값인 1을 a에 저장하고, 두 번째 항의 값인 1을 b에 저장합니다. 그리고 a와 b값을 출력합니다.

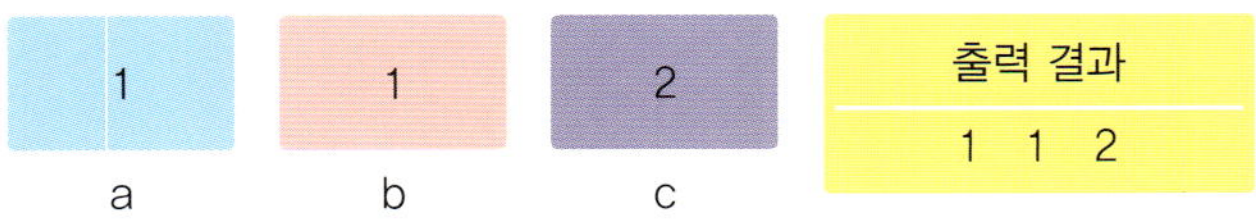

2 세 번째 항은 첫 번째 항과 두 번째 항을 더한 값이므로 a 값 1과 b 값 1을 더한 2를 c에 저장합니다. 그리고 세 번째 항인 c 값을 출력합니다.

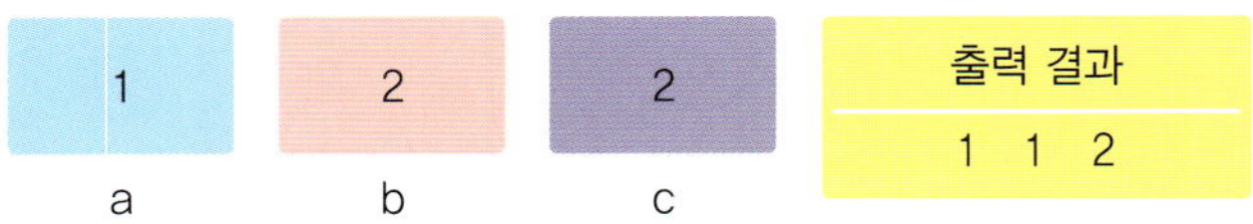

3 a, b, c를 이용해서 네 번째 항을 구하기 위해 우선 b 값인 1을 a에 저장하고, c 값인 2를 b에 저장합니다. 결국 a에는 두 번째 항이, b에는 세 번째 항이 저장됩니다.

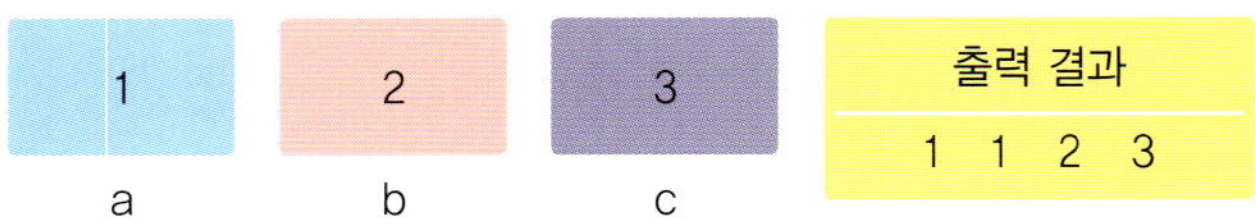

4 a 값 1과 b 값 2를 더한 3은 네 번째 항이 되는데 c에 저장합니다. 그리고 네 번째 항인 c 값을 출력합니다.

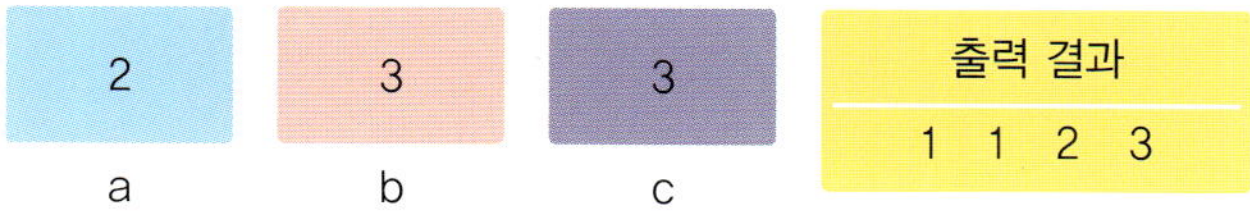

5 네 번째 항을 구하기 위해 b 값인 2를 a에 저장하고, c 값인 3을 b에 저장합니다.

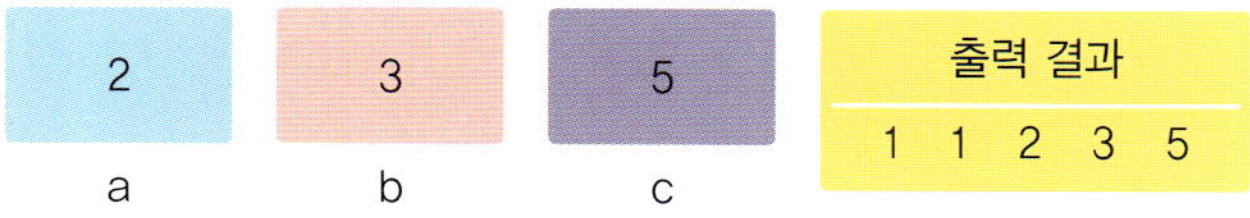

6 a 값 2와 b 값 3을 더한 5는 다섯 번째 항이 되는데 c에 저장합니다. 그리고 다섯 번째 항인 c 값을 출력하고 종료합니다.

일반화하여 n번째 항까지의 피보나치 수열을 구하는 절차를 단계별로 나타내면 다음과 같습니다.

STEP 01 a와 b에 1을 저장합니다.

STEP 02 a 값과 b 값을 출력합니다.

STEP 03 출력된 항의 수를 저장하는 count에 2를 저장합니다.

STEP 04 count 값과 n 값이 같으면 종료합니다.

STEP 05 a 값과 b 값을 더해 c에 저장합니다.

STEP 06 c 값을 출력합니다.

STEP 07 count 값을 1 증가시킵니다.

STEP 08 b 값을 a에 저장하고 c 값을 b에 저장합니다. **STEP 04** 로 이동합니다.

실전 13-1

도전해보기

살펴본 n까지의 피보나치 수열을 구하는 절차를 이용해서 n이 6일 때의 피보나치 수열을 구해봅시다.

살펴본 n 항까지의 피보나치 수열을 구하는 과정이 이 장의 핵심 내용입니다. 이 내용을 명확하게 알아야 프로젝트를 작성할 수 있으니 꼭 이해하고 '프로젝트 작성하기'로 넘어가기 바랍니다.

프로젝트 작성하기

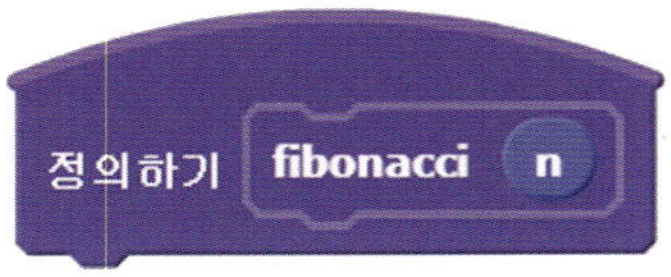

1 n번째 항까지의 피보나치 수열을 구해 'fibo' 리스트에 저장하는 'fibonacci' 블록을 정의하겠습니다. 추가 블록 카테고리의 블록 만들기 버튼을 이용해서 매개변수를 n으로 하는 'fibonacci' 정의하기 블록을 만듭니다.

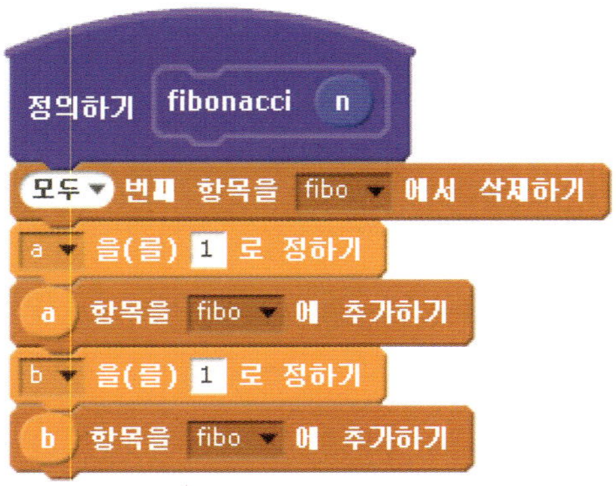

2 'fibo' 리스트를 만든 후 리스트의 모든 항목을 삭제합니다. 그리고 첫 번째 항인 1을 'a'에, 두 번째 항인 1을 'b'에 저장하고 'a' 값과 'b' 값을 'fibo' 리스트에 저장합니다. 물론 변수 'a', 'b'를 생성해야 합니다.

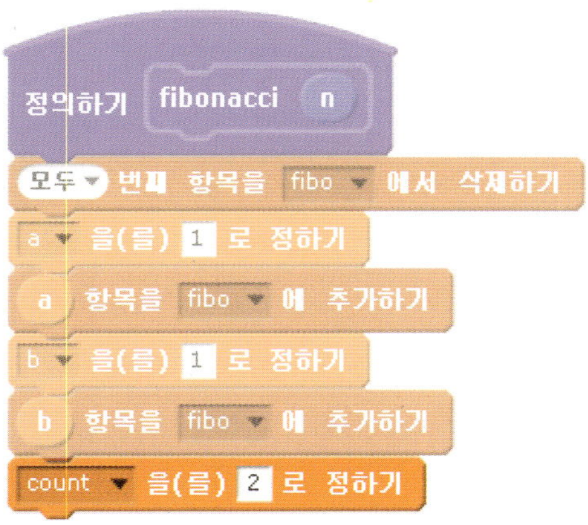

3 몇 번째 항까지 'fibo'에 저장했는지에 대한 정보를 저장하는 'count' 변수를 생성하고 2를 저장합니다. 2를 저장하는 이유는 첫 번째 항인 1과 두 번째 항인 1을 'fibo'에 저장했기 때문입니다.

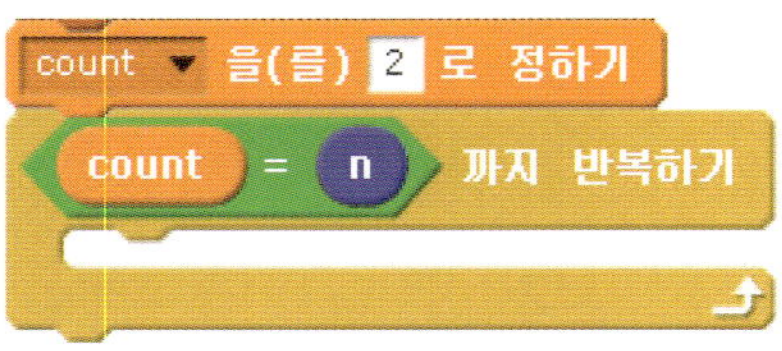

4 n번째 항이 'fibo'에 저장될 때까지 반복하는 구조를 만듭니다. 'fibo'에 저장된 피보나치 수를 저장하는 'count' 값이 'n' 값과 같아지면 반복을 종료하도록 합니다.

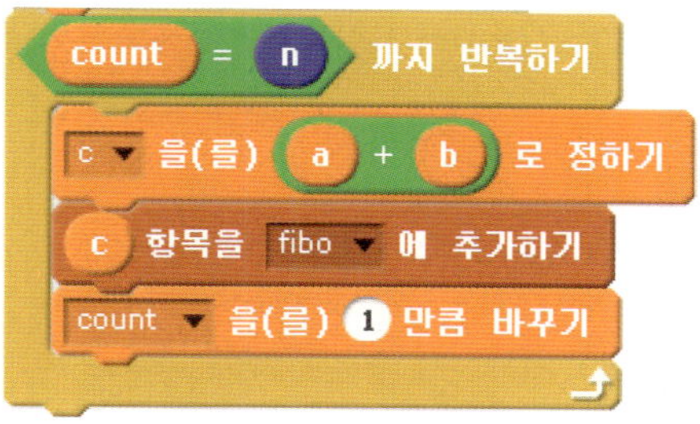

5 현재 항 'c'는 이전 항 'b'와 전전 항 'a'의 합이므로 'a' 값과 'b' 값을 더해 'c'에 저장합니다. 그리고 'c' 값을 'fibo'에 저장하고 'count' 값을 1 증가시킵니다.

실전 13-2

6 다음 항을 구하기 위해 이전 항을 전전 항을 저장하는 'a'에, 현재 항을 이전 항을 저장하는 'b'에 저장하려고 합니다. 그렇다면 (1)과 (2)에 어떤 내용이 들어가야 하는지 생각해보고 채우기 바랍니다. 〈피보나치 수열〉 내용을 이해하면 쉽게 해결할 수 있습니다. 드디어 'n' 항까지의 피보나치 수열을 'fibo' 리스트에 저장하는 'fibonacci' 블록이 완성되었습니다.

7 만들어 둔 'fibonacci' 블록을 이용해서 입력받은 항까지의 피보나치 수열을 구해 말하는 스크립트를 만듭니다.

8 무대 배경을 'room2'로 설정하면 프로젝트가 완성됩니다.

실전 13-3

도전해보기

입력받은 항까지의 피보나치 수열의 합을 구하는 프로젝트를 만들어 봅시다.

요점정리

- 1 1 2 3 5 8 … 과 같은 수열을 피보나치 수열이라 하는데 새로운 항은 이전 두 항의 합이 됩니다.
- 피보나치 수열을 구하는 프로젝트를 만들 수 있습니다.

연습문제

1 n1항부터 n2항까지의 피보나치 수열을 구하는 프로젝트를 만들어 봅시다.

2 등차 수열, 등비 수열, 피보나치 수열 등 일정 규칙의 수열을 보여주고 다음 항을 맞추는 규칙 찾기 공부방 프로젝트를 만들어 봅시다. 단, 난수를 이용하여 항상 다른 문제가 제시됩니다.

CHAPTER 14 소수 맞추기 게임

- 소수인지 아닌지를 구별하는 방법에 대해 이해합니다.
- 소수 맞추기 게임 프로젝트를 작성할 수 있습니다.

프로젝트 실행하기

소수 맞추기 게임 프로젝트를 실행해보겠습니다.

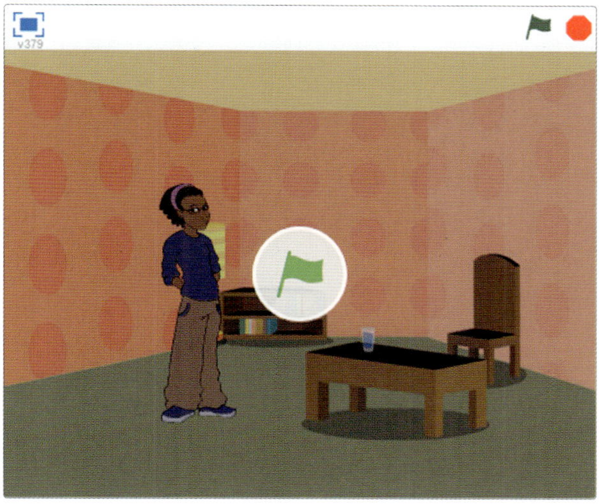

1 게시판의 '소수 맞추기 게임 (14장)' 게시물에 있는 프로젝트를 엽니다.

2 🏁을 누르면 2부터 100까지의 수 중 임의의 수가 소수인지 묻습니다.

3 소수라고 생각되면 '예', 소수가 아니라고 생각되면 '아니요'를 입력합니다.

4 대답이 맞았으면 '맞았습니다!'를 말하고, 대답이 틀렸으면 '틀렸습니다!'를 말합니다.

프로젝트가 어떻게 동작하는지 이해할 수 있을 겁니다.

이 프로젝트의 핵심은 화면의 캐릭터가 말하는 임의의 수가 소수인지 아닌지를 구별하는 것입니다. 그러면 소수를 어떻게 구별하는지 살펴보겠습니다.

소수를 구별하는 방법

소수란 1과 자기 자신만으로 나누어떨어지는 1보다 큰 양의 정수를 소수라고 합니다. 즉 2, 3, 5, 7, 11 등이 소수입니다. 소수는 특히 IT 분야에서 꽤 중요한데 언어번역기나 암호 관련 프로그램에 반드시 필요합니다.
그러면 5가 소수인지 아닌지 구별하는 과정을 살펴보겠습니다.

STEP 01 1보다 크면서 가장 작은 정수인 2로 5를 나누어 봅니다.
나머지가 0, 즉 나누어떨어지지 않으므로 다음 단계로 넘어갑니다.

STEP 02 2보다 1 큰 수인 3으로 5를 나누어 봅니다.
마찬가지로 나누어떨어지지 않으므로 다음 단계로 넘어갑니다.

STEP 03 3보다 1 큰 수인 4로 5를 나누어 보는데 나누어떨어지지 않습니다.
2부터 5보다 1작은 수인 4로 5를 나누어 보았지만 나누어떨어지는 경우가 없으므로 5는 소수입니다.

이번에는 9가 소수인지 살펴보겠습니다.

STEP 01 2로 9를 나누어 보는데 나누어떨어지지 않으므로 다음 단계로 넘어갑니다.

STEP 02 3으로 9를 나누어 보는데 나누어떨어집니다. 1과 자기 자신이 아닌 수로 나누어떨어지므로 9는 소수가 아닙니다.

이런 방법으로 소수인지 아닌지를 구별하는데, 소수 구별하는 방법을 일반화하여 정리하면 다음과 같습니다.

임의의 수를 n이라고 했을 때 n을 2부터 임의의 수보다 하나 작은 n−1까지의 수로 차례로 나누어서 나누어떨어지면 n은 소수가 아니고, 나누어떨어지지 않으면 n은 소수입니다.

실전 14-1

도전해보기

살펴본 소수 구별 방법을 이용해서 13과 91이 소수인지 아닌지를 구별해봅시다.

소수를 구별하는 방법에 대해 살펴보았으니 프로젝트를 작성해보겠습니다.

프로젝트 작성하기

1 기본 스프라이트를 삭제하고 스프라이트 저장소의 'Avery'를 이용해서 새로운 스프라이트를 생성합니다.

2 임의의 수 'n'이 소수인지 판별하는 'prime' 블록을 정의하겠습니다. 추가 블록 카테고리의 블록 만들기 버튼을 이용해서 'prime' 정의하기 블록을 만듭니다. 'n'은 숫자 매개변수입니다.

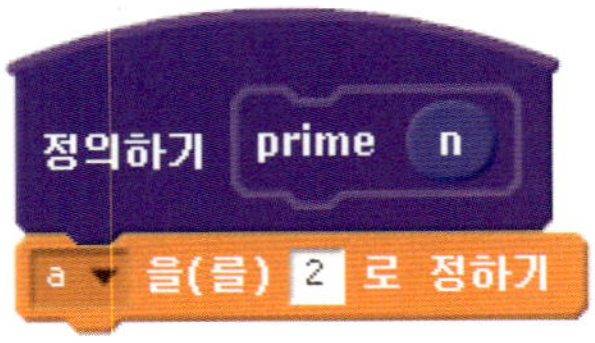

3 'n'을 2부터 'n'보다 1 작은 수까지의 수로 차례로 나누어서 한 번이라도 나누어떨어지면 'n'은 소수가 아니고, 나누어떨어지지 않으면 'n'은 소수라고 앞에서 살펴보았습니다. 가장 먼저 2로 나누어 봐야 하므로 나누는 수를 저장하는 변수인 'a'를 생성한 후 2를 저장합니다.

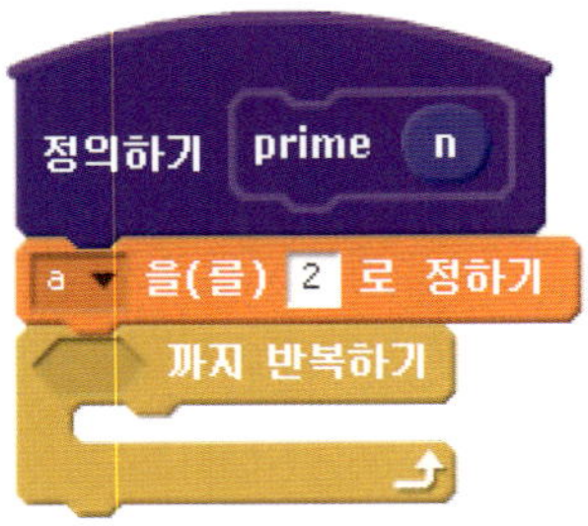

4 'a'는 2부터 'n'보다 1 작은 수가 될 때까지 반복해야 하므로 반복 구조를 만듭니다. 언제까지 반복할지를 나타내는 조건은 뒤에서 작성하겠습니다.

실전 14-2

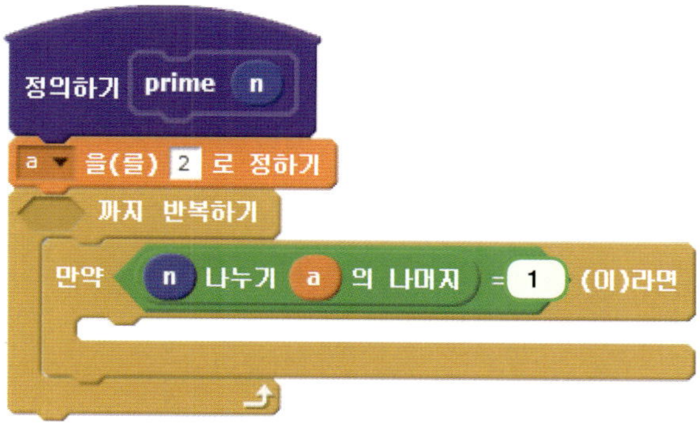

5 'n'이 소수가 아니라는 조건 구조를  을 이용해서 만들고자 합니다. 앞에서 1과 자기 자신 외의 수로 나누어떨어지는 수는 소수가 아니라고 했습니다. 즉 'n'이 'a'로 나누어떨어지면 소수가 아닙니다. 그렇다면 'n'을 'a'로 나눈 나머지가 얼마일 때 소수가 아닌지를 생각해보고 (1)에 들어갈 내용을 채우기 바랍니다.

처음 만나는 블록

연산 / 

앞 수를 뒤 수로 나눈 나머지를 구하는 블록으로, 다음 예의 연산 결과는 7을 3으로 나눈 나머지인 1이 됩니다.

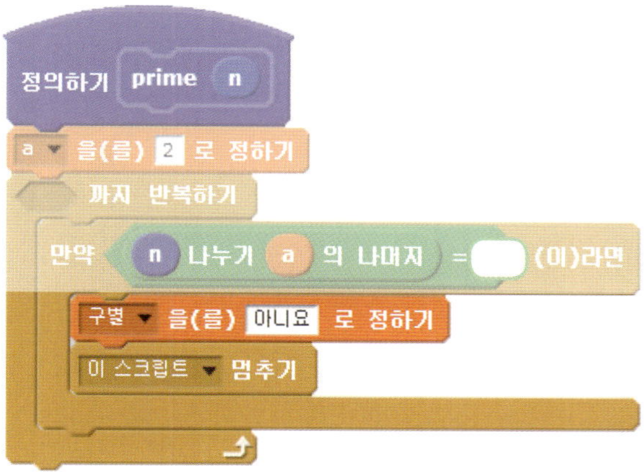

6 'n'을 'a'로 나누어떨어지면 'n'은 소수가 아니므로 '구별'에 '아니요'를 저장하고 이 스크립트를 멈추도록 합니다. 물론 '구별' 변수를 생성해야 합니다.

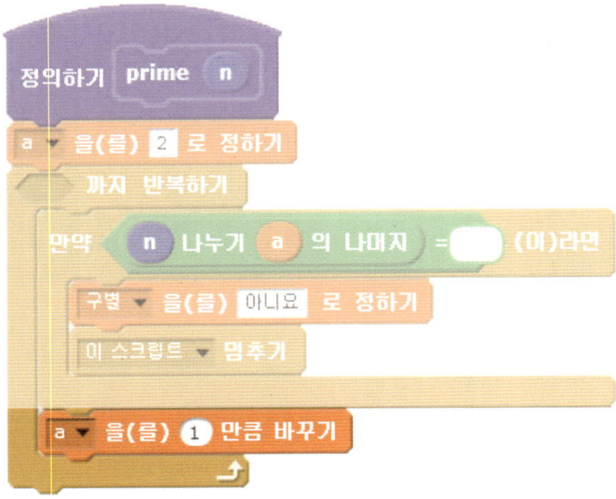

7 'n'을 'a'로 나누어떨어지지 않으면 'a' 값을 1 증가시킨 후 다음 반복이 진행되도록 합니다.

실전 14-3

8 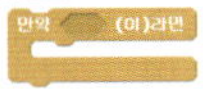 블록의 반복을 종료하는 조건을 만들고자 합니다. 이 반복 구조는 'n'을 2로 시작해서 'n'보다 1 작은 수까지의 수로 차례로 나누어 본 후에 종료해야 합니다. 2부터 'n'보다 1 작은 수까지의 나누는 수는 변수 'a'에 저장됩니다. 그렇다면 (2)에 어떤 내용이 들어가야 하는지 생각해보고 채우기 바랍니다. 주의해야 할 점은 'n'을 'a'로 나누어 본 다음에 'a' 값이 1 증가한다는 것입니다.

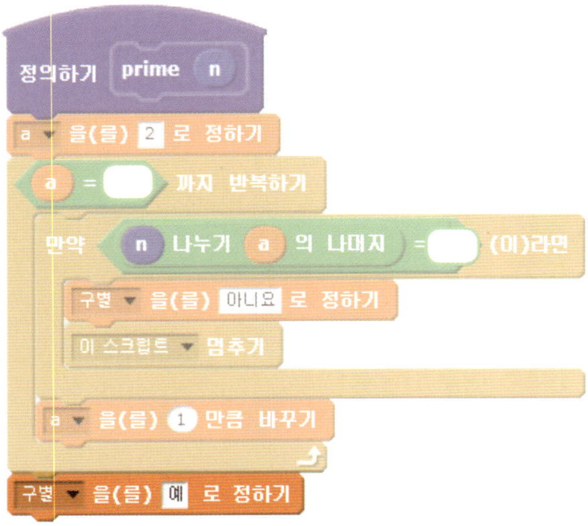

9 반복 구조를 종료했다는 것은 2부터 'n'보다 1 작은 수까지 차례로 'n'을 나눴을 때 나누어떨어지지 않았다는 것을 의미합니다. 그러므로 'n'은 소수이므로 '구별'에 '예'를 저장하는 스크립트를 반복 구조 아래에 연결합니다. 드디어 'prime' 블록이 완성되었습니다. 이 'prime' 블록은 'n'이 소수면 '구별'에 '예'를 저장하고, 소수가 아니면 '구별'에 '아니요'를 저장합니다.

10 이제 만들어둔 'prime' 블록을 이용해서 임의의 수가 소수인지 맞춰보는 스크립트를 작성하겠습니다. 스프라이트의 모양을 'avery-a'로 변경하고 변수 'n'을 생성합니다. 변수'n'에 2부터 100까지의 난수를 저장하고, 'n'이 소수인지를 묻고 기다리는 스크립트를 작성합니다.

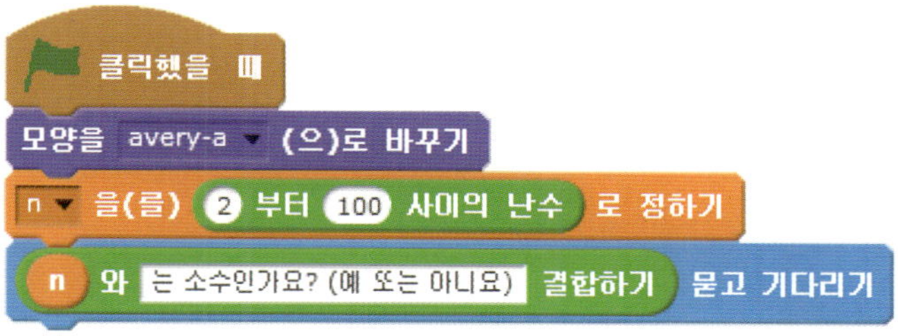

11 추가 블록 카테고리의 prime 1 블록을 연결하고 매개변수 위치에 'n'을 넣습니다. 이제 'n'에 저장된 값이 소수면 '구별'에 '예'가 저장되고, 소수가 아니면 '구별'에 '아니요'가 저장됩니다.

12 모양을 'avery-b'로 변경합니다. 그리고 '대답'과 '구별'이 같으면 대답한 내용이 맞은 것이므로 '맞았습니다!'를 말하고, 그렇지 않으면 '틀렸습니다!'를 말하도록 합니다.

13 무대 배경을 'room3'로 설정합니다. 드디어 프로젝트가 완성되었으니 제대로 동작하는지 실행시켜보기 바랍니다.

실전 14-4

도전해보기

살펴본 프로젝트는 맞았는지 틀렸는지 여부만 말하는데, 다음 예와 같이 맞았는지 틀렸는지 여부만이 아니라 해당 정수가 소수인지 아닌지를 말하도록 수정해봅시다.

요점정리

- n을 2부터 n−1까지의 수로 차례로 나누어서 나누어떨어지면 n은 소수가 아니고, 나누어떨어지지 않으면 n은 소수입니다.
- n이 소수인지 판별하는 프로젝트를 만들 수 있습니다.

연습문제

1 1부터 100까지의 수 중 소수를 구하는 프로젝트를 만들어 봅시다.

2 소인수분해 하는 프로젝트를 만들어 봅시다.

CHAPTER 15 최대공약수 계산기

- 유클리드 호제법에 대해 이해합니다.
- 유클리드 호제법을 이용해서 최대공약수를 구하는 프로젝트를 작성할 수 있습니다.

프로젝트 실행하기

입력받은 두 수에 대한 최대공약수를 구하는 프로젝트를 실행해보겠습니다.

1 게시판의 '최대공약수 계산기(15장)' 게시물에 있는 프로젝트를 엽니다.

2 을 누르면 첫 번째 정수를 묻습니다.

3 임의의 첫 번째 수를 입력하면 두 번째 정수를 묻습니다.

4 두 번째 수를 입력하면 입력받은 두 수에 대한 최대공약수를 말합니다. 왼쪽은 30과 24에 대한 최대공약수를 구한 예입니다.

이 프로젝트에서는 유클리드 호제법이라는 방법을 이용해서 두 수에 대한 최대공약수를 구합니다. 프로젝트를 작성하기에 앞서 유클리드 호제법에 대해 살펴보겠습니다.

유클리드 호제법

공약수 중에서 가장 큰 수를 최대공약수라 하는데, 일반적으로 두 수의 공약수가 1이 될 때까지 나누는 방법을 이용해서 최대공약수를 구합니다.

다음은 30과 24의 최대공약수를 나눗셈을 이용해서 구하는 절차를 나타낸 것으로 최대공약수는 6이 됩니다.

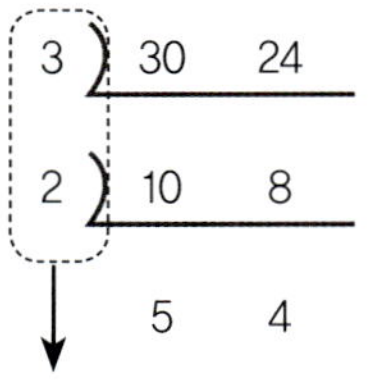

30과 24의 최대공약수 : 3×2 = 6

그런데 이 방법으로 프로그램을 작성하기는 쉽지 않아 일반적으로 유클리드 호제법이라는 방법을 이용해서 최대공약수를 구하는 프로그램을 작성합니다.

유클리드 호제법을 이용해서 최대공약수를 구하는 절차는 다음과 같습니다.

STEP 01 큰 수를 작은 수로 나눕니다.

STEP 02 나머지가 0이면 작은 수가 최대공약수가 되고 종료합니다. 그렇지 않으면 작은 수를 큰 수로 하고 나머지를 작은 수로 하여 STEP 01 로 이동합니다.

살펴본 유클리드 호제법을 이용해서 30과 24의 최대공약수를 구하는 과정을 살펴보겠습니다.

큰수	작은수	나머지
30	24	6

1 STEP 01 에서 큰 수인 30을 작은 수인 24로 나눕니다. 나머지는 6이 됩니다.

큰수	작은수	나머지
30	24	6
24	6	

2 STEP 02 에서 나머지인 6이 0이 아니므로 작은 수인 24를 큰 수로 하고 나머지인 6을 작은 수로 하여 STEP 01 로 이동합니다.

큰수	작은수	나머지
30	24	6
24	6	0

3 STEP 01 에서 큰 수인 24를 작은 수인 6으로 나눕니다. 나머지는 0이 됩니다.

4 STEP 02 에서 나머지가 0이므로 작은 수인 6이 최대공약수가 되고 더 이상 진행하지 않고 종료합니다.

실전 15-1

도전해보기

유클리드 호제법을 이용해서 27과 72의 최대공약수를 구해봅시다.

유클리드 호제법을 이용해서 최대공약수를 구하는 과정이 이 장의 핵심 내용입니다. 이 내용을 명확하게 알아야 프로젝트를 작성할 수 있으니 꼭 이해하고 다음으로 넘어가기 바랍니다.

프로젝트 작성하기

1 기본 스프라이트를 삭제하고, 스프라이트 저장소의 'Laptop'을 이용해서 새로운 스프라이트를 만듭니다.

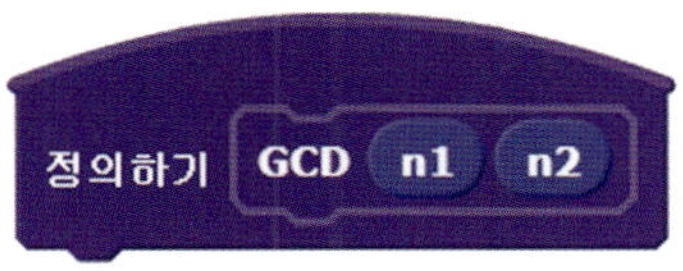

2 임의의 두 수 'n1'과 'n2'의 최대공약수를 구하는 'GCD' 블록을 정의하겠습니다. 'GCD'는 최대공약수를 의미하는 Greatest Common Divisor의 첫 글자입니다. 추가 블록 카테고리의 블록 만들기 버튼을 이용해서 'GCD' 정의하기 블록을 만듭니다. 'n1'과 'n2'는 숫자 매개변수입니다.

실전 15-2

3 'n1'과 'n2' 중 큰 수를 '큰수' 변수에 저장하고, 작은 수를 '작은수' 변수에 저장하고자 합니다. 그렇다면 (1)에 어떤 내용이 들어가야 할지 생각해보고 채우기 바랍니다.

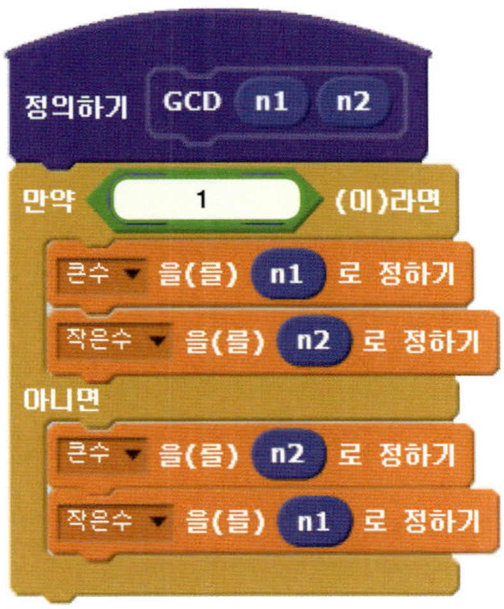

4 '큰수'를 '작은수'로 나눈 나머지가 0이 될 때까지 반복해야 하므로 무한 반복하는 구조를 만듭니다.

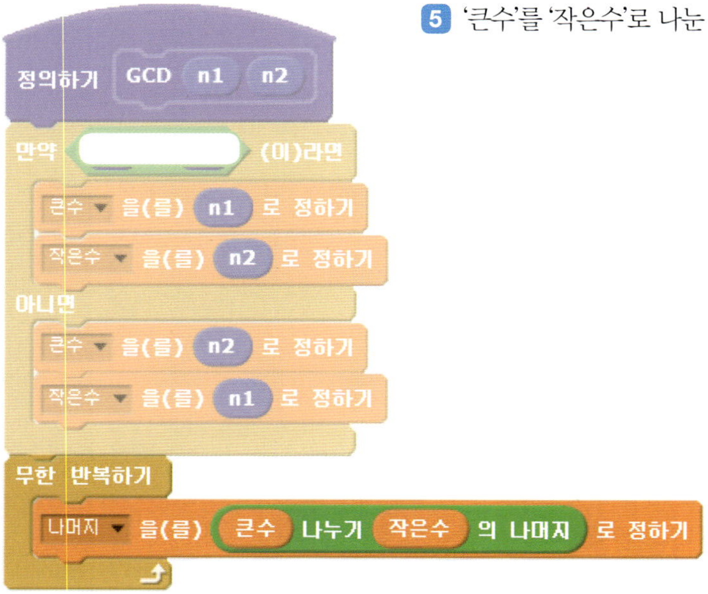

5 '큰수'를 '작은수'로 나눈 나머지를 '나머지' 변수에 저장합니다.

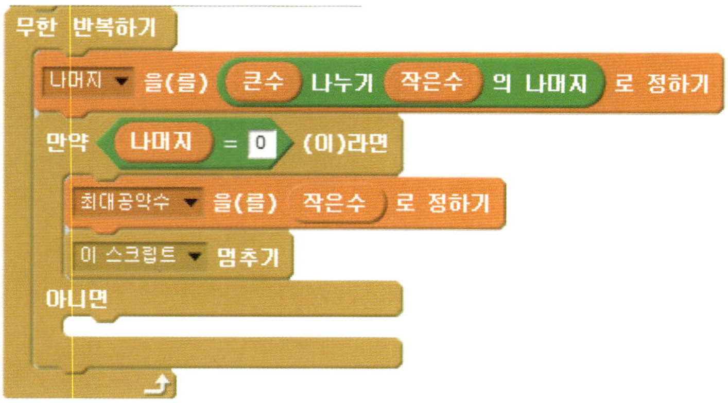

6 '나머지'가 0이면 '작은수'가 최대공약수가 되므로 '최대공약수' 변수에 '작은수' 값을 저장하고 이 스크립트를 멈춥니다.

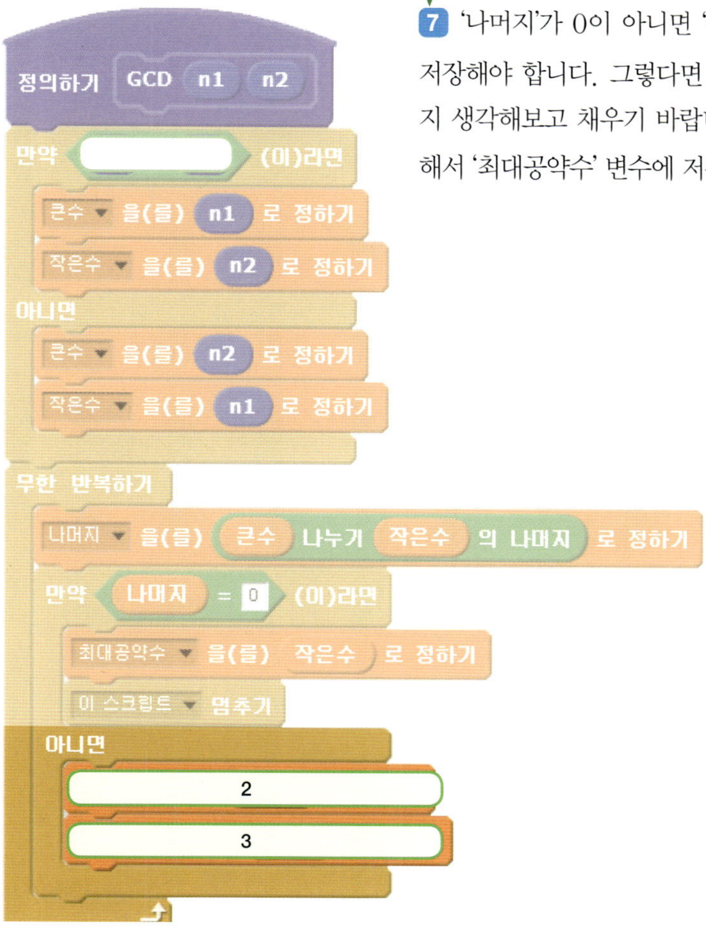

실전 15-3

7 '나머지'가 0이 아니면 '작은수'를 '큰수'에 저장하고 '나머지'를 '작은수'에 저장해야 합니다. 그렇다면 2와 3에 어떤 내용이 들어가야 하는지 생각해보고 채우기 바랍니다. 드디어 'n1'과 'n2'에 대한 최대공약수를 구해서 '최대공약수' 변수에 저장하는 'GCD' 블록이 완성되었습니다.

8 생성한 'GCD' 블록을 이용해서 입력받은 두 수의 최대공약수를 구해 말하는 스크립트를 작성합니다.

9 무대 배경을 'room2'로 설정하면 프로젝트가 완성됩니다.

실전 15-4 도전해보기

두 수에 대한 최소공배수는 두 수를 곱한 값을 최대공약수로 나눈 값입니다. 입력받은 두 수에 대한 최대공약수와 최소공배수를 모두 구하는 프로젝트를 만들어 봅시다.

여기서잠깐

최소공배수

공배수 중에서 가장 작은 수를 최소공배수라 하는데, 다음은 30과 24의 최소공배수를 구하는 절차를 나타낸 것으로 최소공배수는 120이 됩니다.

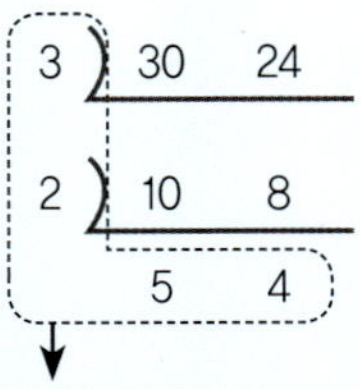

30과 24의 최소공배수 : $3 \times 2 \times 5 \times 4 = 120$

또한 두 수에 대한 최소공배수는 두 수를 곱한 값을 최대공약수로 나누어도 구해지는데, 다음은 30과 24의 최대공약수인 6을 이용해서 최소공배수를 구하는 식입니다.

$(30 \times 24) \div 6 = 120$

요점정리

- 유클리드 호제법은 나눗셈을 이용해서 최대공약수를 구하는 알고리즘입니다.
- 유클리드 호제법을 이용해서 최대공약수를 구하는 프로젝트를 만들 수 있습니다.

연습문제

1 두 수의 공약수를 구하는 프로젝트를 만들어 봅시다.

2 두 수의 최대공약수와 최소공배수를 구하는 프로젝트를 만들어 봅시다. 단, 유클리드 호제법을 사용하지 않습니다.

CHAPTER 16

공 보관함

- 스택에 대해 이해합니다.
- 스택 기반으로 동작하는 공 보관함 프로젝트를 작성할 수 있습니다.

프로젝트 실행하기

보관함에 공을 넣었다가 빼는 동작을 하는 프로젝트를 실행해보겠습니다.

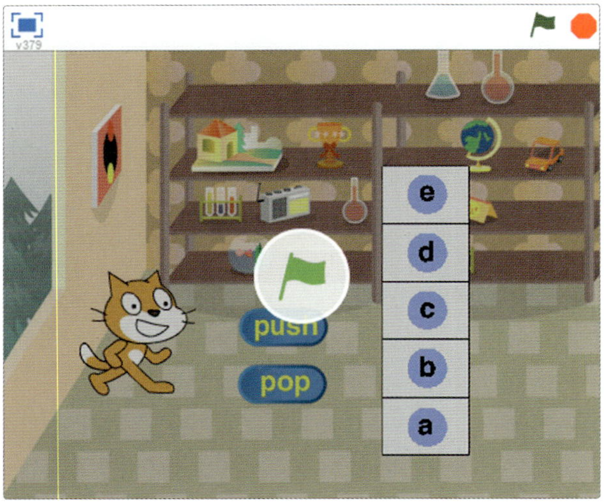

1 게시판의 '공 보관함 (16장)' 게시물에 있는 프로젝트를 엽니다.

2 🏁을 누르면 'push' 또는 'pop' 버튼을 누르라는 설명을 합니다. 보관함에 공을 넣으려면 'push' 버튼을 누르고, 보관함에 있는 공을 꺼내려면 'pop' 버튼을 누릅니다.

3 공의 이름은 a, b, c, d, e, f입니다. 'push' 버튼을 누르면 보관함에 넣을 공의 이름을 입력합니다. 단, 이미 보관함에 공이 있다면 그 공의 이름은 입력하면 안됩니다.

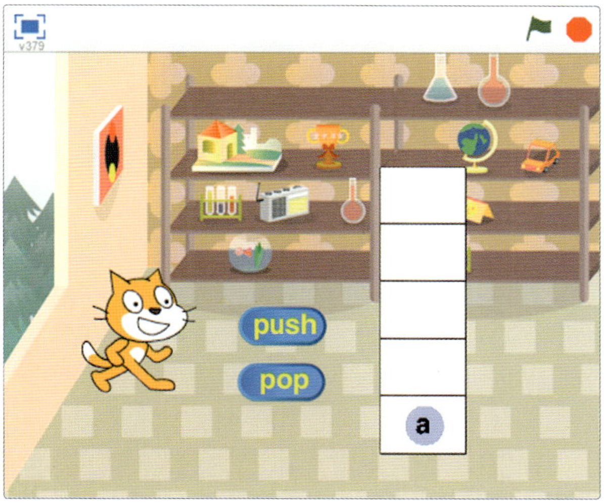

4 공 이름을 입력하면 보관함의 가장 아래쪽 빈 공간에 입력한 이름의 공이 들어갑니다. 왼쪽은 a를 입력한 경우의 예입니다.

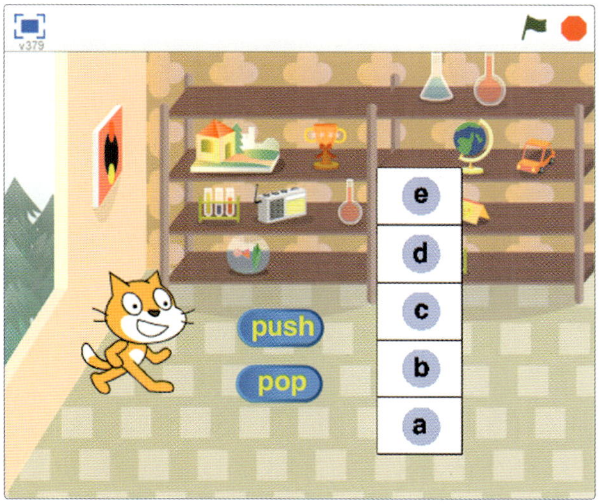

5 'push' 버튼을 이용해서 b, c, d, e 순으로 공을 넣으면 왼쪽과 같이 됩니다.

6 이 상태에서 'push' 버튼을 누르면 보관함이 가득 찼다는 말을 합니다.

7 'pop' 버튼을 누르면 가장 최근에 넣은 공인 e가 보관함에서 빠져나옵니다.

8 'pop' 버튼을 이용해서 4개의 공을 꺼낸 후 'pop' 버튼을 누르면 보관함이 비었다는 말을 합니다.

살펴본 보관함과 같이 데이터를 저장했다가 삭제할 때 가장 최근에 저장된 데이터가 삭제되는 구조를 스택이라 합니다. 스택 개념을 좀 더 상세하게 살펴보고 프로젝트를 작성해보겠습니다.

스택

우리는 일상에서 데이터를 처리하여 유용한 정보를 얻고자 프로그램을 작성합니다.

⚠여기서잠깐

데이터

데이터란 컴퓨터로 처리하는 대상이 되는 의미를 가진 숫자, 문자, 기호 등을 말합니다.
예를 들면 다음 스크립트의 홍길동, 100, 90과 같이 정해진 값, 이름, 컴퓨터성적, 영어성적과 같은 변수가 데이터에 해당됩니다.

그런데 처리하고자 하는 데이터를 어떻게 구성하느냐에 따라 프로그램의 데이터 처리 속도가 크게 달라집니다. 그러므로 데이터를 처리하는 프로그램을 작성하기 전에 어떤 상황에 어떤 방법을 사용하는 것이 바람직한지 알아야 합니다.

자료구조란 프로그램에서 데이터 간의 관계를 의미합니다. 자료구조에는 스택, 큐, 그래프, 트리 등이 있는데 이 책에서는 대표적인 자료구조인 스택을 살펴보겠습니다.

컴퓨터 내부에서 가장 기본으로 많이 사용되는 스택은 데이터의 삽입과 삭제가 한쪽 방향에서만 일어나는 구조입니다. 두더지 한 마리가 겨우 들어갈 구멍 속으로 두더지 네 마리가 들어갔다고 생각해봅시다. 반대편이 바위로 막혔다면 나올 때는 맨 나중에 들어간 두더지가 먼저 나와야 할 겁니다. 이런 두더지 굴이 스택의 좋은 예라 할 수 있습니다.

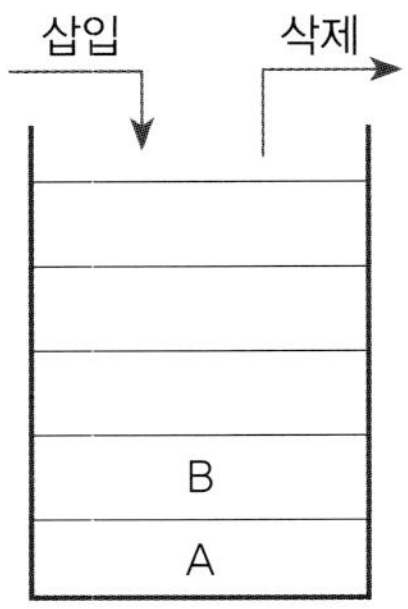

이처럼 스택은 가장 나중에 들어간 데이터가 가장 먼저 나오므로 Last-In, First-Out의 머리글자를 따서 LIFO라고도 하며 한자로는 후입선출이라고도 합니다.

이런 스택 구조에는 top 변수가 있는데 데이터를 삽입하거나 삭제할 위치를 가리킵니다.

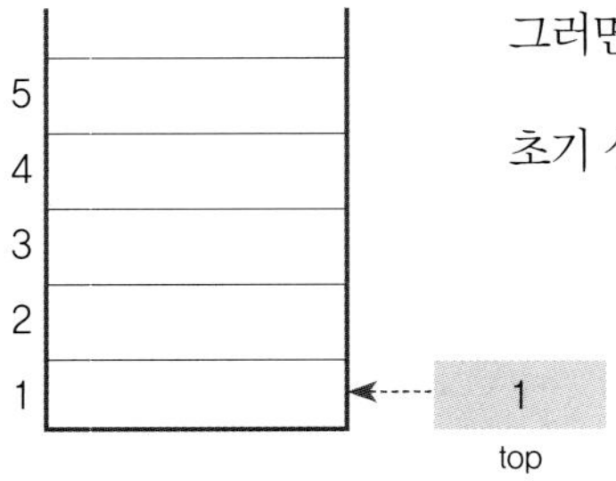

그러면 스택에 데이터를 삽입하고 삭제하는 동작을 살펴보겠습니다.

초기 상태에는 스택이 비어 있으므로 top은 1이 됩니다.

초기 상태의 스택에 데이터 10을 삽입하는 동작은 다음과 같습니다.

- top이 가리키는 1에 10을 저장합니다.
- top을 1 증가시켜 top은 2가 됩니다.

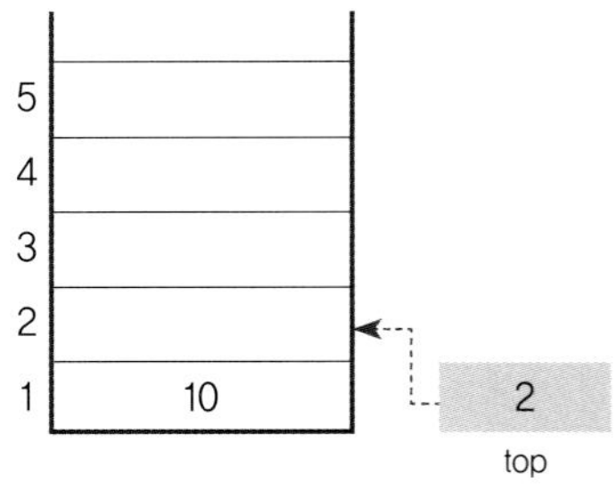

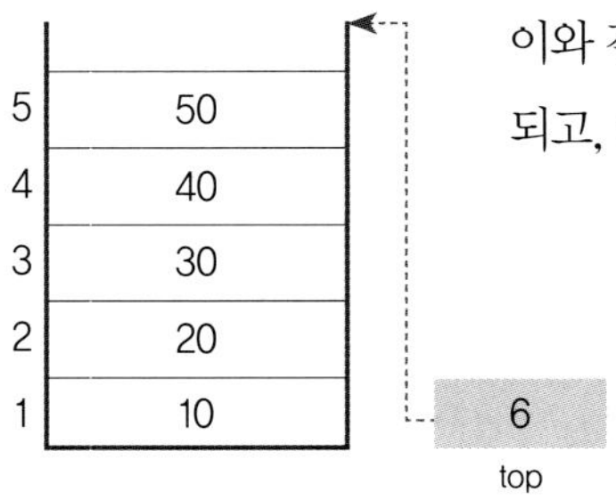

이와 같은 동작으로 스택에 4개의 데이터를 추가로 삽입하면 왼쪽과 같이 스택이 가득 차게 되고, top은 6이 됩니다.

이처럼 top이 스택의 크기보다 1 클 때는 스택이 가득 찬 것을 의미하므로 더 이상 데이터를 삽입할 수 없습니다. 그러므로 스택에 데이터를 삽입하기 전에 스택이 가득 찼는지를 확인하는 과정을 거쳐야 합니다.

스택에 데이터를 삽입하는 동작을 정리하면 다음과 같습니다.

```
top이 스택 크기보다 작거나 같으면
    데이터를 스택의 top 위치에 삽입
    top을 1 증가
그렇지 않으면
    스택이 가득 차서 데이터를 삽입하지 못함
```

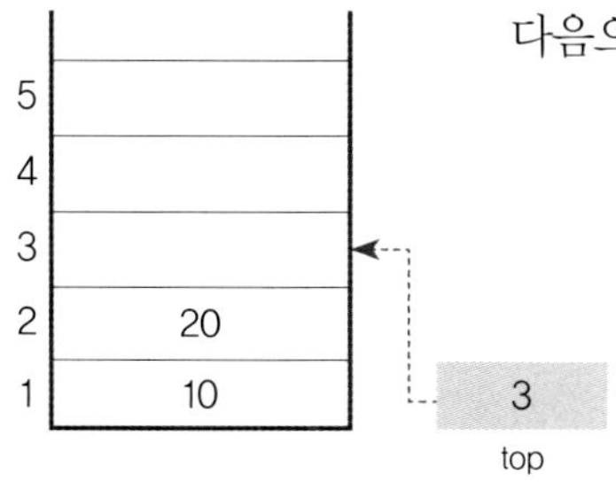

다음으로 왼쪽과 같은 상태의 스택에서 데이터를 삭제하는 동작을 살펴보겠습니다.

데이터 삭제는 top을 1 감소시키고 top이 가리키는 위치의 데이터를 삭제합니다.

- top을 1 감소시켜 top은 2가 됩니다.
- top이 가리키는 위치의 데이터인 20을 삭제합니다.

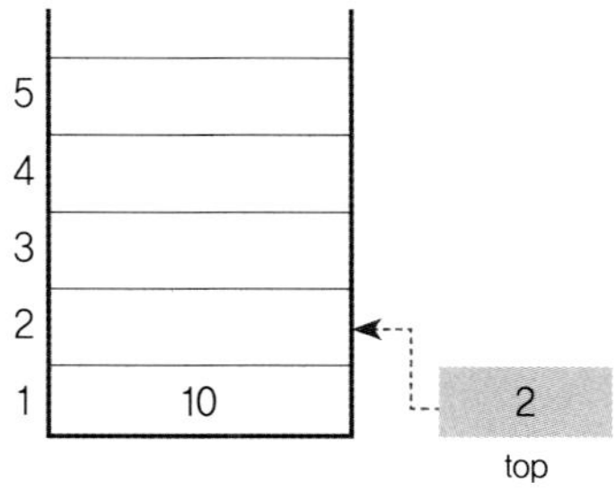

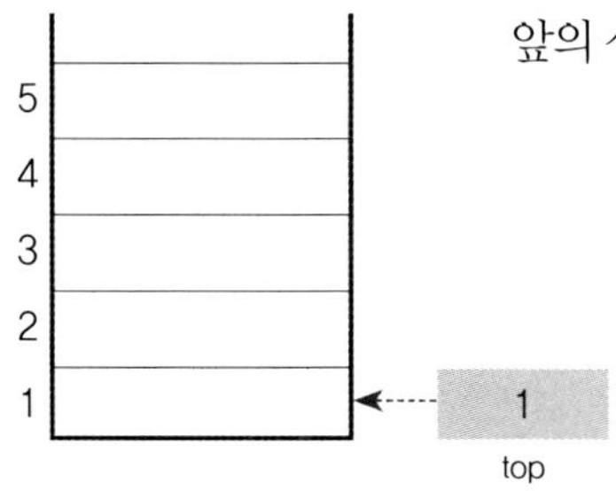

앞의 상태에서 또다시 데이터를 삭제하면 왼쪽과 같이 스택은 비게 되고 top은 1이 됩니다.

top이 1이라는 것은 스택이 빈 상태를 의미하므로 더 이상 데이터를 삭제할 수 없습니다. 그러므로 스택에서 데이터를 삭제하기 전에 스택이 비었는지를 확인하는 과정을 거쳐야 합니다.

스택의 데이터를 삭제하는 동작을 정리하면 다음과 같습니다.

```
top이 1보다 크면
    top을 1 감소
    top 위치의 데이터 삭제
그렇지 않으면
    스택이 비어서 데이터를 삭제하지 못함
```

그러면 리스트를 이용해서 크기가 5인 스택을 구현해보겠습니다.

'스택' 리스트와 'top' 변수를 생성한 후 '스택'의 모든 항목을 삭제하고 'top'에 1을 저장합니다.

먼저 스택에 데이터를 삽입하는 스크립트를 작성해보겠습니다.

'i' 키를 누르면 'top'이 스택의 크기인 5보다 작거나 같은지 확인하여 'top'이 5보다 작거나 같으면 삽입할 데이터를 입력받아 '스택' 리스트의 'top' 위치에 저장하고 'top'을 1 증가시킵니다.

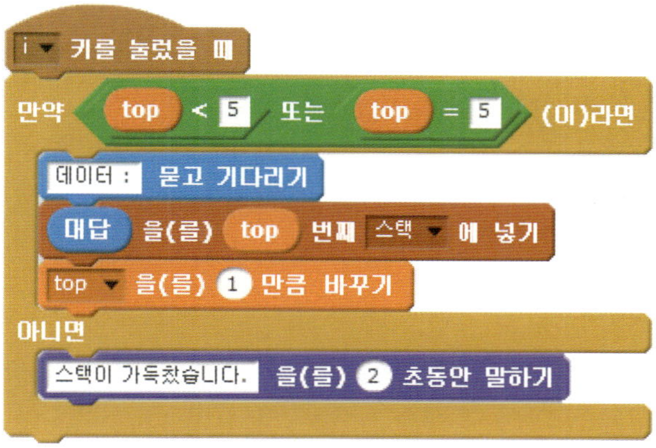

'top'이 5보다 크면 스택이 가득 찬 것이므로 스택이 가득 찼다는 말을 합니다. 그러면 스택에 데이터를 삽입하는 동작을 하는 스크립트가 완성됩니다.

다음으로 스택에서 데이터를 삭제하는 스크립트를 작성해보겠습니다.

'o' 키를 누르면 'top'이 1보다 큰지 확인하여 1보다 크면 'top'을 1 감소시키고 삭제될 데이터를 말하고 '스택'에서 삭제합니다.

'top'이 1보다 크지 않으면 스택이 빈 것이므로 스택이 비었다는 말을 합니다. 그러면 스택의 데이터를 삭제하는 동작을 하는 스크립트가 완성됩니다.

스택에 대한 개념과 스택 프로그램을 작성하는 방법에 대해 살펴보았으니 스택을 기반으로 동작하는 공 보관함 프로젝트를 작성해보겠습니다.

프로젝트 작성하기

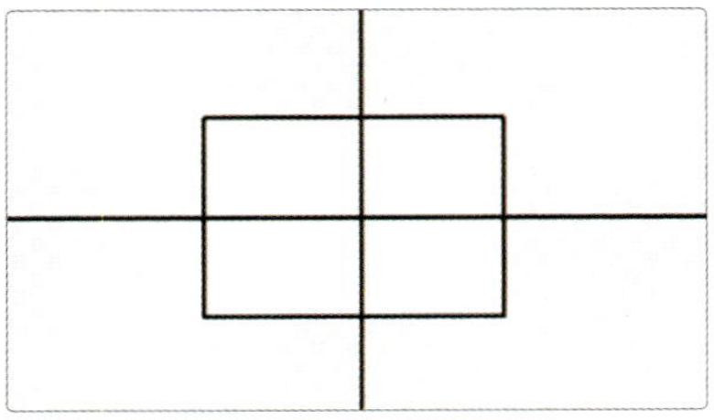

1 그림그리기 도구를 이용해서 5개의 공 모양 데이터를 저장할 수 있는 보관함을 만들겠습니다. 사각형 모양의 '1' 스프라이트를 만들고 스프라이트의 가운데를 모양 중심으로 설정합니다.

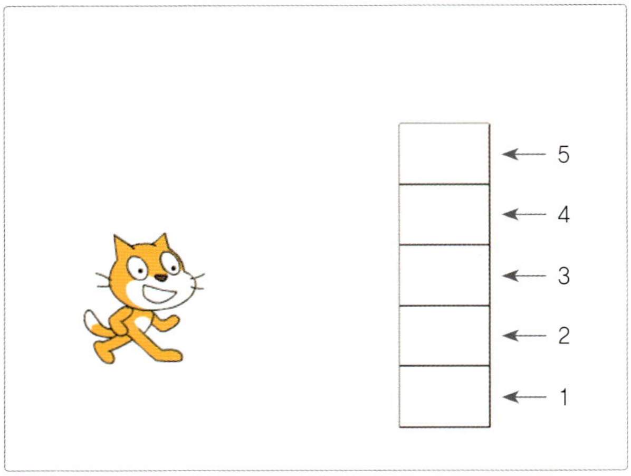

2 '1' 스프라이트를 복사해서 '2', '3', '4', '5' 스프라이트를 생성하여 왼쪽과 같이 위치시킵니다. 스프라이트의 순서가 바뀌면 제대로 동작하지 않으니 순서를 꼭 지키기 바랍니다.

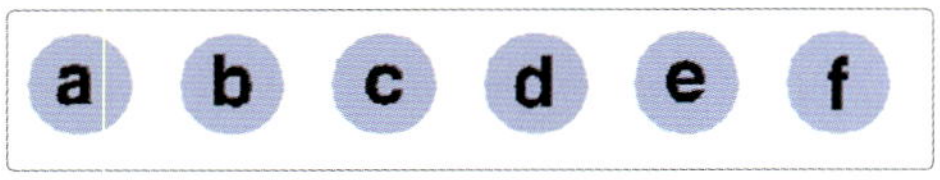

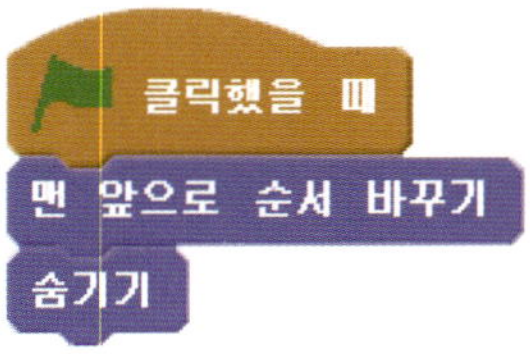

3 그림그리기 도구를 이용해서 공 보관함에 들어갈 공 모양의 'a', 'b', 'c', 'd', 'e', 'f' 스프라이트를 만듭니다. 그리고 각각의 스프라이트에 시작 버튼을 누르면 사라지는 스크립트를 작성합니다.

4 고양이 스프라이트로 이동해서 데이터를 저장할 '스택' 리스트와 'top' 변수를 생성하고 'top'에 1을 저장하고 '스택' 리스트의 모든 항목을 삭제합니다. 그리고 'push' 또는 'pop' 버튼을 누르라는 말을 합니다.

5 스프라이트 저장소의 'Button2'를 이용해서 왼쪽과 같은 모양의 스프라이트 2개를 생성합니다.

6 'push' 스프라이트로 이동해서 이 스프라이트를 클릭하면 'push' 메시지를 방송하도록 합니다.

7 'pop' 스프라이트로 이동해서 이 스프라이트를 클릭하면 'pop' 메시지를 방송하도록 합니다.

실전 16-1

8 고양이 스프라이트로 이동해서 'push' 메시지를 받으면 'top'이 공 보관함의 크기인 5보다 작거나 같은지에 따라 수행하는 내용이 달라지는 조건 구조를 만들고자 합니다. 그렇다면 (1)에 어떤 내용이 들어가야 할지 생각해보고 채우기 바랍니다. 〈스택〉에서 살펴본 내용이니 쉽게 해결할 수 있을 겁니다.

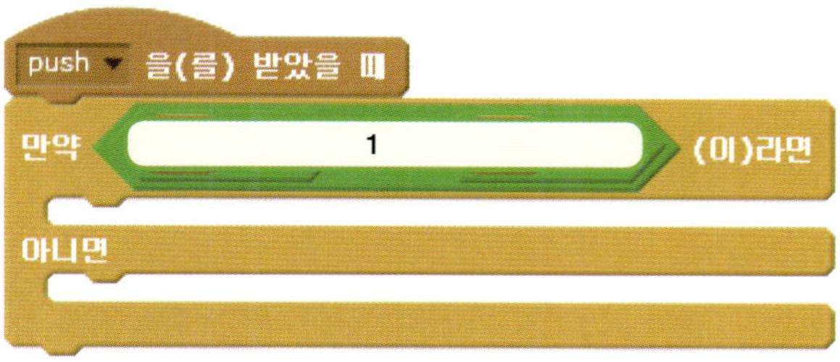

9 만약 'top'이 5보다 작거나 같으면 보관함에 넣을 공 이름을 묻고 대답한 내용을 '스택' 리스트에 저장합니다. 그리고 'push'와 '대답'을 연결한 메시지를 방송하고 기다립니다. 만약 대답한 내용이 'a'라면 'pusha' 메시지를, 'b'라면 'pushb' 메시지를, …, 'f'라면 'pushf' 메시지를 방송하게 됩니다. 'pusha' 메시지는 'a' 스프라이트가, 'pushb' 메시지는 'b' 스프라이트가, …, 'pushf' 메시지는 'f' 스프라이트가 받아서 처리하게 됩니다.

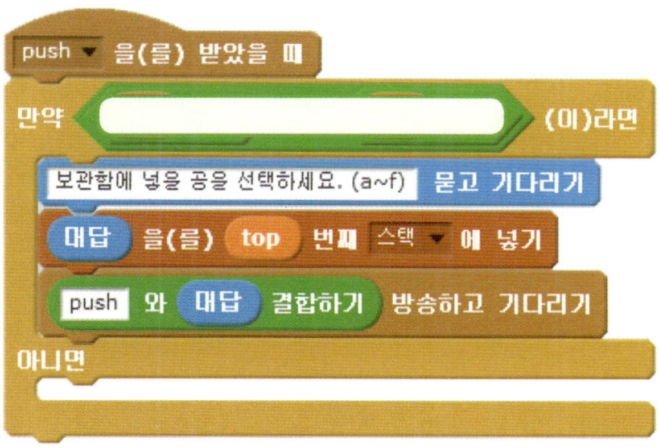

10 'top'을 1 증가시킵니다.

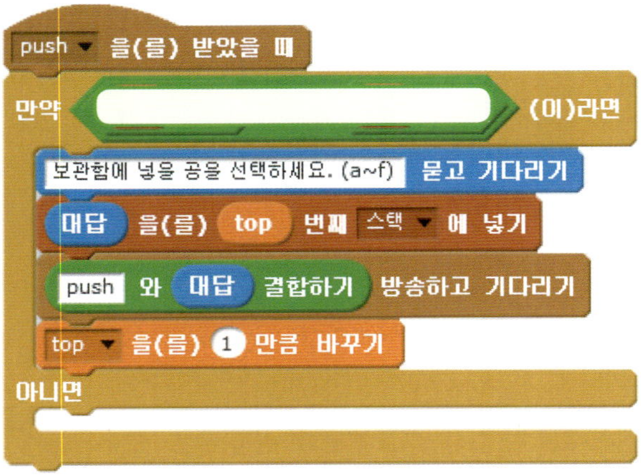

11 만약 'top'이 5보다 작거나 같지 않으면 보관함이 가득 찬 것이므로 보관함이 가득 찼다는 말을 합니다.

12 'a' 스프라이트로 이동해서 'pusha' 메시지를 받았을 때 수행해야 할 스크립트를 작성하겠습니다. 우선 보관함 입구로 이동해서 보이도록 하고 0.5초 기다립니다. 보관함 입구 좌표가 (100, 120)이지만 보관함의 위치에 따라 좌푯값은 달라질 수 있습니다.

13 'top' 위치로 가도록 합니다. 만약 'top'이 1이면 '1' 스프라이트로, 2면 '2' 스프라이트로, …, '5'면 '5' 스프라이트로 이동하게 됩니다.

14 고양이 스프라이트로 이동해서 'pop' 메시지를 받으면 'top'이 1보다 큰지 아닌지에 따라 수행하는 내용이 달라지는 조건 구조를 만듭니다.

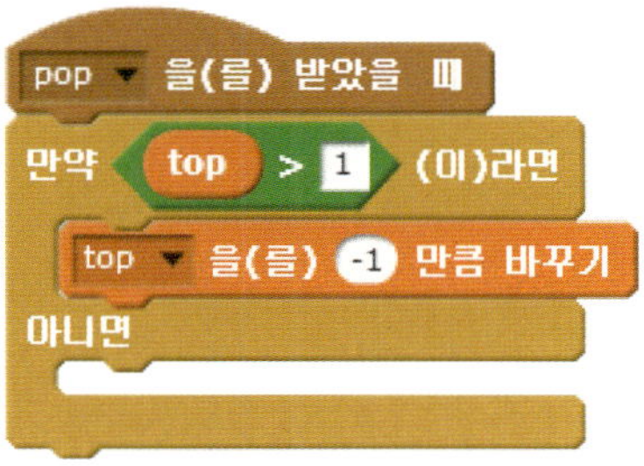

15 만약 'top'이 1보다 크면 스택에 삭제할 데이터가 있는 것이므로 'top'을 1 감소시킵니다.

실전 16-2

16 '스택'에서 삭제할 공 이름이 'a'라면 'popa' 메시지를, 'b'라면 'popb' 메시지를, …, 'f'라면 'popf' 메시지를 방송하고 기다리려고 합니다. 그렇다면 (2)에 어떤 내용이 들어가야 할지 생각해보고 채우기 바랍니다. 'popa' 메시지는 'a' 스프라이트가, 'popb' 메시지는 'b' 스프라이트가, …, 'popf' 메시지는 'f' 스프라이트가 받아서 처리하게 됩니다.

17 꺼낸 공 이름이 무엇인지 말하고 '스택' 리스트에서 'top' 위치의 항목을 삭제합니다.

18 만약 'top'이 1보다 크지 않으면 보관함이 빈 것이므로 보관함이 비었다는 말을 합니다.

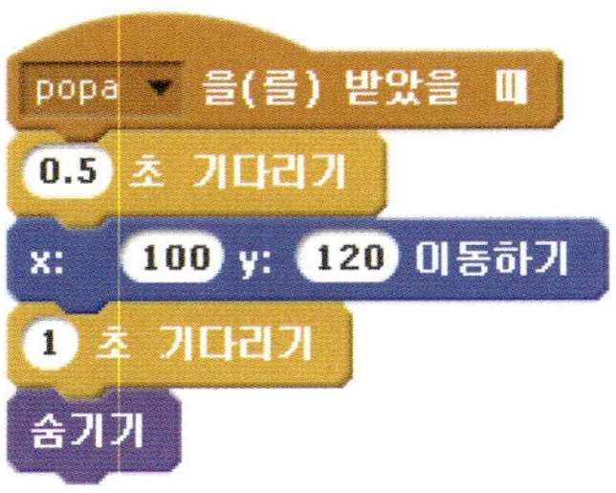

19 'a' 스프라이트로 이동해서 'popa' 메시지를 받았을 때 수행해야 할 스크립트를 작성합니다. 해당 위치에서 보관함 위로 빠져나오게 한 뒤 사라지게 합니다.

20 'a' 스프라이트의 'pusha' 메시지를 받았을 때 수행하는 스크립트와 'popa' 메시지를 받았을 때 수행하는 스크립트를 'b', 'c', 'd', 'e', 'f' 스프라이트로 복사합니다. 그리고 'b' 스프라이트로 이동해서 'pusha'를 'pushb'로 수정하고 'popa'를 'popb'로 수정합니다. 'c', 'd', 'e', 'f' 스프라이트에서도 마찬가지 방법으로 수정합니다. 무대 배경을 'room2'로 설정하면 프로젝트가 완성됩니다.

실전 16-3

도전해보기

입력받은 문자열을 한 글자씩 순서대로 '스택' 리스트에 넣고 스택에서 한 글자씩 꺼내 '결과' 리스트에 넣으면 '결과' 리스트에는 입력받은 문자열이 거꾸로 저장됩니다. 이와 같이 스택 개념을 이용해서 입력받은 문자열을 거꾸로 해서 출력하는 프로젝트를 만들어 봅시다. 임의의 문자열에서 지정한 위치의 문자를 나타내는 (1 번째 글자 (world)) 블록과 문자열의 길이를 의미하는 (world 의 길이) 블록을 이용해야 합니다.

요점정리

- 스택은 데이터의 삽입과 삭제가 한쪽 방향에서만 일어나는 구조입니다.
- 스택 동작을 하는 프로젝트를 만들 수 있습니다.
- 스택 구조를 이용해서 공을 넣고 빼는 동작을 하는 프로젝트를 만들 수 있습니다.

연습문제

1 한쪽 방향에서 데이터가 삽입되고 반대 방향으로 데이터가 삭제되는 구조인 큐 동작을 하는 프로젝트를 만들어 봅시다.

2 [이동] 버튼을 눌러 입력받은 수만큼 큐에서 데이터를 삭제하여 큐에 다시 삽입하는 프로젝트를 만들어 봅시다. 큐의 초기에는 1부터 10까지의 수가 저장되어 있습니다.

CHAPTER 17 컴퓨터와 숫자 맞추기 대결

- 이진 탐색 방법을 이해합니다.
- 이진 탐색 방법을 이용해서 원하는 값을 찾는 프로젝트를 작성할 수 있습니다.

프로젝트 실행하기

컴퓨터와 숫자 맞추기 대결 프로젝트를 실행해보겠습니다.

1 게시판의 '컴퓨터와 숫자 맞추기 대결 (17장)' 게시물에 있는 프로젝트를 엽니다.

2 을 누르면 컴퓨터가 생각한 수를 맞춰보라는 질문을 합니다. 컴퓨터가 생각한 수는 1부터 100까지의 무작위 수이므로 실행할 때마다 달라집니다.

3 1부터 100까지의 한 수를 입력하면 입력한 수가 맞았는지 말합니다. 왼쪽은 30을 입력했을 때의 화면으로 30보다 크다는 말을 하는 예입니다.

4 이런 동작을 반복하다가 입력한 수가 맞으면 몇 번 만에 맞추었는지 말합니다.

5 다음으로 컴퓨터가 사람이 생각한 수를 맞추는 게임을 시작합니다. 먼저 사람에게 하나의 정수를 생각하라는 말을 합니다.

6 컴퓨터가 선택한 수가 맞는지 묻습니다. 생각한 수가 맞으면 yes를, 생각한 수가 크면 up, 생각한 수보다 작으면 down을 입력합니다.

7 이런 동작을 반복하다가 생각한 수를 맞추면 몇 번 만에 맞추었는지 말합니다.

사람이 생각한 수를 컴퓨터가 맞출 때 사용한 방법은 이진 탐색이라는 방법입니다. 이진 탐색에 대해 먼저 살펴보고 프로젝트를 작성해보겠습니다.

이진 탐색

탐색은 주어진 데이터 집합에서 어떤 조건이나 성질을 만족하는 데이터를 찾는 것을 의미하는데, 대표적인 방법으로 선형 탐색과 이진 탐색이 있습니다.

선형 탐색은 처음부터 순차적으로 비교해가면서 원하는 데이터를 찾는 방법이고, 이진 탐색은 정렬된 데이터 집합에 대해 탐색 영역을 반으로 줄여가면서 탐색하는 방법입니다.

여기서잠깐

정렬

데이터를 일정한 규칙에 따라 배열한 것을 정렬이라 합니다. 특히 작은 것부터 큰 순으로 정렬한 것을 오름차순 정렬이라 하고, 큰 것부터 작은 순으로 정렬하는 것을 내림차순 정렬이라 합니다.

그러면 이진 탐색을 이용해서 데이터를 탐색하는 방법을 예를 통해 알아보겠습니다.

다음과 같이 오름차순으로 정렬된 데이터 집합에서 이진 탐색을 이용해서 27을 찾는 과정을 단계별로 살펴보겠습니다.

데이터	1	4	7	12	17	23	27	30	35
위치	1	2	3	4	5	6	7	8	9

STEP **01** 데이터 집합에는 9개의 데이터가 있는데 첫 번째 데이터의 위치인 1을 low로 하고 마지막 데이터의 위치인 9를 high로 합니다.

데이터	1	4	7	12	17	23	27	30	35
위치	1	2	3	4	5	6	7	8	9
	↑ low								↑ high

STEP **02** 탐색 영역에서 중간에 위치한 데이터를 찾아서 27과 비교하기 위해 중간 위치를 구해야 합니다. 중간 위치인 mid를 구하는 식은 다음과 같으므로 mid는 5가 됩니다.

$$mid = \frac{low + high}{2}$$

mid, 즉 위치 5에 저장된 데이터인 17과 27이 같은지 비교합니다.

27

:

데이터	1	4	7	12	17	23	27	30	35
위치	1	2	3	4	5	6	7	8	9
	↑ low				↑ mid				↑ high

STEP **03** mid 위치에 저장된 데이터인 17보다 찾고자 하는 데이터인 27이 크므로 mid 위치보다 왼쪽에 위치한 데이터는 탐색할 이유가 없습니다. 그러므로 mid 보다 오른쪽에 위치한 데이터가 새로운 탐색 영역이 되어야 합니다. 새로운 탐색 영역의 high는 변화가 없지만 탐색 영역의 첫 번째 데이터의 위치인 low를 새롭게 계산해야 합니다. low는 mid+1에 의해 6이 됩니다.

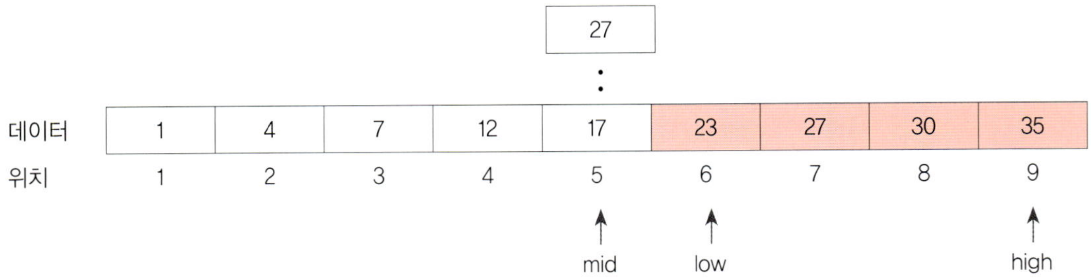

STEP **04** 중간 위치인 mid를 새롭게 계산하면 8이 됩니다(소수 아래 자리를 반올림한다고 가정). mid, 즉 8에 위치한 데이터인 30이 27과 같은지 비교합니다.

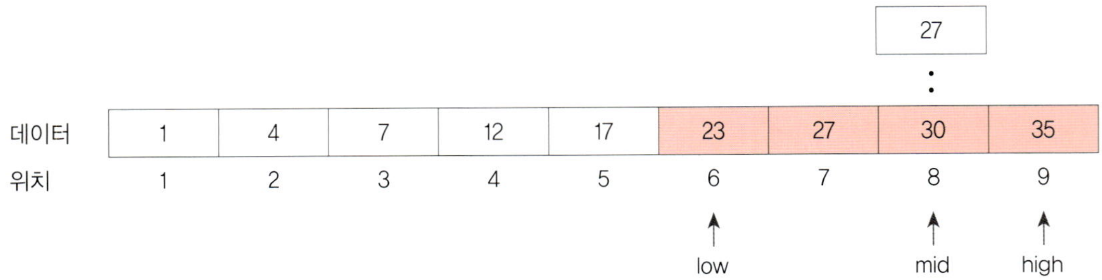

STEP **05** mid 위치에 저장된 데이터인 30보다 찾고자 하는 데이터인 27이 작으므로 현재 탐색 영역에서 mid 위치보다 왼쪽에 위치한 데이터가 새로운 탐색 영역이 되어야 합니다. 그러므로 탐색 영역의 마지막 데이터의 위치인 high를 새롭게 구해야 하는데 mid−1에 의해 7이 됩니다.

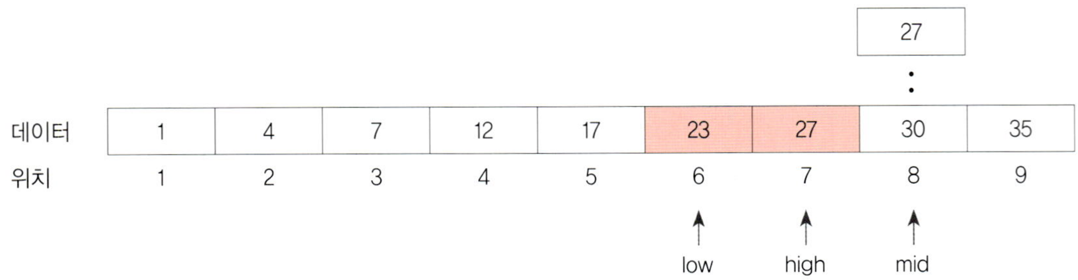

STEP
06 중간 위치인 mid를 새롭게 계산하면 7이 됩니다. mid, 즉 7에 위치한 데이터인 27과 찾고자 하는 데이터인 27이 같으므로 탐색을 종료합니다.

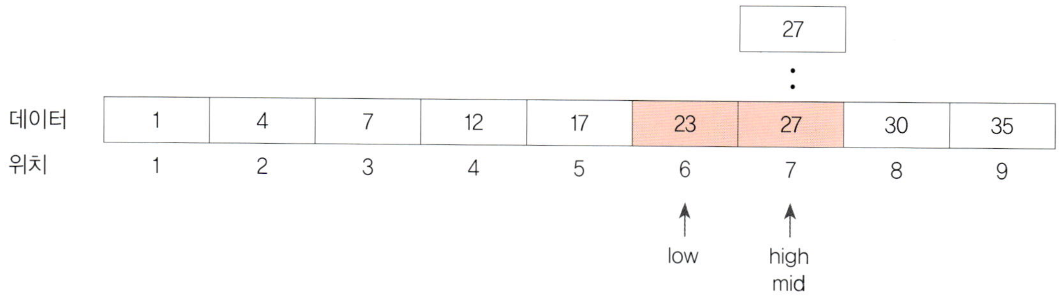

만약 low가 high보다 커졌는데도 원하는 데이터를 찾지 못하면 실패로 종료합니다.

이진 탐색 방법에 대해 이해하셨다면 프로젝트를 작성해보겠습니다.

프로젝트 작성하기

1 기본 스프라이트를 삭제하고 스프라이트 저장소의 'Laptop'을 이용해서 새로운 스프라이트를 만듭니다.

2 사람과 컴퓨터 각각 몇 번 만에 숫자를 맞추었는지를 저장하는 '사람카운터'와 '컴퓨터카운터' 변수를 만들고 0으로 초기화합니다. 그리고 '사람맞추기' 메시지를 방송합니다.

3 '사람맞추기' 메시지를 받으면 컴퓨터가 생각한 수를 사람이 맞추는 동작을 수행합니다. 먼저 컴퓨터가 생각한 수를 저장할 'key' 변수를 만들고 1부터 100까지의 무작위 수 하나를 'key'에 저장합니다.

4 컴퓨터가 생각한 수인 'key'를 맞추는 동작을 반복하기 위한 조건 구조를 만듭니다.

5 컴퓨터가 생각한 수를 맞춰보라는 질문을 하고 대답하면 '사람카운터'를 1 증가시킵니다. 그리고 대답한 내용이 'key'와 같은지를 판단하는 조건 구조를 만듭니다.

6 대답한 내용이 'key'와 같으면 컴퓨터가 생각한 수를 맞춘 것이므로 몇 번 만에 맞추었는지를 말하고 '컴퓨터맞추기' 메시지를 방송합니다. 그리고 이 스크립트를 종료합니다.

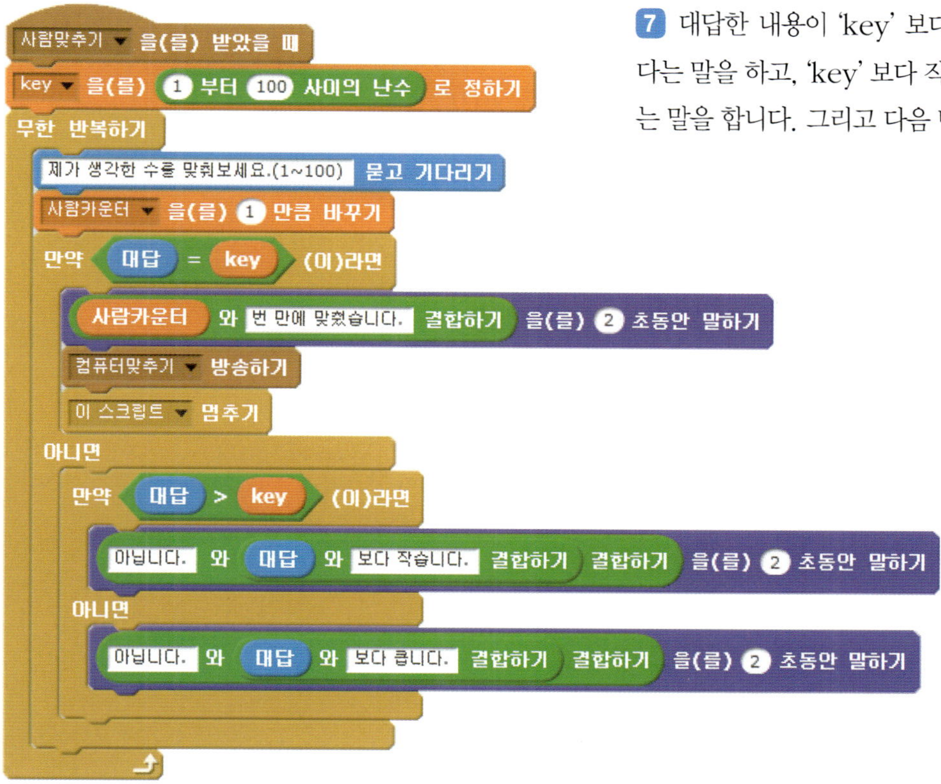

7 대답한 내용이 'key' 보다 크면 대답한 내용보다 작다는 말을 하고, 'key' 보다 작으면 대답한 내용보다 크다는 말을 합니다. 그리고 다음 반복을 수행하게 됩니다.

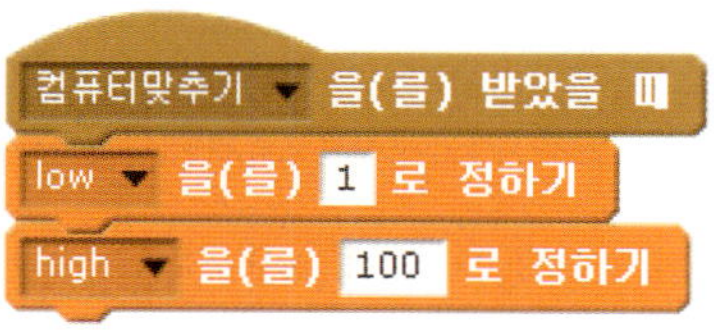

8 '컴퓨터맞추기' 메시지를 받으면 사람이 생각한 수를 컴퓨터가 이진 탐색 방법을 이용해서 맞추는 동작을 수행합니다. 이진 탐색에 필요한 'low', 'high', 'mid' 변수를 만들고 'low'에 1을 저장하고 'high'에 100을 저장합니다. 'low'에 1을 저장하는 이유는 찾고자 하는 수의 범위에서 가장 작은 수가 1이기 때문이고, 'high'에 100을 저장하는 이유는 찾고자 하는 수의 범위에서 가장 큰 수가 100이기 때문입니다.

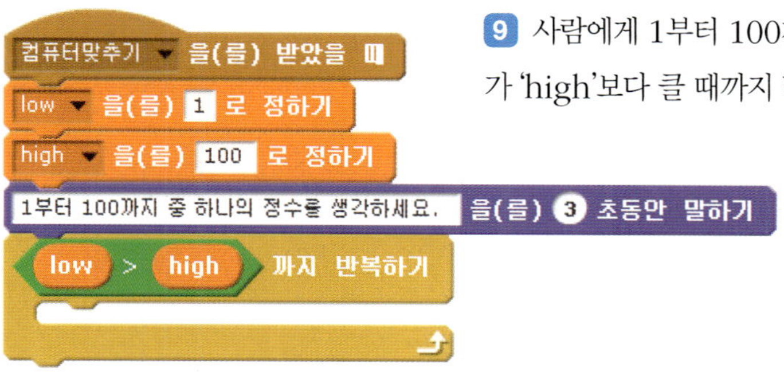

9 사람에게 1부터 100까지 중 하나의 정수를 생각하라는 말을 하고, 'low'가 'high'보다 클 때까지 반복하는 구조를 만듭니다.

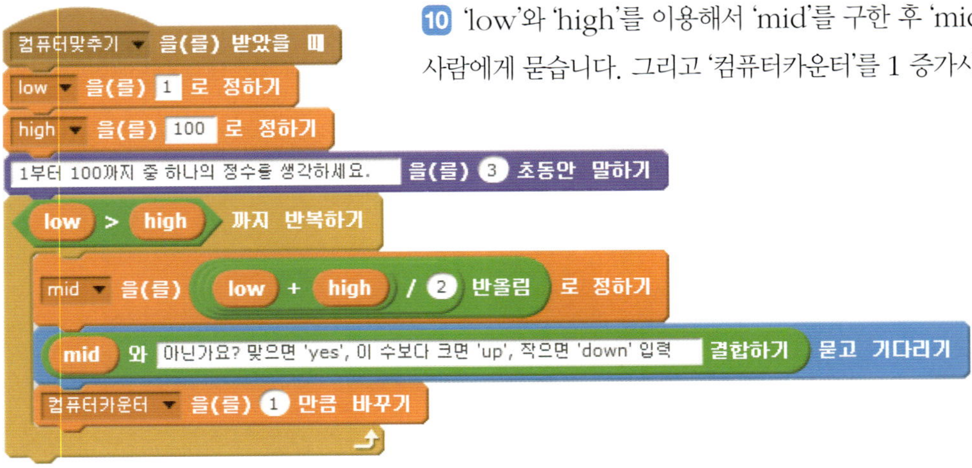

10 'low'와 'high'를 이용해서 'mid'를 구한 후 'mid'가 생각한 수가 맞는지 사람에게 묻습니다. 그리고 '컴퓨터카운터'를 1 증가시킵니다.

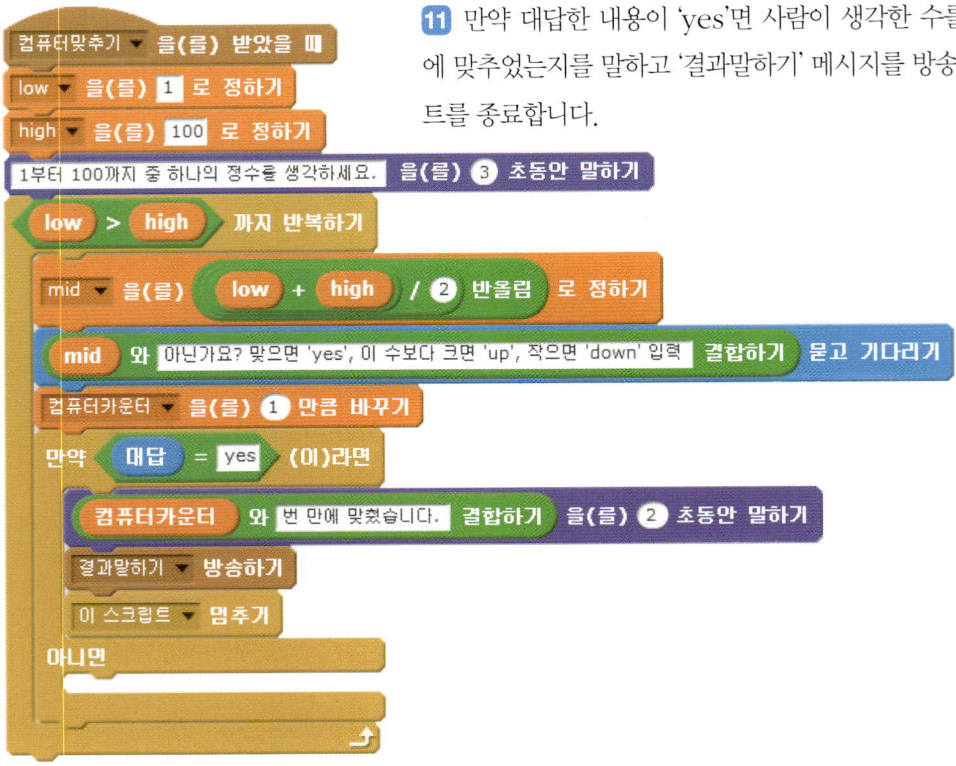

11 만약 대답한 내용이 'yes'면 사람이 생각한 수를 맞춘 것이므로 몇 번 만에 맞추었는지를 말하고 '결과말하기' 메시지를 방송합니다. 그리고 이 스크립트를 종료합니다.

실전 17-1

12 만약 대답한 내용이 'up'이면 사람이 생각하고 있는 수가 'mid' 보다 큰 것이므로 다음 반복에서는 'mid' 보다 큰 데이터를 탐색해야 합니다. 그렇다면 (1)에 어떤 내용이 들어가야 탐색 범위가 제대로 설정될지 생각해보고 채우기 바랍니다.

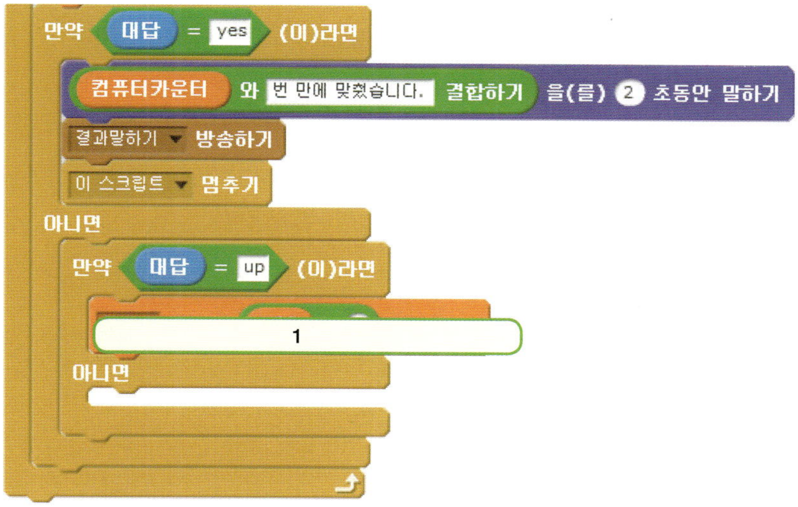

실전 17-2

13 대답한 내용이 'yes'도 'up'도 아니면 사람이 생각하고 있는 수가 'mid' 보다 작은 것으로 다음 반복에서는 'mid' 보다 작은 데이터에 대해 탐색해가야 합니다. 그렇다면 (2)에 어떤 내용이 들어가야 하는지 생각해보고 채우기 바랍니다.

14 사람이 생각한 수를 컴퓨터가 맞춘 후 보낸 '결과말하기' 메시지를 받으면 사람과 컴퓨터가 몇 번 만에 맞추었는지 결과를 말합니다.

15 무대 배경을 'room2'로 설정하면 프로젝트가 완성됩니다.

실전 17-3

도전해보기

프로젝트에서 컴퓨터가 15를 찾을 경우 몇 번 만에 맞출지 생각해봅시다.

요점정리

- 이진 탐색은 정렬된 데이터 집합에 대해 탐색 영역을 반으로 줄여가면서 탐색하는 방법입니다.
- 이진 탐색 방법으로 데이터를 찾는 프로젝트를 만들 수 있습니다.

연습문제

1 처음부터 순차적으로 비교하며 원하는 데이터를 찾는 선형 탐색 방법으로 데이터를 찾는 프로젝트를 만들어 봅시다.

2 리스트에 저장된 데이터를 오름차순으로 정렬하는 프로젝트를 만들어 봅시다.

CHAPTER 18

ISBN 검증하기

- ISBN의 체크기호를 구하는 방법에 대해 이해합니다.
- 임의의 ISBN이 정확한 것인지 검증하는 프로젝트를 작성할 수 있습니다.

프로젝트 실행하기

출판된 책에 부여된 고유번호인 ISBN을 검증하는 프로젝트를 실행해보겠습니다.

1 게시판의 'ISBN 검증하기 (18장)' 게시물에 있는 프로젝트를 연 다음, 깃발을 누르면 ISBN을 입력하라는 질문을 합니다. ISBN은 책 뒷면에서 찾을 수 있습니다.

2 ISBN 13자리 숫자를 입력하면 검증된 번호인지 아닌지를 말합니다. 왼쪽은 9788968482557을 입력했을 때의 화면으로 검증된 ISBN이라는 말을 합니다. 만약 잘못된 ISBN을 입력하면 검증되지 않은 ISBN이라는 말을 합니다.

각 도서에 부여된 ISBN이 어떻게 구성되는지 살펴보고 ISBN을 검증하는 프로젝트를 작성해보겠습니다.

ISBN

이 책 뒤 표지를 보면 다음과 같은 번호를 볼 수 있는데 ISBN(국제표준도서번호)이라 합니다.

93000

9 788968 482557

ISBN 978-89-6848-255-7

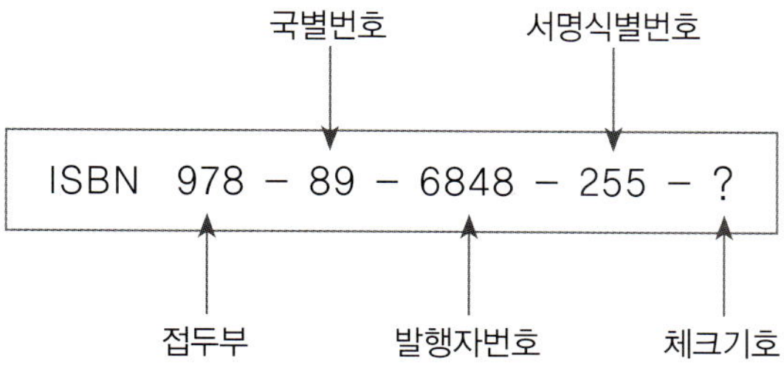

ISBN(International Standard Book Number)은 국제적으로 표준화된 방법에 따라 전 세계에서 생산되는 도서에 부여된 고유번호로, ISBN이라는 텍스트 뒤에 13자리 숫자로 구성됩니다. 13자리 숫자는 5개의 군으로 나뉘며 각 군은 하이픈(–)이나 공백을 두어 구분합니다. 각 군의 순서는 접두부, 국별번호, 발행자번호, 서명식별번호, 체크기호 순입니다.

여기서 마지막 한 자리 숫자의 체크기호는 ISBN의 정확성 여부를 검사하는 기호로, 접두부, 국별번호, 발행자번호, 서명식별번호를 이용해서 구해지는데 계산법은 다음과 같습니다.

STEP 01 ISBN의 처음 12자리 숫자에 가중치 1과 3을 번갈아 가며 곱합니다.

STEP 02 각 가중치를 곱한 값의 합을 계산합니다.

STEP 03 가중치의 합을 10으로 나눈 나머지를 구합니다.

STEP 04 10에서 나머지를 뺀 값이 체크기호가 됩니다. 단 뺀 값이 10이면 체크기호는 0이 됩니다.

그러면 체크기호 계산법을 이용해서 ISBN 978–89–6848–255–7의 체크기호 7를 계산해보겠습니다.

STEP 01 ISBN 처음 12자리 숫자에 가중치 1과 3을 번갈아 가며 곱합니다.

9	7	8	8	9	6	8	4	8	2	5	5
X1	X3	X1	X3	X1	X3	X1	X3	X1	X3	X1	X3
= 9	= 21	= 8	= 24	= 9	= 18	= 8	= 12	= 8	= 6	= 5	= 15

STEP 02 각 가중치를 곱한 값의 합을 계산하면 143이 됩니다.

$$9 + 21 + 8 + 24 + 9 + 18 + 8 + 12 + 8 + 6 + 5 + 15 = 143$$

STEP 03 가중치의 합을 10으로 나누어 나머지를 구하면 3이 됩니다.

$$143 \div 10 = 14 \cdots 3$$

STEP 04 체크기호는 (10−나머지)에 의해 7이 됩니다.

$$10 - 3 = 7$$

실전 18-1

도전해보기

다음 ISBN의 체크기호를 계산해봅시다.

ISBN 978 – 89 – 7914 – 590 – □

ISBN의 체크기호를 구하는 과정을 스크래치로 작성하는 것이 이 장의 핵심 내용입니다. 그러면 ISBN을 검증하는 프로젝트를 작성해보겠습니다.

프로젝트 작성하기

1 임의의 ISBN이 정확한 것인지 검증하기 위해서는 검증할 ISBN의 처음 12자리 숫자를 이용해서 체크기호를 계산한 후 ISBN의 마지막 숫자와 같은지 비교하면 됩니다. 그러면 임의의 ISBN이 정확한 것인지 검증하는 'ISBN검증' 블록을 정의하겠습니다. 추가 블록 카테고리의 블록 만들기 버튼을 이용해서 'ISBN검증' 정의하기 블록을 만듭니다. 'isbn'은 숫자 매개변수로 검증하고자 하는 ISBN입니다.

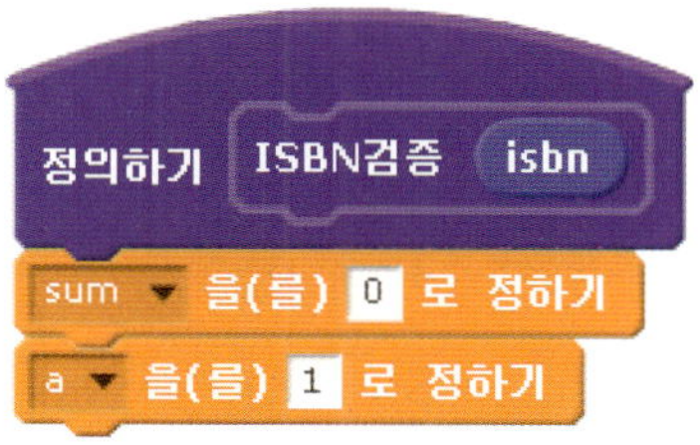

2 가중치의 합을 저장하는 'sum' 변수와 'isbn'의 위치를 나타내는 'a' 변수를 만들고 'sum'에 0을, 'a'에 1을 저장합니다.

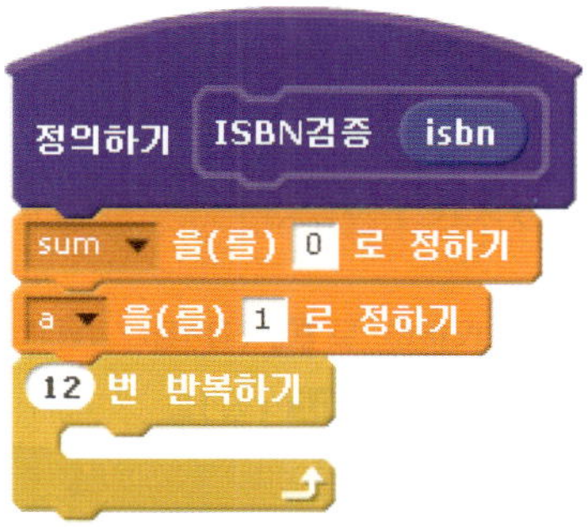

3 체크기호를 구하려면 우선 ISBN 처음 12자리 숫자에 가중치 1과 3을 번갈아 가며 곱해야 하므로 12번 반복하는 구조를 만듭니다.

실전 18-2

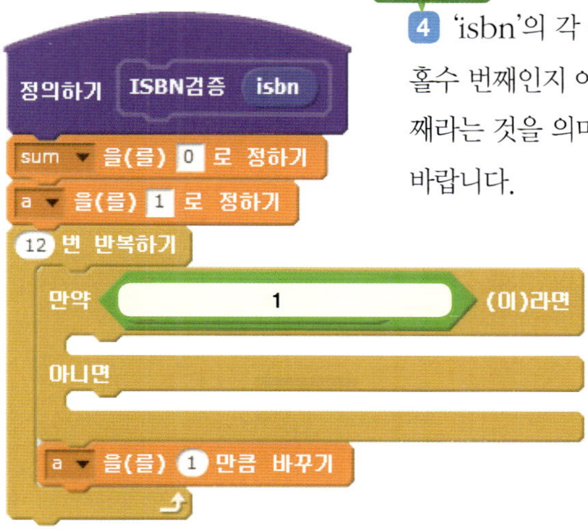

4 'isbn'의 각 숫자의 위치를 나타내는 변수인 'a'를 이용해서 각 숫자의 위치가 홀수 번째인지 아닌지 판별하려고 합니다. 조건 구조의 (1)이 참이면 홀수 번째라는 것을 의미하도록 하려면 어떤 내용이 들어가야 하는지 생각해보고 채우기 바랍니다.

5 **연산** 카테고리의 (1 번째 글자 (world))는 임의의 문자열에서 지정한 위치의 문자를 나타내는 것으로 (a 번째 글자 (isbn))은 'isbn' 변수에 저장된 문자열에서 'a' 번째 문자를 의미합니다. (a 번째 글자 (isbn))을 이용해서 'isbn'의 홀수 번째 숫자에 1을 곱한 값을, 짝수 번째 숫자에는 3을 곱한 값을 'sum'에 더해 갑니다.

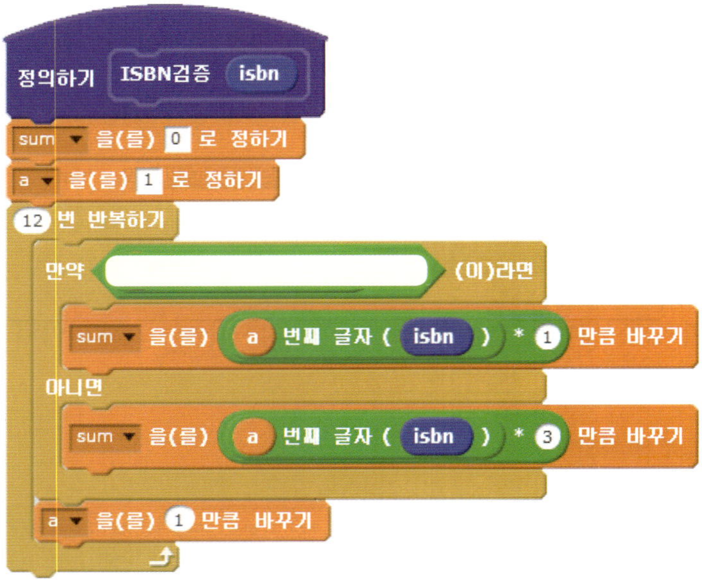

6 가중치를 곱한 합인 'sum'을 10으로 나눈 나머지를 구해 'temp'에 저장합니다.

처·음·만·나·는·블·록

연산 / 1 번째 글자 (world)

임의의 문자열에서 지정한 위치의 문자를 나타냅니다. 1 번째 글자 (world) 는 문자열 'world'의 첫 번째 문자인 'w'를 의미합니다.

7 10에서 나머지인 'temp'를 뺀 값이 10이 아니면 뺀 값이 체크기호가 되고, 뺀 값이 10이면 0이 체크기호가 된다고 〈ISBN〉에서 살펴보았습니다. 이런 내용을 왼쪽과 같이 나타낼 수 있습니다.

이 스크립트를 다음처럼 더 간단하게 나타낼 수도 있습니다. 어떻게 가능한지 'temp'에 5와 0을 가와 나 스크립트에 각각 대입해보면서 생각해보기 바랍니다.

나 스크립트를 이용해서 '체크기호'를 구합니다.

실전 18-3

8 'isbn' 처음 12자리 숫자를 이용해서 구한 '체크기호'와 'isbn'의 마지막 숫자가 같은지를 검증해서 같으면 '검증결과'에 1을 저장하고 다르면 '검증결과'에 0을 저장하려고 합니다. 그렇다면 (2)에 어떤 내용이 들어가야 하는지 생각해보고 채우기 바랍니다. 'isbn'을 검증하여 검증된 ISBN이면 '검증결과'에 1을 저장하고 검증되지 않은 ISBN이면 '검증결과'에 0을 저장하는 'ISBN검증' 블록이 드디어 완성되었습니다.

9 그림그리기 도구를 이용해서 왼쪽과 같이 'ISBN'을 내용으로 하는 스프라이트를 만듭니다.

10 'ISBN' 변수를 만든 후 무대 위의 'ISBN' 변수를 마우스 오른쪽 버튼으로 누른 후 [변수값 크게 보기]를 선택하여 모양을 변경합니다. 그리고 다음과 같이 무대를 배치합니다.

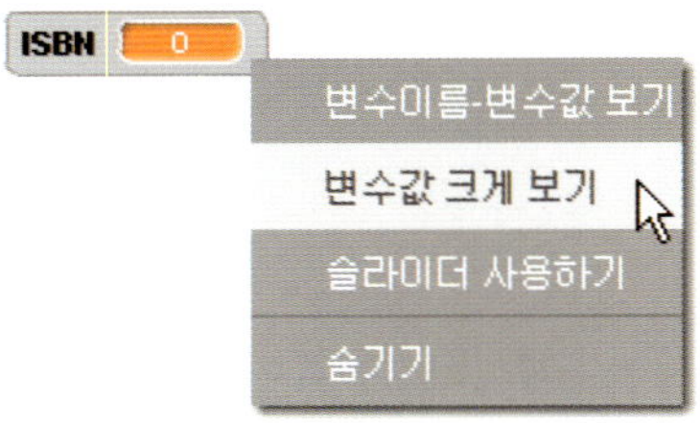

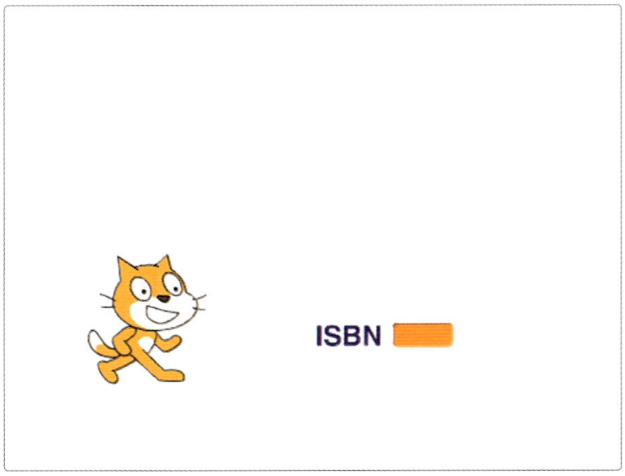

11 고양이 스프라이트로 이동해서 사용자로부터 ISBN을 입력받아 'ISBN' 변수에 저장하고 'ISBN검증' 블록을 이용해서 입력받은 ISBN을 검증합니다.

12 '검증결과'가 1이면 검증된 ISBN이라는 말을 하고, 1이 아니면 검증되지 않은 ISBN이라는 말을 말합니다.

13 무대 배경을 'school2'로 설정하면 프로젝트가 완성됩니다.

실전 18-4

도전해보기

주민등록번호는 다음과 같이 13자리 숫자로 이루어져 있습니다.

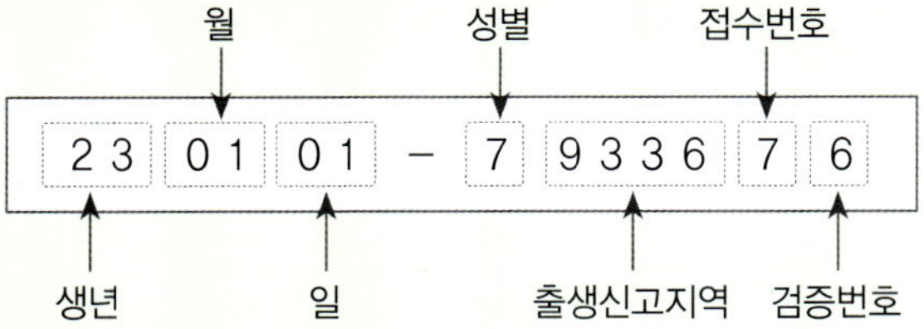

마지막 한 자리 숫자의 검증번호는 주민등록번호의 정확성 여부를 검사하는 번호로, 앞의 12자리 숫자를 이용해서 구해지는데 계산법은 다음과 같습니다.

STEP 01 주민등록번호의 앞 12자리 숫자에 가중치 2, 3, 4, ..., 9, 2, 3, 4, 5를 곱합니다.

STEP 02 가중치를 곱한 값의 합을 계산합니다.

STEP 03 가중치의 합을 11로 나눈 나머지를 구합니다.

STEP 04 11에서 나머지를 뺀 수를 10으로 나눈 나머지가 검증번호가 됩니다.

주민등록번호를 검증하는 프로젝트를 만들어 봅시다.

요점정리

- ISBN은 국제적으로 표준화된 방법에 따라 도서에 부여된 고유번호입니다.
- ISBN의 체크기호를 구할 수 있고 임의의 ISBN이 정확한 것인지 검증하는 프로젝트를 만들 수 있습니다.

연습문제

1 새로운 방법으로 번호를 검증하는 프로젝트를 만들어 봅시다.

2 1과 0으로만 이루어진 문자열에서 1로 된 문자의 수가 짝수인지 홀수인지 판별하는 프로젝트를 만들어 봅시다.

실전 문제 풀이

CHAPTER 01 스크래치 시작하기

실전 1-1

뒤로 20만큼 움직이려면 10 만큼 움직이기 블록의 설정 값을 음수인 −20으로 설정하면 됩니다. 그러므로 정답은 −20 입니다.

CHAPTER 02 움직이는 강아지와 앵무새

실전 2-1

계속해서 반복하도록 하려면 무한 반복하기 블록을 이용해야 합니다. 그러므로 정답은 아래와 같습니다.

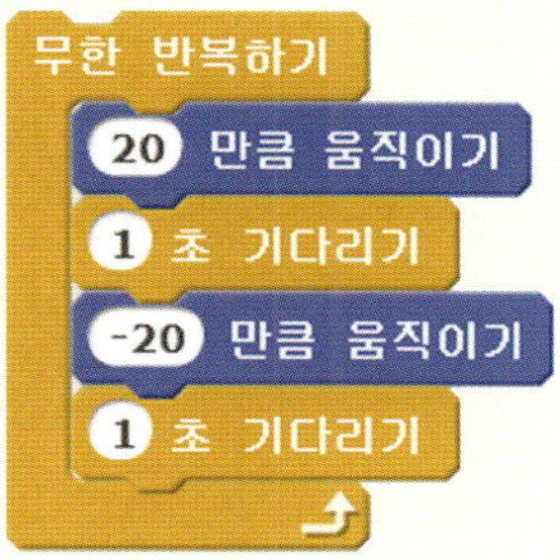

실전 2-2

계속해서 반복적으로 날갯짓을 하도록 하려면 무한 반복하기 블록을 이용해야 합니다.

실전 2-3

완성된 프로젝트는 http://cafe.naver.com/scratchprogramming의 '스크래치 책' 게시판의 '움직이는 강아지와 앵무새 (2장)'에서 제공하지만 직접 만들어 보기 바랍니다.

CHAPTER 03 상어 피하는 물고기

실전 3-1

조건이 참인 경우에만 실행될 내용이 있는 경우에는  을 사용하고 조건이 참인 경우에 실행될 내용과 거짓인 경우에 실행될 내용이 다를 경우에는  을 사용하는 것이 일반적입니다.

이 문제에서는 물고기가 상어에 닿은 경우에만 처리할 내용이 있으므로  을 사용하는 것이 일반적입니다.

실전 3-2

180도 회전하면 반대 방향으로 전환하게 됩니다. 그러므로 정답은 180입니다.

실전 3-3

물고기 스프라이트의 상어에 닿았을 때 종료하는 스크립트에서  를 삭제하고 오른쪽과 같이 보이기 블록을 넣으면 됩니다. 완성된 프로젝트는 http://cafe.naver.com/scratchprogramming의 '스크래치 책' 게시판의 '상어 피하는 물고기 (3장)'에서 제공합니다.

CHAPTER 04 하늘에서 떨어지는 물고기 잡기

실전 4-1

'점수'에 80을 저장한 상태에서 10만큼 바꾸면 90이 됩니다. 이 상태에서 −20만큼 바꾸면 70이 됩니다. 그러므로 정답은 70입니다.

실전 4-2

완성된 프로젝트는 http://cafe.naver.com/scratchprogramming의 '스크래치 책' 게시판의 '하늘에서 떨어지는 물고기 잡기 (4장)'에서 제공합니다.

실전 4-3

게와 벽에 동시에 닿을 때까지가 아니라 게 또는 벽 둘 중 하나에 닿을 때까지 반복하는 것이므로  블록을 사용해야 합니다. 그러므로 정답은 '또는' 입니다.

실전 4-4

'생명'이 0이 되면 조건이 참이 되야 하므로 1입니다. 만약 0으로 하게 되면 '생명'이 0이 되어도 조건이 거짓이 되므로 종료되지 않게 됩니다. 그러므로 정답은 1입니다.

실전 4-5

완성된 프로젝트는 http://cafe.naver.com/scratchprogramming의 '스크래치 책' 게시판의 '하늘에서 떨어지는 물고기 잡기 (4장)'에서 제공합니다.

CHAPTER 05 다트 게임

실전 5-1

'보드이동' 메시지를 방송하면 보드가 새롭게 나오게 되므로 정답은 [보드이동 ▼ 방송하기] 입니다.

실전 5-2

'시간'이 30초가 된다는 것은 29초를 초과하는 것을 의미하므로 정답은 29입니다.

실전 5-3

완성된 프로젝트는 http://cafe.naver.com/scratchprogramming의 '스크래치 책' 게시판의 '다트 게임 (5장)'에서 제공합니다.

CHAPTER 06 다각형 그리기

실전 6-1

완성된 프로젝트는 http://cafe.naver.com/scratchprogramming의 '스크래치 책' 게시판의 '다각형 그리기 (6장)'에서 제공합니다.

실전 6-2

완성된 프로젝트는 http://cafe.naver.com/scratchprogramming의 '스크래치 책' 게시판의 '다각형 그리기 (6장)'에서 제공합니다.

실전 6-3

회전하는 각도는 다각형의 외각입니다. n각형의 외각은 360/n 에 의해 구할 수 있으므로 (1)은 360이고 (2)는 (n) 입니다.

실전 6-4

완성된 프로젝트는 http://cafe.naver.com/scratchprogramming의 '스크래치 책' 게시판의 '다각형 그리기 (6장)'에서 제공합니다.

CHAPTER 07 거미줄 모양의 도형 그리기

실전 7-1

완성된 프로젝트는 http://cafe.naver.com/scratchprogramming의 '스크래치 책' 게시판의 '거미줄 모양의 도형 그리기 (7장)'에서 제공합니다.

실전 7-2

정육각형을 그리려면 한 변을 그린 후에 60도 회전하는 동작을 6번 반복하면 됩니다. 그러므로 'hexagon' 블록은 오른쪽과 같습니다.

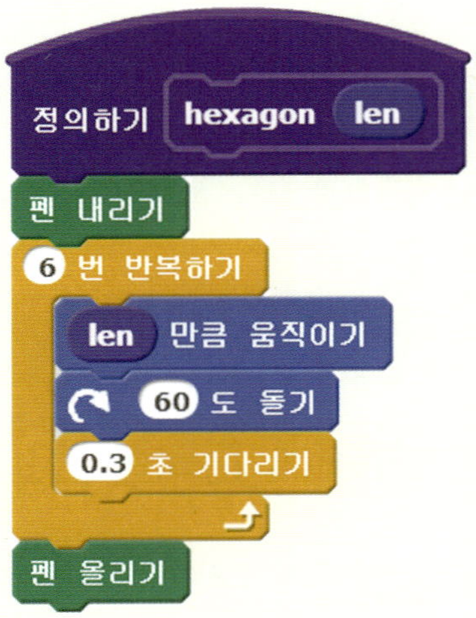

실전 7-3

완성된 프로젝트는 http://cafe.naver.com/scratchprogramming의 '스크래치 책' 게시판의 '거미줄 모양의 도형 그리기 (7장)'에서 제공합니다.

실전 7-5

완성된 프로젝트는 http://cafe.naver.com/scratchprogramming의 '스크래치 책' 게시판의 '거미줄 모양의 도형 그리기 (7장)'에서 제공합니다.

CHAPTER 08 시어핀스키 삼각형 그리기

실전 8-1

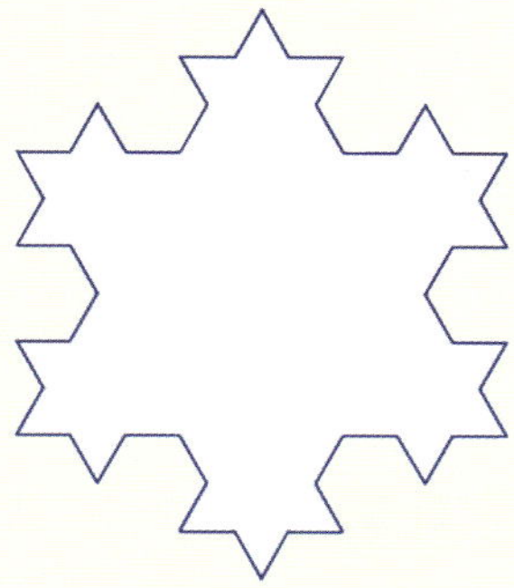

오른쪽과 같은 그림이 그려집니다. 완성된 프로젝트는 http://cafe.naver.com/scratchprogramming의 '스크래치 책' 게시판의 '시어핀스키 삼각형 그리기 (8장)'에서 제공합니다.

CHAPTER 09 동물 영어 이름 맞추기 퀴즈

실전 9-1

'동물이름' 리스트에서 '위치'번째 항목이 방금 질문한 동물 이름이므로 '동물이름' 리스트에서 '위치'번째 항목을 삭제하면 됩니다. 그러므로 정답은 (위치) 입니다.

실전 9-2

점수는 맞은 문항 수를 전체 문항 수로 나눈 값에 100을 곱한 후 반올림을 하면 구할 수 있는데 이를 스크립트로 나타내면 아래와 같습니다.

((맞은문항수) / (문항수)) * (100) 반올림

완성된 프로젝트는 http://cafe.naver.com/scratchprogramming의 '스크래치 책' 게시판의 '동물 영어 이름 맞추기 퀴즈 (9장)'에서 제공합니다.

CHAPTER 10 행운의 복불복

실전 10-1

(항목 ▾ 리스트의 항목 수) 의 크기가 0보다 크면 항목이 있다는 것을 의미하므로 정답은 다음과 같습니다.

<(항목 ▾ 리스트의 항목 수) > (0)>

실전 10-2

'항목' 리스트의 모든 항목을 삭제하는 스크립트는 [(모두 ▾) 번째 항목을 (항목 ▾) 에서 삭제하기] 입니다.

실전 10-3

추첨된 항목을 삭제하면 됩니다. 완성된 프로젝트는 http://cafe.naver.com/scratchprogramming의 '스크래치 책' 게시판의 '행운의 복불복 (10장)'에서 제공합니다.

CHAPTER 11 덧셈 뺄셈 공부방

실전 11-1

완성된 프로젝트는 http://cafe.naver.com/scratchprogramming의 '스크래치 책' 게시판의 '덧셈 뺄셈 공부방 (11장)'에서 제공합니다.

실전 11-2

두 자릿수는 10부터 99이므로 (1)은 10이고 (2)는 99입니다.

실전 11-3

'b' 값과 'a' 값을 교환하는 스크립트는 오른쪽과 같습니다.

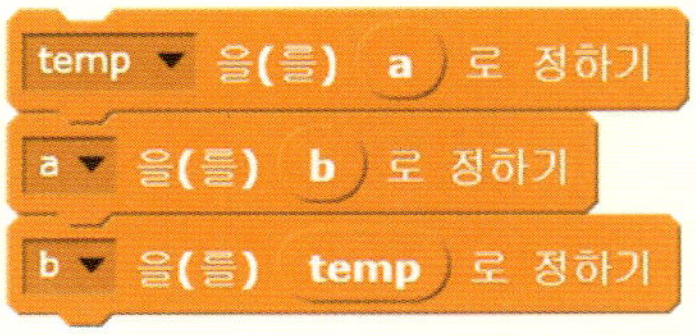

실전 11-4

맞은 문항 수를 저장하는 변수를 만들고 시작할 때 0을 저장하고, 문제를 맞출 때마다 1씩 증가시키면 됩니다. 완성된 프로젝트는 http://cafe.naver.com/scratchprogramming의 '스크래치 책' 게시판의 '덧셈 뺄셈 공부방 (11장)'에서 제공합니다.

CHAPTER 12 합 구하기 퀴즈

실전 12-1

합은 34입니다. 합을 구하는 절차를 단계별로 적용해서 답을 구해보기 바랍니다.

실전 12-2

'a' 값이 'n' 보다 커지면 반복을 종료하면 되므로 정답은 〉입니다.

실전 12-3

실전 12-4

완성된 프로젝트는 http://cafe.naver.com/scratchprogramming의 '스크래치 책' 게시판의 '합 구하기 퀴즈 (12장)'에서 제공합니다.

CHAPTER 13 피보나치 수열

실전 13-1

1 1 2 3 5 8입니다. 피보나치 수열을 구하는 절차를 단계별로 적용해서 답을 구해보기 바랍니다.

실전 13-2

'b' 값을 'a'에 저장하고, 'c' 값을 'b'에 저장하면 되므로, (1)은 [a ▾ 을(를) b 로 정하기]이고 (2)는 [b ▾ 을(를) c 로 정하기]입니다.

실전 13-3

수열의 합을 저장하는 'sum' 변수를 만들고 피보나치 수열의 각 항을 더해가면 됩니다. 완성된 프로젝트는 http://cafe.naver.com/scratchprogramming의 '스크래치 책' 게시판의 '피보나치 수열 (13장)'에서 제공합니다.

CHAPTER 14 소수 맞추기 게임

실전 14-1

13은 소수이고, 91은 소수가 아닙니다. 소수를 구별하는 절차를 단계별로 적용해서 답을 구해보기 바랍니다.

실전 14-2

나누어떨어진다는 것은 나눈 나머지가 0이라는 것이므로 정답은 0입니다.

실전 14-3

정답은 (n - 1)이 아니라 (n)입니다. 만약 (n - 1)로 하면 (n - 2)까지의 수로만 나누어 보게 됩니다.

실전 14-4

완성된 프로젝트는 http://cafe.naver.com/scratchprogramming의 '스크래치 책' 게시판의 '소수 맞추기 게임 (14장)'에서 제공합니다.

CHAPTER 15 최대공약수 계산기

실전 15-1

큰수	작은수	나머지
72	27	18

1 STEP 01 에서 큰 수인 72를 작은 수인 27로 나눕니다. 나머지는 18이 됩니다.

큰수	작은수	나머지
72	27	18
27	18	

2 STEP 02 에서 나머지인 18이 0이 아니므로 작은 수인 27을 큰 수로 하고 나머지인 18을 작은 수로 하여 STEP 01 로 이동합니다.

큰수	작은수	나머지
72	27	18
27	18	9

3 STEP 01 에서 큰 수인 27을 작은 수인 18로 나눕니다. 나머지는 9가 됩니다.

큰수	작은수	나머지
72	27	18
27	18	9
18	9	

4 STEP 02 에서 나머지인 9가 0이 아니므로 작은 수인 18을 큰 수로 하고 나머지인 9를 작은 수로 하여 STEP 01 로 이동합니다.

큰수	작은수	나머지
72	27	18
27	18	9
18	9	

5 STEP 01 에서 큰 수인 18을 작은 수인 9로 나눕니다. 나머지는 0이 됩니다.

6 STEP 02 에서 나머지가 0이므로 작은 수인 9가 최대공약수가 되고 더 이상 진행하지 않고 종료합니다.

실전 15-2

'n1' 값이 'n2' 값보다 크면 조건이 참이 되어야 하므로 정답은 (n1 > n2) 입니다.

실전 15-3

(2)는 '작은수'를 '큰수'에 저장하는 [큰수 ▾ 을(를) 작은수 로 정하기]이고, (3)은 '나머지'를 '작은수'에 저장하는 [작은수 ▾ 을(를) 나머지 로 정하기]입니다. 두 개의 순서가 바뀌면 '나머지' 값이 '작은수'와 '큰수'에 모두 들어가게 되어 원하는 결과를 얻지 못합니다.

실전 15-4

최소공배수는 두 수를 곱한 값을 최대공약수로 나눈 값이므로 (a * b / 최대공약수) 로 구하면 됩니다. 완성된 프로젝트는 http://cafe.naver.com/scratchprogramming의 '스크래치 책' 게시판의 '최대공약수 계산기 (15장)'에서 제공합니다.

CHAPTER 16 공 보관함

실전 16-1

'top'이 5보다 작거나 같다는 조건은 <(top) < 5 또는 (top) = 5> 입니다.

실전 16-2

'스택'의 'top' 위치에 있는 항목이 삭제할 공 이름이므로 정답은 (top 번째 스택 항목) 입니다. 만약 삭제될 공 이름이 'a'라면 'pop'와 'a'가 연결되어 'popa'가 되어 메시지를 보내게 됩니다.

실전 16-3

완성된 프로젝트는 http://cafe.naver.com/scratchprogramming의 '스크래치 책' 게시판의 '공 보관함 (16장)'에서 제공합니다.

CHAPTER 17 컴퓨터와 숫자 맞추기 대결

실전 17-1

'mid' 보다 큰 데이터에 대해 탐색하려면 새로운 탐색 범위의 최소값은 'mid'+1이므로 이 값을 'low'에 저장하면 됩니다. 그러므로 정답은 [low 을(를) (mid) + 1 로 정하기] 입니다.

실전 17-2

'mid' 보다 작은 데이터에 대해 탐색하려면 새로운 탐색 범위의 최대값은 'mid'−1이므로 이 값을 'high'에 저장하면 됩니다. 그러므로 정답은 [high 을(를) (mid) - 1 로 정하기] 입니다.

실전 17-3

6번

CHAPTER 18 ISBN 검증하기

실전 18-1

8

실전 18-2

'a'를 2로 나눈 나머지가 1이면 'a'는 홀수가 되므로 정답은 ⟨(a 나누기 2 의 나머지) = 1⟩ 입니다.

실전 18-3

'isbn'의 마지막 숫자는 13번째 위치에 있으므로 정답은 (13 번째 글자 (isbn)) 입니다.

실전 18-4

완성된 프로젝트는 http://cafe.naver.com/scratchprogramming의 '스크래치 책' 게시판의 'ISBN 검증하기(18장)'에서 제공합니다.